어렵다는 것은 가능성이 있다는 것이다

인간 이재명

어렵다는
것은
가능성이
있다는
것이다

인간 이재명

김민정·김현정

아시아

들어가며

한 특별한
인간의 서사

우리는 인간의 이야기를 다루는 일을 해왔다.

인간의 본질을 가장 깊게 다루는 것이 서사예술이고, 인간의 가장 생생하고 첨예한 이야기를 다루는 것이 미디어 스토리텔링이다. 우리는 서사와 미디어를 공부하고, 연구하면서 살아왔다.

우리가 이재명이라는 인물에 관심을 가진 것은 정치적인 동기에서가 아니었다. 우리가 연구하고 다루는 서사와 미디어의 관점에서 그보다 더 흥미로운 인물은 찾기 어려웠다.

이재명은 신화가 되기에 충분한 서사를 가진 인물이었다. 최악의 조건에서 최상의 도전을 감행하고, 성공해온 그의 서사는 아주 드라마틱하다. 서사의 세부도 매혹적이다. 화전민의 집에서 태어나 열세 살에 소년공이 되었던 그가 사법고시에 합격하고, 공단으로 돌아가 노동자의 벗으로 살다 시장이 되고, 도지사에까지 이르는 과정은 수많은 에

피소드와 사건들로 아로새겨져 있다.

그런데 미디어에 투영된 이재명이란 인물은 그가 거느린 감동적인 서사와는 사뭇 달랐다. 이재명의 연관 검색어 상위 순위에 수시로 '스캔들'과 '패륜'이 올라왔다. 여러 해를 두고 반복적으로 신문과 방송은 물론 유튜브와 같은 뉴 미디어가 제기하는 의혹은 이재명의 서사와 자주 충돌했다.

우리가 가장 주목한 지점이 바로 이재명의 서사와 이재명을 다루는 미디어가 충돌하는 지점이었다. 둘 중 하나는 거짓이었다. 물론 둘 다 거짓일 수 있었다. 하지만 둘 다 진실일 수는 없었다.

우리는 세 단계에 걸친 검증작업을 진행했다. 첫 번째 단계는 알려진 이재명의 서사를 검증하는 작업이었고, 두 번째 단계는 이재명을 다룬 미디어의 보도내용을 검증하는 작업이었다. 세 번째 단계는 서사적 실체와 미디어의 보도를 비교·확인하는 과정이었다.

우리는 이 작업을 진행하면서 매우 놀랐다.

가장 놀란 것은 이재명 서사의 불완전성이었다. 이재명의 서사를 총체적으로 보여주는 텍스트가 단 하나도 없었다. 사실이든 거짓이든, 우호적이건 적대적이건 관계없이 모두 부분적이고 파편적이었다. 온전한 코끼리의 모습을 보여주는 것은 전혀 없었다.

인간의 본질을 다루는 서사가 최종적으로 보여주는 것은 캐릭터, 즉 인물의 본질적 특성이다. 한 인물의 본질적 특성은 그 인물이 직면한 상황에서 그 인물이 취한 태도에 의해서 드러난다. 같은 상황에서도 사람들이 취하는 태도는 모두 다르다. 자신이 직면한 상황 앞에서 이 재명이 취한 태도는 무엇이었으며, 다른 사람과 어떻게 달랐는가? 이 재명이 취했던 그 태도가 바로 이재명이며, 다른 사람과 다른 점이다. 하나의 순간에 보여준 태도와 행동만으로는 그 인물의 특성이 잘 보이지 않을지 모르지만, 그 순간과 순간을 모으고 연결해보면 한 인간의 전모가 고스란히 드러나기 마련이다. 이재명이라는 인간의 본질적 특성과 전모, 서사문학에서 말하는 이재명의 캐릭터를 파악하려면 총체적인 텍스트가 필요했다.

'이것이 이재명이다.'

우리는 그렇게 말할 수 있는 총체적 텍스트를 만들려고 시도했다.

다음으로 우리가 놀란 것은 이재명을 다룬 미디어의 비윤리성이었다. 저널리즘의 가장 기본적인 윤리는 사실성이다. 언론사의 성향에 따라 자신이 원하는 것은 '선택'하고 원하지 않는 것은 '배제'하는 '미디어 프레이밍'은 새삼스러운 것이 아니다. 많은 언론사가 '미디어 프레이밍' 전략에 따라 팩트와 반대되는 주장을 천연덕스럽게 기사화하고, 명확한 팩트도 깡그리 외면하기 일쑤다. 하지만 자신들이 원하는 방향으로 이미지를 조작하려는 언론사의 미디어 프레이밍이 이재명에게처럼 집요하게 적용된 사례는 드물었다. 우리는 언론사의 미디어 프레이밍에 의해 배제된 사실을 복원하고 근거가 빠진 보도내용을 검증하려고 했다.

이를 위해서 우리는 이재명과 관련된 텍스트와 미디어의 보도내용, 각종 자료를 샅샅이 뒤지며 조사·정리, 분석하고 관련자들을 인터뷰했다.

감사해야 할 사람들이 많다.

이재명의 어린 시절과 가족사에 관해서는 둘째 형 이재영이 많은 의문을 풀어주었다. 공장 시절의 빈 부분은 오리엔트 동료 심정운의 생생한 증언으로 채워 넣었다. 대학 시절에 대해서는 동기인 이영진과 그의 후배들이 긴 시간을 내주었다. 사법고시 과정은 절에서 함께 공부한 이계원과 신림동 고시원 선배인 최원준의 도움이 컸다. 성남의 노동자·시민들과 더불어 활동한 시기에 대해서는 김재기 광주·여주·이천노동상담소 간사와 성남시민모임 간사 강현숙의 기억이 매우 또렷했다. 이재명 지사는 우리의 작업 취지에 동의하고 자신의 일기 6권 전체를 제공했으며 세 번의 인터뷰에 응해주었다. 특히 두 번째 인터뷰는 예정 시간 4시간을 훌쩍 넘기고 장장 9시간 넘게 계속했다. 그는 단 두 차례 5분 정도씩 쉬고 식사도 거르며 우리의 청문에 응했다.

　이 책은 매우 흥미로운 서사적 주체로 살아온 한 특별한 인간의 특성과 가치, 이재명이라는 캐릭터를 총체적으로 보여주는 첫 번째 텍스트로 완성되었다. 아울러 언론의 미디어 프레이밍에 의해 '배제'되거나 '왜곡'된 세부와 맥락을 저널리즘의 첫 번째 윤리인 사실에 근거해서 바로잡으려고 노력했다.

　이 책은 인간의 서사와 미디어를 연구하는 스토리텔링콘텐츠연구소의 '2021프로젝트'로 진행되었다. 이 작업을 진행하면서 우리는 이재명이란 인물을 바라보는 다양한 시각을 최대한 반영하기 위해 노력했다. 이 작업에 참여한 공동 연구진 중에서 두 사람을 대표진행자로 한 것도 그 때문이었다. 한 사람은 이재명과 같은 안동에서 태어나 부산에서 중고등학교를 나왔고, 다른 한 사람은 강남에서 초중고등학교를 나와 서울에서 성장했다. 한 사람은 학부에서 문학을 공부했고, 다른 한 사람은 학부에서 미디어를 공부했다. 같은 대학원에서 석박사 과정을 마쳤지만 한 사람의 주변에는 이재명 지지자가 즐비하고, 다른 한 사람의 주변에는 이재명을 좋아하는 사람들보다 좋아하지 않는 사람들이 조금 더 많다.

　우리는 이재명을 좋아하는 사람이든, 그렇지 않은 사람이든 이 책을 통해 한 인간의 서사적 캐릭터를 조금 더 정확하게 이해하게 될 수 있기를 기대한다. 처음부터 마지막까지 우리의 관심은 서사적 진실과 미디어의 윤리인 팩트의 사실성에 있었다. 이 책이 진실과 사실에 다가가는 데 기여할 수 있기를 바란다.

이재명 서사의 정본을 목표로 삼았지만, 혹시라도 오류가 있다면 아래 계정으로 제보해주기를 부탁드린다.

2021. 8. 20.

스토리텔링콘텐츠연구소
https://blog.naver.com/jaemyunglee1004

차례

1

"만져 봐.
이걸 타면 세상 어디라도 갈 수 있어."

소년공 이재명

친구에게 주어버린
시험지

경북 안동군 예안면 도촌에서 태어난 이재명은 초등학교 6년 동안 시오리 길을 걸어 다녔다. 차가 다니지 않는 6km 산길이었다. 오가는 데 네 시간이 걸렸다.

산길을 오르내리고 돌다리를 건너 학교에 도착하면 벌써 배는 다 꺼지고, 기진맥진이었다.

이재명의 초등학교 1학년 성적표는 '미'로 도배가 되었다. '미'를 면한 건 오직 체육 한 과목이었다. 그나마 체육 성적도 '수'는 아니고 '우'였다. 5학년 때까지 운동화 한 번 신어보지 못한 그였다.

성적이 '미'투성이였지만 그는 신경 쓰지 않았다. 그의 성적표에 관심을 가지는 사람은 아무도 없었다. 좀 잘 본 시험지가 있으면 자기 이름을 지우개로 박박 지우고 시험을 못 봐 울상이 된 친구에게 줘버렸다. 집에 돌아가 혼이 날까 봐 겁을 먹었던 그 친구는 시험지를 바꿔준 이재명에게 건빵을 주기도 했다. 배가 고팠던 이재명에게 건빵은 최고의 간식이었지만 정작 부럽고 탐이 난 건 건빵이 아니었다. 그 친구에게는 자식의 성적에 신경을 쓰는 부모가 있었다.

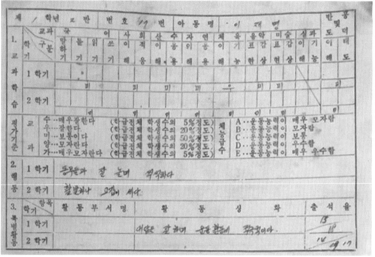

'우수'와는 거리가 먼 '미미'하고 '미미'한 이재명의 1학년 성적표
* 담임의 평가 – '동무들과 잘 놀며 씩씩하다'(1학기) '활발하나 고집이 세다'(2학기) '대답을 잘하며 운동활동에 적극적이다'(특별활동)

이재명의 아버지는 그가 3학년이던 해에 마지막 남아있던 밭을 팔아치우고 서울로 떠났다. 땅 한 평 없는 도촌에 남은 어머니는 혼자서 자식 다섯을 키웠다. 날마다 남의 밭에서 일했다. 이른 아침부터 해가 저물 때까지 남의 일을 해주고 어머니가 받아온 보리쌀이 그들의 주식이었다. 꽁보리밥도 호강이었다.

자주 보리쌀마저 부족했다. 어머니는 벼와 보리를 찧으면서 생긴 겨를 얻어다 겨떡을 쪄주었다. 까칠까칠한 겨가 목구멍에 걸려 잘 넘어가지 않았다. 오죽했으면 사람들이 겨떡이라고 하지 않고 개떡이라고 했을까. 정말 먹기 싫었다. 그래도 이재명은 수십 번을 꼭꼭 씹어 겨떡을 삼켰다. 배가 고파서만은 아니었다. 그의 엄마가 미안해하고 슬퍼하는 모습을 보고 싶지 않아서였다. 그의 형 재영과 재선도 마찬가지였다. 그보다 더 어린 남동생 재문과 여동생 재옥만 목구멍이 따갑다고 투정을 부렸다. 이재명은 투정을 부리는 철부지 동생들에게 작은 눈으로 째려보며 눈치를 줬다.

'니들, 엄마를 슬프게 하면 혼나.'

엄마 몰래 종주먹까지 쥐어 보이는 이재명에게 밀린 동생들은 마지못해 우물우물 씹은 겨떡을 물과 함께 삼켰다.

아홉 살의 이재명은 아버지가 떠난 집에서 겨떡을 씹으며 벌써 알아차렸다. 자신은 어차피 중학교에도 가지 못할 것이었다. 그러니 공부 따위는 아무리 잘해봐야 소용없었다. 잘할 수도 없었다.

학교에서 가져오라는 크레파스, 도화지 같은 준비물을 챙겨간 적이 한 번도 없었고, 번번이 회초리를 맞았다. 그는 같은 반 친구들이 모두 풍경화를 그리러 나간 학교에 혼자 남아 화장실 청소를 했다. 할미꽃 뿌리를 변기에 다져 넣으면 구더기가 줄어든다는 것을 그는 열 살에 알게 되었다.

미술 시간만큼이나 싫은 것이 온갖 강조 기간이었다. '불조심 강조 기간''간첩신고 강조 기간''쥐잡기 강조 기간'… 수도 없는 강조 기간이 이어졌다. 대체 그 산골에서 누가 본다고, 강조 기간마다 바뀌가며 문방구에서 파는 리본을 사서 달아야 했다. 하지만 이재명은 어머니에게 말도 꺼내지 않았다. 어머니가 이웃집으로 돈을 빌리러 가게 만드는 것보다는 자신이 매를 맞고 벌을 받는 것이 나았다.

벼 이삭과 보리 이삭줍기도 싫었다. 말이 이삭줍기지 있는 집 아이들은 다 자기 집에 있는 벼와 보리를 퍼왔다. 이삭을 주울 논밭 한 평 없고, 식구들이 먹을 양식이 모자라는 줄 뻔히 알면서 벼와 보리를 달라고 어머니에게 손을 내밀 수는 없었다. 이재명은 그냥 선생님에게 얻어터지는 쪽을 선택했다.

어머니의 일을 돕느라 미화 작업에서 빠진 그는 선생님에게 뺨을 스물일곱 대나 맞았다.

스물일곱 대!

뺨 맞은 숫자는 같은 반이었던 팔촌 이재완이 세어줘서 알았다. 터진 코피로 칠갑을 한 어린 이재명의 얼굴이 퉁퉁 부어올라도 뺨을 후려치는 선생님의 손길은 멈추지 않았다.

"너 맷집 끝내준다. 스물일곱 대를 맞고 어떻게 고개를 안 숙이냐?"

팔촌인 이재완은 뺨을 맞을 때 보여준 그의 눈빛을 잊을 수 없다며 고개를 가로저었다. 끝내 고개를 숙이지 않고 원망에 차서 선생님을 바라보는 그의 눈에서 불꽃이 일었다고 했다. 이재명도 불꽃을 보긴 봤다. 선생님의 크고 두터운 손바닥이 뺨을 후려칠 때마다 눈앞에 불꽃이 번쩍번쩍 튀었다.

그러나, 가장 아팠던 매는 선생님이 때린 것이 아니었다. 선생님은 이재명과 그의 친구 하나를 마주 세우고 서로의 뺨을 때리게 했다. 더구나 그 친구는 이재명의 팔촌이었다. 이재명이 스물일곱 대의 뺨을 맞던 날, 그가 맞은 뺨의 숫자를 기억해주고 함께 눈물을 찔끔거려준 이재완이었다.

"어떻게 팔촌인 친구의 뺨을 때리겠어요. 처음에는 마지못해서 서로 살살 때리죠. 하지만 선생님이 몽둥이로 등을 후려치면서 세게 때리라고 다그치면 어쩔 수 없이 서로 조금씩 세게 때리게 돼요. 내가 때린 것보다 세게 맞은 것 같아 화가 난 나도 팔촌을 세게 때렸어요. 그러다 나중에는 서로 있는 힘껏 때리게 됐지요. 어느 순간부터는 둘 다 눈물을 흘리면서, 서로의 뺨을 죽일 듯이 후려치는 거예요… 그건 정말 나빴어요…"

—2021년 6월, 그때의 일을 회상하던 이재명은 잠시 말끝을 흐리며 고개를 저었다. 우리가 '취조'를 하겠다고 예고한 긴 인터뷰에서 그의 말문이 막힌 건 이 순간이 처음이자 마지막이었다. 다시 입을 연 이재명은 현정민정에게 물었다. "이해가 안 되죠?" 우리는 이해가 아니라, 상상이 되지 않았다. 그런 폭력을 교사한 교사도, 그걸 실행해야 했던 이재명

과 팔촌이었던 친구의 어린 가슴에 맺혔을 상처도, 그걸 처음부터 끝까지 지켜보았을 같은 반 친구들의 심정도.

그들이 서로를 때려야 한 유일한 이유는 가난했기 때문이었다. 이재명이 기억하는 가장 아프고 쓰라리고, 치욕스러운 매질이었다. 그것은 일본 제국주의자들이 남겨두고 간 야비한 식민지 교육기법이었다. 조선 아이들의 자존감을 여지없이 무너뜨리고, 조선인으로 하여금 조선인을 짓밟고 증오하게 만드는 제국주의 교육기법의 유산을 어린 이재명이 알 리 없었다.

이재명이 1학년 때 결석한 날만 76일이었다. 학교에 가지 말아야 할 이유는 차고 넘쳤다. 선생님의 매질이 기다리지 않아도 비가 오면 갈 수 없었다. 눈이 와도 갈 수가 없었다.

매와 벌은 싫었지만, 학교 공부는 재밌고 친구들과 노는 것은 좋았다. 학교에서 무엇보다 좋았던 곳은 도서실이었다. 교무실 옆 도서실에 있는 문교부 지정 어린이 권장도서를 그는 모조리 독파했다. 『암굴왕』과 『지하세계』, 『해저 2만리』는 그의 현실을 모두 잊게 해주었다.

『암굴왕』은 단연 최고였다. 악당들의 모함에 빠져 한번 들어가면 죽기 전에는 나올 수 없다는 섬의 무시무시한 감옥에 갇힌 주인공 단테스가 목숨을 건 탈옥을 감행할 때 이재명은 작은 주먹을 움켜쥐고 열

렬히 단테스를 응원했다. 피눈물 나는 노력 끝에 탈옥에 성공한 단테스가 몬테크리스토 백작이 되어 악당들을 차례로 물리칠 때는 어린 이재명도 통쾌함으로 몸을 떨었다. 자기도 언젠가는 통쾌하게 성공해 너무나 고생하는 어머니를 행복하게 해주고 싶었다.

작은 시골 마을에 사는 쌍둥이 남매의 기발하고 유쾌한 장난과 모험을 그린『지하세계』에서 배운 방법을 응용해 친구들과 장난을 치고 가족들을 웃기기도 했다. 등굣길에 길가의 벌집을 갑자기 쑤셔 뒤따라오던 아이들이 벌에 물려 학교에 가지 못하게 만들기도 하고 추운 겨울날 징검다리에 물을 끼얹어 모르고 따라오던 친구들이 미끄러지게 만드는 악동 짓도 했다. 책에 나오는 이야기를 써먹을 수 있다는 것을 알게 해준 첫 번째 책이『지하세계』였다.

네모 선장과 노틸러스호의 경이로운 탐험기인『해저 2만리』를 읽으며 그는 무한한 상상의 날개를 펼쳤다.『해저 2만리』가 있는 조그만 도서실은 이재명의 작은 천국이었고, 가난했던 그가 도망칠 수 있는 유일한 도피처였다.

도서실 사서였던 친구 김재학은 새 책이 들어오면 이재명이 제일 먼저 볼 수 있게 해주었다. 이재명은 고마워서 자신의 시험지를 주고 얻은 건빵을 도서실 사서인 친구 김재학에게 기꺼이 내주었다. 책에는 새롭고 신기한 세상이 있었다. 책은 부잣집 친구들도 가보지 못한 다른 세상을 그에게 선물해주었다. 그 책을 마음껏 보고 빌려 가게 해준 김재학은 최고의 친구였다.

초등학교를 졸업하고 성남으로 이사한 다음에도 자주 도서실에서 책을 빌려 집으로 돌아가던 하굣길이 떠올랐다. 미루나무 이파리가 하얗게 반짝이는 신작로 길을 떠올리며 그에게 마음껏 책을 보게 해주었던 김재학이 그리워 그에게 편지를 보내곤 했다. 성남시장과 경기도지사를 하면서도 언제나 도서관 예산은 한 번 더 살펴보았다. 돈으로 꿈을 사줄 수는 없지만, 책은 사줄 수 있다는 것을 그는 알았다.

마루치 아라치를
부르며

학교 화장실 청소는 이재명의 독차지였다. 육성회비를 가져가지 못해 똥을 푼 이재명이 도서실에 『톰 소여의 모험』을 빌리러 간 날도 김재학은 코를 틀어막지 않고 책을 내주었다. 학교에 가기 싫어 꾀병을 부리고 틈만 나면 엉뚱한 일을 저지르는 개구쟁이 '톰 소여'를 등에 멘 그에게, 톰 소여가 빙의하여 도촌으로 가는 산골짜기의 작은 개천을 유장한 미시시피강으로 바꾸어놓았다.

오르막길을 오르고 내리막길을 내려가면서 '마루치 아라치'를 불렀다.

달려라 마루치 날아라 아라치
마루치 아라치 마루치 아라치 얍!

태권동자 마루치 정의의 주먹에

파란해골 13호 납작코가 되었네

　－ 단 하나의 질문지도 미리 주지 않고 진행한 인터뷰에서 이재명은
〈태권동자 마루치 아라치〉 주제가를 민정현정에게 불러주었다. 인터뷰
가 끝난 다음 민정은 녹음한 이재명의 노래와 〈태권동자 마루치 아라치〉
음원을 비교, 확인해보았다. 음은 약간 부정확했지만, 가사는 아주 정확
했다. 40년도 더 전에 들은 라디오 드라마 주제곡을 기억하는 저 기억력
은 뭐지? 우리는 의견이 달랐다. 그만큼 그의 기억이 비상하다. 무수저가
사시를 거저 붙었겠나? (현정) 기억하려고 해서 기억되는 일 아니다. 〈태
권동자 마루치 아라치〉를 그만큼 뼛속까지 좋아한 것이다. (민정) 어쩌면
무수저로 태어난 그의 앞을 가로막은 수많은 유리 장벽 앞에서 그는 매
번 마음속으로 이 주제가를 부르며 돌진하지 않았을까, 민정현정은 그렇
게 해석하는 것으로 합의했다.

　라디오 어린이 드라마 〈태권동자 마루치 아라치〉는 이른 저녁시각
에 방송했다. 화장실을 푸느라 늦은 이재명은 〈태권동자 마루치 아라
치〉를 듣기 위해 '달려라 마루치 날아라 아라치'를 부르며 집으로 내
달렸다. 마루는 꼭대기, 아라는 아름다움, 치는 사람이라는 뜻을 가진
우리말이었다. 마루치는 최고수 태권 소년이었고 아라치는 가장 아름

다운 태권 소녀였다. '마루치 아라치'에 나오는 노래를 부르면 어린 이재명도 마루치가 되어 거친 파도를 헤치고 힘차게 힘차게 꿈을 찾아 달려나갈 수 있을 것 같았다.

수평선 저 너머에 우리의 꿈이 있다
황금 물결 헤치면서 힘차게 달리자
수평선 저 너머에 우리의 왕국이 있다
어서 가자 어서 나가자 힘차게 달리자

오대양 저 끝까지 우리의 갈 길은 멀다
힘센 파도 헤쳐가며 희망의 바다로
우리의 꿈을 찾아 우리의 행복을 찾아
어서 가자 어서 나가자 희망의 바다로

이재명은 아무리 마음이 급해도 마을에 들어서면 언제나 어머니를 먼저 찾았다. 자칫하면 굴러떨어질 것 같은 비탈밭에서 풀을 매는 어머니를 발견한 그는 곧장 어머니에게 달려갔다.

"엄마~"

그러면 어머니는 호미를 쥔 채 일어나 허리를 두드리며 숨차게 달려오는 아들을 기다렸다. 이재명은 활짝 웃으며 맞아주는 어머니의 품에 안겨 응석을 부렸다.

"경상도 사람들이 좀 무뚝뚝하잖아요. 우리 형제도 그랬어요. 나나 바로 밑의 동생 재선이는 어머니에게 안기고 애교부리고 그러지 못했어요. 그런데 재명이는 안 그랬어요. 재명이보다 밑인 여동생 재옥이나 막내인 재문이도 재명이처럼 어머니를 살갑게 따르진 않았어요. 학교에 다녀오면 꼭 엄마, 하고 달려와서 어머니에게 안기는 재명이를 어머니가 아주 애틋하게 여겼죠."

— 이재명의 형 이재영은 어떤 부분에서는 이재명보다 더 이재명의 어린 시절을 자세하게 기억했다. 기억력이 비상한 형제들이었다. 어쩌면 이재명은 아주 어렸고 이재영은 그보다 여섯 살 위였기 때문인지도 몰랐다. 이재영은 어머니와 이재명이 너무 살가워서 어린 시절에는 '우린 같은 자식 아닌가' 싶어 섭섭하기도 했다고 현정민정에게 털어놓았다.

학교에 잘 다녀왔느냐고 묻는 어머니에게 이재명은 똥을 푼 얘기는 하지 않았다.

"도서실에서 재밌는 책 빌려왔어. 마루치 아라치 듣고 읽을 거야."

라디오는 아버지가 남겨두고 간 물건 중에 유일하게 쓸만한 것이었다. 그가 〈태권동자 마루치 아라치〉를 듣고 있으면 남의 밭일을 마친 어머니가 고단한 몸을 이끌고 집으로 돌아와 저녁을 차려주었다. 어머니는 쉴 틈이 없었다. 저녁 설거지를 마치면 흐린 등불 아래서 헤진 형제들의 옷을 기웠다. 자식들의 밀린 육성회비를 마련하기 위해 누룩을 디뎌 막걸리를 만들었다. 양조장이 먼 도촌에서 막걸리를 만들어 동네 사람들에게 팔면 약간의 이문이 생겼다. 술을 빚고 남은 술찌게미가 자식들의 허기를 달래는 데 보탬이 되기도 했다. 어머니는 새벽에 일어나 자식들의 아침을 차려주고 다시 남의 밭일을 하러 나갔다.

이렇게 고생하는 어머니를 보면 아버지가 새삼 밉고 원망스러웠다. 모든 게 다 아버지 때문이었다. 제법 되던 논밭을 다 팔아먹은 무능한 아버지만 아니었어도 어머니가 이렇게 고생하지도, 그가 학교에서 매를 맞고 똥을 풀 일도 없었다. 재영 형과 재선 형도 남들처럼 중학교에 갔을 것이다. 초등학교를 졸업한 재영 형은 중학교에 갈 엄두도 내지 않고 자기 키보다 큰 지게를 지고 땔나무를 하러 다녔다.

재영 형과 달리 일을 할 줄 모르는 재선 형은 초등학교를 졸업하고 집에서 한 해 동안 책만 읽었다. 어머니는 책이든 신문이든 읽을 것만 있으면 손에서 놓지 않는 재선 형을 중학교에 보내지 못하는 자신의 무능력을 자책했다.

이듬해, 어머니는 재선 형을 중학교에 보내주었다. 중학교는 집에서 걸어 다닐 거리가 아니었다. 어머니는 빚을 내 재선 형에게 자전거도 사주었다. 재선 형은 이재명에게 자전거를 가르쳐주었고, 가끔 타라고 자전거를 내주기도 했다. 키가 모자라는 이재명은 안장에 앉지 못하고 프레임 사이로 다리를 끼워 페달을 밟았다. 손재주가 좋았던 그는 형의 자전거를 고치는 전담 정비공이 되었다. 펑크 난 타이어의 튜브를 때우고 끊어진 체인을 잇고, 흰 자전거 휠도 바로잡을 줄 알았다.

철인인 줄로만 알았던 엄마가 쓰러진 것은 이재명이 초등학교 5학년 때였다. 안동의 병원에서 수술해야 하는데, 수술비가 35만원이라고 했다. 그의 집안 형편으로는 어마어마한 돈이었다.

이재명은 울기만 했다. 열일곱 살인 재영 형이 이웃 마을에 사는 할아버지에게 돈을 빌리러 갔지만, 빈손으로 돌아왔다.

"우리 어머니 죽게 되었다고, 제가 엎드려서 어머니 수술비 35만원을 빌려달라고 했지요. 우리 형제들이 벌어서 반드시 갚겠다고 했는데도 할아버지가 안 된다고 하더라고요. 우리 친할아버지였는데…"

– 46년 전을 회상하는 이재명의 형 이재영은 눈물을 훔쳤다. 그런 아픈 사연들 때문에 그는 지금도 고향을 생각하면 마음이 힘들다고 했다. 이재명을 비롯한 동생들은 자기가 어떻게 어머니 수술비를 빌리러 다녔는지 자세히 모를 것이라고 민정현정에게 덧붙였다.

이재명은 울고 또 울었다. 돈이 없어 어머니가 죽어야 한다는 슬픔 따위는 느낄 틈도 없었다. 어머니가 죽는다는 사실이 무섭고, 어머니가 없는 세상은 더 무서웠다. 할아버지가 증오스러웠고, 아버지가 너무나 원망스러웠다. 돈만 아는 할아버지와 소식조차 없는 아버지는 악의 무리 '파란해골 13호'고 '팔라팔라 사령관'이었다.

이재명은 며칠을 얼마나 울었는지 모른다. 열한 살의 그가 할 수 있는 일은 우는 것뿐이었다.

이재명이 울고 또 우는 동안 그의 형 재영은 마지막으로 삼촌을 찾아갔다. 삼촌이긴 해도 아버지와 피를 나눈 삼촌이 아니었다. 기대를 않고 찾아간 그 삼촌이 35만원을 해주겠다고 했다. 이재명의 형제에게 사람의 마음이 어떠해야 하는지를 알려준 그 삼촌은 구세주였다. 이재명의 형제는 고맙고 기뻐서 또 울었다.

이재명의 다섯 형제는 다시 일어난 어머니를 결사옹위의 태세로 모시고 따랐다. 아무도 어머니의 속을 썩이는 일을 하지 않았다. 열일곱 살인 재영 형은 아버지 대신 온갖 궂은일을 다 하며 어머니를 모시고 동생들을 보살폈다. 중학생인 재선 형은 누구보다 공부를 열심히 했고, 잘했다. 이재명은 학교에 가지 않으려고 꾀를 부리지 않았고, 학교에 다녀오면 어머니 옆에 붙어 떨어지지 않았다. 같이 밭을 매고 풀을 벴다. 철부지 동생 재옥과 재문도 더는 껴떡이 싫다는 말을 하지 않았다. 동네 사람들은 혼자서 다섯 아이를 키우는 어머니를 부러워했다. 이재명의 형제만큼 어머니를 받들어 모시는 반듯한 자식들은 어디에서도 찾아보기 어려웠다. 아버지가 없는 집에 남은 이재명의 다섯 형제에게 어머니는 세상의 무엇과도 바꿀 수 없는 존재였다. 어머니는 이재명 형제의 하늘이었다. 어머니와 다섯 형제는 비록 가난했지만, 행복한 완전체였다.

점바치가
들려주었다

이재명은 경주로 간 수학여행을 잊지 못한다. 아니 수학여행을 가게 해준 담임선생님과 교장 선생님을 잊지 못한다.

5학년 담임선생님이 수학여행 참여 여부를 묻는 가정 통신문을 나눠주었을 때만 해도 이재명은 자신과는 관계없는 일로 여겼다. 어머니에게는 물어보지도 않았다. 육성회비조차 제때 못 내는 형편에 수학여행은 감히 생각할 수도 없었다. 이재명은 가정 통신문에 ×표를 해서 담임선생님에게 도로 냈다.

담임선생님이 두 시간 산길을 걸어 화전민들을 위해 지은 소개집으로 찾아왔다.

"모두 가는 수학여행인데 재명이가 빠지면 되겠습니까. 보내겠다고 동의만 하면 수학여행비는 어떻게 해서든지 해결해보겠습니다."

남의 신세를 지지 않으려고 안간힘을 쓰며 살아온 이재명의 어머니는 슬프고 복잡한 표정으로 수학여행 참가신청서에 O표를 했다. 화전민의 소개집을 선생님에게 보여주는 것이 부끄러웠던 이재명은 선생님을 산 모퉁이까지 바래다주며 고개를 들지 못했다. 소개집은 강제로 이주당한 화전민들을 위해 시멘트블록으로 지은 방 두 칸짜리 허술한 집이었다. 이재명의 식구는 그나마도 남의 소개집을 빌려 쓰는 처지였다.

다음날 이재명을 부른 교장 선생님은 학교에 딸린 밭의 돌을 골라내는 일을 하라고 시켰다. 수학여행을 갈 수 없는 처지의 다른 아이 둘과 함께 이재명은 그 밭에서 키운 보리를 베는 일도 했다. 교장 선생님은 아이들에게 일당 200원을 쳐줬고, 이재명은 그 돈을 모아 수학여행비 1300원을 마련했다.

5학년 담임선생님과 교장 선생님은 그가 지금까지 보았던 선생님들과는 달랐다. 교장 선생님은 학교 매점을 학생들이 운영토록 하고 그 수익금이 가난한 학생들에게 돌아가게 했다. 그 덕분에 그해 5학년 학생들은 모두 수학여행을 갈 수 있었다. 자치회나 협동조합에 대한 첫 경험이었고, 그가 학교에서 처음으로 받아본 따뜻한 배려였다. 어머니는 수학여행을 가는 그에게 운동화를 사줬다. 태어나서 처음 신어보는 운동화였다.

안동에서 기차를 타고 경주로 갔다. 안동도 처음 구경한 그였다. 불국사와 석굴암에 그는 놀라지 않았다. 왕릉을 보고 무덤이 그렇게 클 수 있다는 사실에 놀랐다. 왕릉보다 더 놀라운 것은 아이스께끼, 얼음과자였다. 얼음과자를 한 입 베어 무는 순간 여름에도 얼음이 얼 수 있다는 걸 비로소 인정했다. 그전까지 여름에 얼음이 언다는 말을 절대 믿지 않던 그였다.

서울로 간 아버지에게서 연락이 온 것은 수학여행을 다녀온 다음이었다.

아끼고 또 아끼며 신었는데도 운동화가 너무나 빨리 닳아버려 속상했던 초겨울, 재영 형은 아버지가 있는 서울로 가기로 했다. 자기는 초등학교만 나왔지만, 동생들만큼은 중학교에 보내야 한다고 말해온 고마운 형이었다. 재영 형은 서울로 가기 전에 모아두었던 돈을 털어 병아리 50마리를 사주었다. 잘 키우고 불려서 재명과 재문, 재옥이 중학교에 가기를 바라는 애틋한 마음이 담긴 병아리였다. 재영 형은 병아리 집도 지어주었다. 겨울에 병아리가 얼어 죽지 말라고 방구들까지 깐 집이었다.

병아리는 재명이 두 동생과 함께 키우기로 했다. 재선 형은 빠졌다. 공부 아닌 일에는 관심이 없는 재선 형은 낫질과 호미질을 할 줄 몰랐다.

자기가 책임지고 병아리를 키우겠다고 큰소리를 쳤던 재명은 병아리를 며칠 만에 모두 죽이고 말았다. 그와 동생들이 번갈아 가며 병아리 집에 불을 너무 많이 땐 탓이었다.

이재명은 재영 형에게 너무 미안했고, 자기 때문에 죽은 병아리들이 너무나 불쌍했다. 풀이 죽어 밥도 제대로 먹지 않는 재명에게 재영 형은 다시 병아리를 사다 주었다. 서울에 가서 쓰려고 떼어두었던 비상금을 모두 턴 재영 형에게 약속했다.

"형, 이번엔 절대 실수하지 않고 잘 키울게."

이재명은 형과 한 약속을 지켰다. 기온에 따라 병아리 집이 너무 춥거나 덥지 않게 불을 땔 장작의 개수를 미리 정하고, 먹이를 얼마나 줬는지, 어떤 병아리가 비실거리는지를 밤낮으로 살피고 빈틈없이 기록했다. 재영 형은 서울로 떠났고, 이재명은 6학년이 되었다. 형이 떠난 다음에도 이재명은 동생들과 함께 병아리를 완벽하게 키웠다.

"내가 아버지한테 와 있다가 반년 뒤에 도촌에 들렀는데, 병아리들이 다 자라서 알을 낳고 있었어요. 재명이가 막 일을 벌이고 저지르는 것 같지만 절대 그렇지 않아요. 뭐든지 할 때는 철저히 준비하고, 빈틈없이 진행한다는 걸 저는 알지요. 같은 실수를 절대 되풀이하지 않는 게 재명이에요. 옳지 않고, 안 될 것 같으면 아예 안 하는 성격이에요. 내가 왜 동생들을 모르겠어요. 내가 걔들을 데리고 20여 년을 한방에서 살았잖아요."

– 이재영은 자기가 사준 병아리를 키우던 이재명의 모습에 지금의 이재명이 있다고 현정민정에게 말했다.

담임선생님께 감사의 마음을 전하는 사은회가 열린 6학년 때였다.

반장이 돈을 모아 과일과 작은 선물을 준비했다. 이재명은 누구보다 담임선생님의 은혜에 감사드리고 싶었다. 하지만 돈이 없었다. 이재명처럼 돈을 내지 못한 아이들은 사은회 내내 아무것도 먹지 않았다. 선생님이 몇 번이나 먹으라고 했지만 먹지 않았다. 선생님께 죄송하고 돈을 낸 아이들에게 미안했다. 자존심도 상했다.

자두와 복숭아의 달콤한 향기가 교실에 가득했다. 아이들이 깨물어 먹는 자두의 새콤달콤한 냄새에 그도 모르게 입안에 침이 고였다. 어린 이재명은 침 넘기는 소리가 날까 조심조심 침을 삼켰다. 하지만 그렇게 애써 참은 것이 다 허사가 되고 말았다.

사은회가 끝나고 난 다음, 청소시간이었다. 이재명은 선생님의 몫으로 남겨두었던 과일에 손을 대고 말았다. 이재명과 그의 친구들은 결국 그 과일을 게 눈 감추듯 전부 먹어버렸다. 그 장면을 목격한 선생님은 그들을 엎드려뻗쳐 시키고 몽둥이질을 했다.

"먹으라고 할 때 당당하게 먹지 못하고 왜 훔쳐 먹느냐? 내가 너희들을 그렇게 가르쳤단 말이냐!"

아이들을 호되게 야단친 선생님이 교실을 나서며 말했다.

"그대로 기다리고 있어."

이재명과 그의 가난한 친구들은 더 맞을 각오를 했다. 그런데 다시 돌아온 선생님의 손에는 과일이 들려 있었다. 자존심 때문에 다른 아이들 앞에서 먹지 못하다가 결국 허기 앞에 무릎을 꿇은 어린 제자들의 마음을 헤아려주신 것이었다. 하지만 이재명은 자꾸만 눈물이 나서 선생님이 사다 준 500원어치의 과일을 도저히 먹을 수가 없었다. 선생님 앞에 고개를 들 수 없었다. 다른 선생님에게 스물일곱 대의 뺨을 맞으면서도 고개를 숙이지 않았던 재명이었다. 고개를 떨어뜨린 채 집으로 돌아가는 길이 어떤 날보다도 멀고 힘들었다.

자존심이 바닥까지 추락한 자신을 지탱하기 위해서는 주술이 필요했다.

'넌 될 놈이야. 그것도 크게.'

그의 집에 놀러 온 먼 친척이 한 소리였다. 그 친척은 그의 귓볼 밑에 성냥개비를 넣어보고 나서 감탄했다.

'야, 귀 잘생겼다. 귓볼이 커서 귓볼 밑에 성냥개비도 두 개나 들어가. 넌 앞으로 아주 큰 인물이 될 거야.'

그 친척은 이재명을 만날 때마다 같은 얘기를 되풀이했다. 얼마나 추어줄 게 없었으면 귓볼에 성냥개비 두 개 들어가는 걸 치켜세웠을까. 방안에 둔 물그릇이 얼어서 부풀어 오르는 초라한 소개집조차 하나 없어 세 들어 사는 이재명의 집에 무슨 꿈과 희망이 있었겠는가. 그가 불쌍해서 한 말이거나 농담일 수도 있었을 것이다. 그래도 희망의 불빛이 어디에서도 보이지 않을 때는 그 말이 가물거리는 희망의 등대가 되어주었다. 달리 귀한 말을 들어보지 못한 그는 그 근거 없는 말이라도 믿고 싶었고, 믿어야 했다.

그의 귀로 부족할 때는 전문가의 예언을 떠올렸다. 그가 풀 죽어 있으면 어머니는 점바치가 한 말을 전해주었다.

"재맹아. 니는 잘될 끼라. 점바치가 틀림없이 잘 된다 카더라. 니 덕분에 내도 호강한다 안 카나."

그의 어머니에게 그렇게 말한 점바치는 이재명의 생일을 정해준 이였다. 어머니는 자식이 많아서인지 일곱 번째로 태어난 이재명의 생일날을 잊어버렸다. 태어난 날이 음력 10월 22일인지 23일인지 헷갈린 어머니는 점을 쳐서 나온 날을 생일로 정했다. 점바치는 23일이라고 했고, 이재명의 생일은 그날부터 음력 10월 23일이 되었다. 어머니는 알고 있었지만 확인하러 갔다고 늘 변명했다.

점바치가 정말 크게 될 아이라며 그를 잘 키우라고 어머니에게 말했다는 것이다.

이재명도 그 말을 믿고 싶었다. 그래서 어머니를 호강시켜드리고 동생들에게 힘이 되어주고 싶었다. 재영 형이 아버지에게 가고 나서 형이 하던 일은 그와 동생들의 몫이 되었다. 그와 함께 병아리를 키우며 궂은일을 하는 동생, 재문이와 재옥이는 소풍날에도 빵 하나 사 먹지 못했다. 다른 아이들은 빵과 과자, 음료수를 사 먹었지만, 이재명과 두 동생은 사이다 한 병이 다였다. 어머니한테 받은 100원으로 30원짜리 사이다 세 병을 사서 나눠 가지면 달랑 10원이 남았다. 그걸로는 과자 한 봉지 살 수 없었다. 소풍날인데도 과자 한 봉지 사주지 못한 동생들을 도와주려면 점바치 말대로 그가 잘되어야 했다.

매일 재문, 재옥이가 고생한다. 불쌍한 녀석들. 어쩌다 부모
잘못 만나 이 고생인지. 이런 우리 집 살림은 순전히 아버지 때
문이다. 그 결과 우린 3년 동안 아버지 없이 이집 저집 동정받아
가며 살아야 했다. 엄마는 우리 5남매를 학교 보내는 일을 혼자
서 했다. 참으로 고생 많이 하셨다.

　– 이재명의 일기 제1권 (1980.1.8.) 이재명은 1988년 5월 12일까지
10여 년간 일기를 썼는데 시작한 날짜는 정확히 알 수 없다. 남아있는
일기장의 첫 장인 1979년 12월 18일 일기에서 이재명은 이렇게 썼다.
'저녁에 와서 보니 재옥이가 내 일기장을 뜯어서 제 노트처럼 쓰고 있다.
성질 나서 작살을 내야 하지만, 내일 보자.' 1979년 12월 18일 이전의
일기를 뜯어서 연습장으로 써 버린 여동생에게 화가 났지만, 이재명은
곤히 자는 동생을 차마 깨우지 못했다. 이재명이 쓴 일기는 모두 대학노
트 6권인데 2권은 다 채워지지 않았다. 민정현정은 이 일기장을 인간 이
재명의 검증 자료로 사용했다.

기댈 곳이 아무것도 없는 사람에게는 누군가의 따뜻한 말 한마디가
삶을 지탱하는 힘이 되기도 하는 법이었다. 성남시장이 된 재명은 시
장실 옆에 홍보관을 열고 초등학교 3학년 교과과정에 편성된 '내 고
장 바로 알기'에 맞는 콘텐츠로 채웠다. 찾아오는 성남시의 아이들에

게 자신의 꿈을 쓰게 했다. 이재명은 아이들에게 꿈을 이루라고 일일이 격려하고 응원하는 글을 써주었다.

– 꼭 선생님 되세요. 꼭 발명가 되세요.

성남시의 비서실 직원들은 눈코 뜰 새 없이 바쁜 시장 이재명이 왜 아이들 한 명 한 명에게 그토록 정성을 기울여 원하는 꿈을 일일이 적어주는지 몰랐다. 위로와 격려, 응원에 굶주려보지 않은 사람은 끝내 모를 것이다.

희망이 가물가물하던 초등학교 시절을 보내면서 이재명은 세상에 두 종류의 사람이 있다는 것을 알았다. 누군가에게 희망을 주는 사람과 누군가의 희망을 꺾어버리는 사람이었다.

삼계초등학교 5학년, 6학년 담임선생님과 교장 선생님은 누군가에게 희망을 주는 방법을 가르쳐준 분들이었다. 산골짜기 화전민의 소개 집까지 찾아와 수학여행 참가 동의서에 O표를 받아 돌아가던 선생님의 뒷모습은 얼마나 아름답고 존경스러웠던가. 선생님 몫의 과일을 훔쳐먹은 그의 엉덩이를 때린 담임선생님의 매는 하나도 아프지 않았다. 선생님의 가르침과 기대를 저버린 것이 부끄럽고 부끄러웠을 뿐이었다. 가난 때문에 자존심을 내던지고만 어린 제자들을 위로해주려고 자신의 주머니를 털어 따로 과일을 사준 선생님의 그 마음을 어떻게 잊을 수 있겠는가.

이재명은 '삼계초등학교 5학년이면 한 명도 빠짐없이 수학여행에 데려가야 한다'는 방침을 세우고 실행한 교장선생님 같은 사람이 되고 싶었다. 학교에 딸린 밭에서 일을 시키고, 당당하게 받은 돈으로 수학여행을 가게 해준 삼계초등학교 교장 선생님은 졸업을 앞둔 그에게 영원히 잊을 수 없는 마지막 선물 하나를 더 안겨주었다.

추수가 끝나고 논바닥이 얼어붙은 겨울이었다. 학교 앞의 빈 논바닥에 군용 헬리콥터가 내려앉았다. 세상에서 가장 멀리 나가본 곳이 경주였던 아이들에게 헬리콥터의 육중한 동체는 산만큼이나 크고 대단해 보였다. 이재명은 그 거대한 쇳덩어리가 뜨고 내려앉는 것을 직접 눈으로 보는 것만으로도 신기해서 입이 벌어졌다. 교장 선생님이 나타난 건 조금이라도 더 가까이에서 보려고 아이들과 함께 헬리콥터로 몰려갔을 때였다. 그는 교장 선생님이 아이들을 야단칠 줄 알았는데, 아니었다. 아이들을 지나쳐 헬리콥터로 다가가 조종사와 얘기를 나누던 교장 선생님은 손을 치켜들고 아이들을 불렀다. 주춤주춤 눈치를 살피며 다가간 아이들에게 교장 선생님은 말했다.

"만져 봐. 이걸 타면 세상 어디라도 갈 수 있어."

아이들이 멈칫거리는 사이, 이재명은 제일 먼저 헬리콥터의 육중한 동체를 만져보았다. 그는 손이 헬리콥터에 닿은 순간 마치 다른 세상과 접촉한 것과 같은 느낌을 받았다. 『암굴왕』의 주인공이 되어 당장 몬테크리스토 백작의 성채로 날아갈 수 있을 것만 같았다. 그리고, 헬리콥터의 차가운 동체에 손을 대고 있는 그 짧은 순간 엉뚱하게도 그는 처음으로 공부가 하고 싶어졌다. 공부를 하면 다른 어떤 세상으로 날아갈 수 있을 것만 같았다.

요란한 엔진 소리와 함께 프로펠러가 거센 바람을 불러일으켰고, 헬리콥터는 다시 날아올랐다. 이재명은 친구들과 함께 머리 위를 선회하는 헬리콥터를 향해 마구 손을 흔들었다. 헬리콥터가 육중한 동체를 이끌고 산 너머로 사라진 다음에야 이재명은 교장 선생님에게 눈길을 돌렸다. 흐뭇한 눈길로 아이들을 바라보던 교장 선생님은 아무 일도 없었다는 듯이 휘적휘적 학교를 향해 걸어갔다. 교장 선생님의 그 뒷모습이 그에게 처음으로 꿈이란 걸 심어 주었다. 진짜 선생님이 되고 싶었다. 5, 6학년 담임선생님과 같은, 교장 선생님과 같은 선생님이 되고 싶었다. 그들은 아무나 마구 때려도 되는 사람이 선생님인 줄로만 알았던 그의 생각을 송두리째 바꾸어놓았다.

그에게 그 선생님들이 있는 학교는 그 선생님들이 있기 전의 학교와는 전혀 다른 학교였다. 누가 어떻게 하느냐에 따라서 학교도 세상도 달라지는 것이었다.

2

아버지는 허황된 생각으로 시간 낭비, 돈 낭비 하지 말라며
그가 야간 고등공민학교에 가겠다는 것을 허락하지 않았다.
그날 밤 그는 이불을 뒤집어쓰고 오래 울었다.

지하방에서 탈출한 날 밥상 앞에서

그 길 위에 남겨둔
열세 살 소년공의 발자국

초등학교를 졸업한 이재명은 도촌의 화전민 소개집을 떠났다. 재영 형을 서울로 부른 아버지가 남은 가족도 올라오라고 부른 것이다.

초등학교를 갓 졸업한 이재명은 중학교를 졸업한 재선 형, 초등학교에 다니던 두 동생과 함께 엄마를 따라 도촌을 떠났다. 정확히 1976년 2월 26일 어둠이 채 걷히지 않은 새벽에 집을 나섰다.

비가 내리는 저녁에 안동역에서 중앙선 열차를 탔다. 이삿짐은 단출했다. 어머니가 머리에 인 옷 보퉁이 하나와 네 형제의 손에 들린 가방과 보자기가 전부였다. 재선 형은 책가방을 들었고, 초등학교에 다니던 동생 재문이와 재옥이는 책보자기를 들었다.

이재명은 책가방도 책보자기도 없었다. 더 학교에 다녀야 할 일이 없다는 것을 그는 이미 잘 알았다. 이재명의 손에는 철제 군용 탄통이 들려 있었다. 탄통 안에 든 것은 재선 형의 자전거를 고쳐주던 몽키스

페너와 펜치, 니퍼 등의 공구였다. 자전거 고치는 일에는 자신이 있는 이재명이었다.

청량리역에 내렸을 때는 어둠이 채 걷히지 않은 새벽이었다. 비는 진눈깨비로 변해 있었다. 눈이 아파 한쪽 눈에 안대를 한 이재명은 탄통을 들고 어머니를 따라 청량리 역사를 걸어 나왔다. 버스를 타고 도착한 곳은 서울이 아닌 성남이었다.

성남의 단대오거리에 내렸을 때 진눈깨비는 가는 눈발로 바뀌어 있었다. 마중 나온 재영 형을 따라 상대원동 비탈길을 올라갔다. 질척거리는 흙이 달라붙어 고무신은 자꾸 벗겨졌다. 봄인데도 발이 시렸다. 이재명의 가족이 살 집, 아니 그들이 살 단칸방이 가파른 비탈길의 꼭대기에 있었다.

이재명은 아버지가 돈을 조금 벌어서 그들을 부른 줄 알았는데 전혀 아니었다. 그들이 세 든 집은 ㄷ자 모양이었는데 가운데 방 두 칸은 주인집이 쓰고 양쪽으로 두 칸씩 달린 방은 세를 놓았다. 마당 복판에는 공동으로 쓰는 수도가 있었다. 세입자들은 주인집 식구가 쓰는 화장실을 쓰지 못하고 공중화장실에 가 줄을 서야 했다.

이재명은 아버지를 도무지 이해할 수 없었다. 온 식구가 땅을 파고 돌을 주워내어 만든 마지막 산전마저 팔아먹고 떠난 아버지는 서울도 아닌 성남에, 전세도 아닌 월세를 살고 있었다.

그는 아버지가 원망스러웠지만, 아버지가 시키는 대로 공장에 취직했다. 그의 나이 열세 살이었다. 초등학교를 졸업한 지 한 달이 조금 지난 그는 만으로 겨우 열두 살에 노동자가 된 것이다.

열세 살 소년공 이재명이 첫 번째와 두 번째 공장에서 한 일은 납땜이었다. 연탄가스와 납 연기가 자욱한 작은 공장이었다.

목걸이를 만드는 첫 번째 공장에서 그는 신주라고 불리는 황동 선을 꼬아 납으로 땜질을 했다. 그의 앞에는 납을 끓이는 연탄 화덕이 놓여 있었고 옆에는 염산을 담은 용기가 놓여 있었다. 모양이 잡힌 신주에 염산을 묻힌 다음 얼른 납으로 때우는 단순 작업의 반복이었다. 연탄 화덕을 안고 납 연기를 마시며 작업을 하면 얼굴이 붉게 달아오르고 속옷은 땀으로 흥건히 젖었다. 연탄가스 냄새에다 기화된 납과 수은, 카드뮴 냄새까지 뒤섞인 작업장에서 종일 일을 하고 나면 머리가 띵하고 어질어질했다. 남들도 다 참고 일했기 때문에 그는 그것이 얼마나 치명적인 유해 물질인지도 모른 채 참고 일했다.

하루는 염산이 담긴 용기를 엎질러 그의 다리에 튀었다. 금방 딱딱하게 굳은 그의 청바지가 부서졌지만, 그는 다리를 씻고 와서 다시 작업을 계속했다. 그렇게 해서 그가 받은 한 달 월급은 3천 원이었다. 쌀 한 가마니가 3천5백 원 하던 시절이었다.

공장에서 일하는 것보다 힘든 시간이 출근 시간이었다.

공장으로 가는 길에 등교하는 학생들과 마주치면 마음이 무척 힘들었다. 아침 햇살에 반짝이는 그들의 교복이 부러웠고 자신이 입은 회색 작업복이 너무나 초라하게 느껴졌다. 특히 같은 또래의 여학생을 마주치면 어디로든 숨고 싶었다.

그는 월급 1만 원을 준다는 두 번째 공장으로 옮겼다. 역시 목걸이 만드는 공장이었다. 공장이 집에서 20리나 떨어진 창곡동이고 작업장이 반지하여서 첫 번째 공장보다 작업 환경이 더 나빴지만 망설이지 않았다. 세 배가 어딘가! 아침 8시 30분에 출근해서 밤 9시까지 12시간을 일했다. 일이 밀리면 더 늦기도 했다. 그래도 세 배가 아닌가! 공장에서는 점심도 저녁도 주지 않았다. 점심은 어머니가 싸준 도시락으로 때우고 저녁은 건너뛰고 퇴근시각까지 일했다.

어머니는 언제나 그가 돌아올 때까지 주무시지 않고 기다렸다. 그는 대문 소리를 듣고 뛰어나온 어머니에게 마주 달려가 품에 안겼다.

"엄마~"

어머니는 열두 시간 넘게 일하고 파김치가 되어 돌아온 열세 살 아들의 등을 말없이 두드려주고 밥상을 내왔다. 그는 어머니가 자기보다 더 힘들게 일한다는 것을 모르지 않았다.

어머니의 고생은 성남에 와서도 줄어들지 않았다. 어머니는 시장통에 있는 유료 공중화장실에서 청소하고, 돈을 받는 일을 했다. 휴지도 팔았다. 혼자서 종일 이용자들에게 돈을 받느라 자리를 비우지 못하는 어머니는 점심마저 화장실에서 해결했다.

"집에서 너무 멀어 마이 힘들제?"

수척해진 그를 보고 걱정하는 어머니에게 어깨에 힘을 주고 말했다.

"괜찮아. 그래도 월급을 많이 주잖아. 내일 밀린 월급을 다 준대."

사장은 3개월이나 월급을 미뤘다. 곧 돈이 들어오면 준다며 지금까지 미뤘던 월급을 모두 주겠다고 한 날이 내일이었다.

그런데 이튿날 아침 출근을 했는데 공장 문이 잠겨 있었다. 아뿔싸, 사장이 야반도주한 것이다. 그는 석 달 동안 일한 월급을 한 푼도 받지 못했다. 등록도 되어 있지 않은 공장의 사장을 열세 살 소년공이 찾을 방법은 없었다. 취업연령 미달인 그는 어디에도 호소할 곳이 없었다.

"그래 괜안타, 니는 잘될 끼라. 틀림없이 잘 된다 켔다."

그의 어머니는 억울하고 분해서 울음을 터뜨리는 이재명을 품에 안고 등을 쓰다듬었다.

이재명의 아버지가 '이번엔 제대로 된 회사'라며 데리고 간 공장은 '동마고무'였다. 콘덴서용 고무기판을 만드는 공장이었다. 목걸이 공장보다는 규모가 큰 회사였다. 나이를 따지지 않던 목걸이 공장과 달리 주민등록등본이 필요했다. 취업연령 미달인 만 12세의 이재명은 앞집에 살던 동네 형 '박승원'의 이름을 빌려서 취직을 했다.

이재명은 연마반에 배치되었다. 사출기로 고무판을 찍어낸 다음 프레스기로 구멍을 뚫은 기판을 성형반에서 연마반으로 넘겼다. 연마를 맡은 그는 모터에 장착된 연마기로 고무기판의 구멍과 모서리를 매끈하게 갈아내는 작업을 했다. 연마기로 갈아대는 검은 고무 가루가 공장 안에 가득했다. 목걸이 공장의 연탄가스와 납 연기는 비교가 되지 않았다. 집으로 돌아와 거울을 보면 얼굴이 새까맸다. 목이 따가워 가래침을 뱉으면 그것도 새까맣기는 마찬가지였다. 열세 살 소년공에게 제대로 된 공장은 없었다.

"고무공장에서 돌아오는 재명이 얼굴은 아주 흑인처럼 새까맸어요. 성남에 와서도 여전히 재명이는 대문에서부터 엄마, 하고 달려와 꼭 한 번씩 어머니 품에 안겼지요. 어머니는 재명이에게 '우리 넷째 일하느라 힘들었지.' 하면서 등을 안쓰럽게 토닥거렸어요. 그걸 보고 다른 형제들이 입을 삐죽거리기도 했어요. 나도 어떨 땐 그랬어요. '누군 힘 안 드나.' 상일가구에 다니던 나는 수출물량이 밀리면 일주일씩 철야도 예사로 했어요. 잠도 못 잔 채 일하고 일주일 만에 집에 돌아와도 어머니가 저한테는 그렇게 살갑게 대해주지 않았거든요. 하긴 뭐, 다른 형제들은 집에 돌아와서 그냥 고개만 꾸벅거리고 마는데 재명이는 도촌에서도 그랬고 성남에 와서도 안 그랬으니까요. 장난 잘 치고, 밝은 애였어요. 그래서 이름도 재명이가 된 거예요. 재명이의 재 자는 돌림자고 명 자는 밝을 명이에요. 아버지가 걔의 출생신고를 뒤늦게 했는데, 이름을 어떻게 정할까 고민을 하면서 집을 나섰어요. 그때 걔가 마당 가에 있는 대추나무에 매달려 '맴맴'하며 매미 흉내를 내는 것을 보고 아버지가 '명명', 그래 밝을 명으로 하자고 정해서 출생신고를 한 거예요."

　— 이재영은 이재명이 좀처럼 기죽지 않고, 고집이 세기도 했지만 언제나 밝아서 주변의 사랑을 가장 많이 받고 자랐으며 어릴 때 별명이 '무던이'였다고 현정민정에게 말했다.

고무가루보다 더 무서운 건 따로 있었다. 고속으로 돌아가는 원통 연마기에 장착된 그라인더 날에 닿으면 고무뿐만 아니라 쇳조각도 여지없이 날아갔다. 강도가 낮은 원형 평사포와 주름이 잡힌 해바라기 사포에도 손가락이 닿으면 살과 손톱이 그대로 뜯겨나갔다. 그는 아무런 안전장치도 없는 전동 연마기로 고무기판을 매끈하고 깔끔하게 갈아내야 했다. 고무판과 함께 손가락을 갈아버리기 일쑤였다. 손가락 피부와 손톱 일부가 고무판과 함께 갈려 나가는 것은 연마반에서 예사였다. 이재명도 두 달이 지나지 않아 손가락의 지문이 모두 지워졌다.

그래도 동마고무에서는 잔업을 하면 라면 하나를 줬다. 그냥 생라면 한 봉지였다. 야근은 밤 10시까지고, 철야는 새벽 2시까지였다. 그와 비슷한 또래의 소년공들은 저녁으로 생라면 하나를 주는 사장에게 고마워하며 생라면에 수프를 뿌려서 아작아작 맛있게 씹어먹었다. 하지만 라면이 아까워 으깨 먹지 못하고 집으로 가져가는 소년공들도 더러 있었다. 이재명도 거기에 속했다. 이재명은 집에 가서 동생들과 함께 끓여 먹으려고 참았다. 재문과 재옥은 라면 국물에 밥 말아 먹는 것을 무척 좋아했다. 라면 하나로 나눠 먹으려면 물을 잔뜩 부어야 했다. 그것이 열세 살 난 형으로서, 오빠로서 할 수 있는 그의 최선이었다.

그는 고픈 배를 수돗물로 채우고 새벽 2시에 일이 끝나면 공장 구석에 종이 박스를 깔고 찌그러져 잠을 잤다. 깔고 누울 박스가 없으면 제품 더미 사이에 기대앉아 고무 냄새를 맡으며 잠이 들었다. 4시에 통금이 해제되어야 집에 갈 수 있었다.

소년공들은 야근과 철야를 좋아했다. 이재명도 그랬다. 집에 들고 갈 라면 한 봉지가 생기는 데다 일당도 더 주기 때문이었다. 다음날이 휴일일 때는 철야가 끝나도 자지 않고 공장 친구들과 장난치고 노래를 부르며 놀기도 했다. 공장에는 이재명보다 더 어린 소년공도 있었다. 초등학교도 졸업하지 못하고 강원도에서 올라온 녀석은 노래를 잘 불렀다. 녀석은 하남석의 〈밤에 떠난 여인〉을 이재명에게 가르쳐주었다. 이재명이 처음 배운 유행가였다. 하얀 손을 흔들며 입가에는 예쁜 미소짓지만…

억울하게 3개월치 월급을 떼이고 이번엔 고무공장에 들어갔다. 거기서 빼빠(사포)치는데 들어가서 손바닥이 닳아 피가 나고 손에 지문이라곤 남지 않았다.

— 이재명 일기(1980.1.8.)

그렇게 공장에 적응해가던 그는 고무기판과 함께 손가락이 떡이 되는 사고를 당했다. 연마기가 지문을 지울 만큼 살을 뜯어가는 정도가 아니었다. 피와 살과 새까만 고무가루가 뒤범벅이 되었다. 다행히 뼈는 무사했다. 병원에 가서 치료를 받았지만, 의사는 그의 살과 고무를 분리해내지 못한 채 봉합했다.

사장은 그의 뒤통수를 후려치며 야단쳤다.

"조심했어야지. 그 기계가 얼마나 비싼 줄이나 알아?"

그는 일당 400원을 받기 위해 깁스를 한 채 다시 출근했다. 치료 기간에는 일하지 않아도 급여의 70%를 지급해야 한다는 법이 있다는 걸 그에게 말해주는 사람은 아무도 없었다. 400원을 받기 위해 깁스한 왼손을 어깨에 매달고 공장에 나가 오른손으로 다른 사람의 작업을 보조했다.

어머니는 깁스를 푼 다음에 다시 나가라고 했지만, 그는 고집을 꺾지 않았다. 그가 한번 고집을 피우면 누구도 꺾지 못한다는 것을 아는 어머니는 아침마다 그의 손을 잡고 공장 문 앞까지 바래다주었다. 그를 바래다 준 어머니는 시장통으로 가서 밤 10시까지 공중화장실을 지켰다. 그가 철야를 하는 날이면 어머니는 새벽 4시에 그를 데리러 공장으로 왔다.

살점이 떨어져 나간 손가락에 새살이 돋아났지만 빼내지 못한 검푸른 고무 가루는 영원히 신체의 일부로 남았다. 어머니는 공장에서 나온 그의 손바닥을 제일 먼저 확인했다. 아무리 조심을 해도 손바닥과 손톱 어딘가는 긁히거나 깎이고 마는 것이 맨손으로 하는 연마작업이었다. 장갑을 끼면 손이 둔해져서 기판을 깔끔하게 갈아낼 수 없었다.

"제대로 된 공장이라더니… 이러다가는 손이 남아나질 않겠다."

어머니는 이 일은 아무래도 안 되겠다고 했지만, 이재명은 물러서지 않고 날마다 공장에 출근했다. 그마저 맥없이 물러서서는 언제 어머니가 화장실에서 놓여날지 알 수 없었다. 어머니가 종일 화장실을 지키며 소변 10원 대변 20원을 받고, 화장실 청소를 하게 만든 아버지가 못한다면 그가 할 작정이었다. 어머니를 이렇게 살게 내버려 두지 않겠다. 그에게는 목표가 있었다.

종일 화장실을 지키며 일을 하던 한 어머니가 있었다. 한 손에 붕대를 감은 채 밤 열 시가 넘어서야 공장에서 퇴근하던 열세 살 난 아들이 있었다. 그들이 나란히 손을 잡고 집으로 돌아가던 길은 지금도 단대사거리에서 상대원동으로 이어져 있다. 45년 전 그 길 위에 두 사람이 남겨둔 발자국에는 무엇으로도 지우지 못할 가난의 상흔과 함께 누구도 넘보지 못할 연민과 사랑이 스며있다.

열네 살 소년공에게 남은
백 개의 흉터

매일 열네 살 아들의 손바닥에서 핏자국을 보아야 했던 어머니의 조바심을 더는 외면할 수 없었다.

이번에도 아버지가 취업공고판에서 적어온 공장의 이름을 내밀었다. 이재명은 면접을 보고 공장을 옮겼다. 그가 네 번째로 취업한 회사의 이름은 아주냉동이었다. 상대원공단에 있는 빙과류 판매용 냉장고를 만드는 공장이었다.

아주냉동에서 그가 맡은 공정은 함석판을 접고 자르는 일이었다. 절곡과 절단을 하는 샤링기에 함석판을 정확히 올리고 페달을 밟으면 단두대처럼 생긴 날이 떨어졌다. 샤링기에 올려놓은 함석판의 재단선을 날에 맞춘 상태에서 재빨리 페달을 밟는 타이밍이 중요한 작업이었나. 바로 페달을 밟지 않고 머뭇거리면 함석판이 움직이면서 부정확하게 잘리고, 그러면 불량처리가 됐으며, 그뿐만 아니라 반원 전체가 '빳다'를 맞아야 했다.

아주냉동에서는 '빳다'를 맞지 않는 날이 드물었다. 아침에 출근하면 작업 시작하기 전에 반장이 군기를 잡는다고 엎드려뻗쳐를 시키고 일단 몽둥이로 엉덩이를 한 대씩 후려쳤다. 군기가 빠지면 사고가 난다는 이유였다. 몇 대를 더 때릴지는 그날 반장의 기분에 달렸다. 퇴근하기 전에도 '집합'을 해서 또 빳다를 맞았다. 불량 없이 초과 생산하거나 반장의 기분이 좋으면 그냥 지나가기도 했지만 그런 날은 드물었다. 실수하거나 반장의 심기를 건드리면 작업 도중에도 얻어터지기 일쑤였다.

그렇다고 재단선에서 손을 빼기 전에 페달을 밟으면 손목이 날아갔다. 아차 하는 순간에 함석판과 함께 손가락과 손목을 날려버리는 기계가 샤링기였다. 절곡작업을 하다 손을 빼는 타이밍을 놓치거나 기계가 오작동을 하면 여지없었다. 옆에서 작업하던 노동자의 손가락이 잘리는 것을 그의 눈으로 직접 본 것은 아주냉동에 들어간 지 오래지 않아서였다.

"어."

옆에서 절단작업을 하던 노동자는 비명을 지르지 않았다. 잘린 손가락에도 신경이 남아서 그 손가락이 튀어 다닌다는 말은 들었지만 정말 그럴 줄은 몰랐다. 그보다 훨씬 고참인 노동자는 어어, 하면서 움찔거리는 손가락을 집었다. 그 고참이 히죽 웃으며 토막 난 손가락을 비닐봉지 집어넣을 때까지 그는 얼어붙은 채 멍하니 그 광경을 지켜보고만 있었다. 벌써 두 개의 손가락을 날려 먹은 그 고참은 세 번째 토막 난 제 왼쪽 손가락이 든 비닐봉지를 제 오른손에 들고 작업장에서 달려나가며 비로소 비명을 질렀다. '어어'가 아니라 '아악'이었다.

그보다 조금 먼저 들어온 다른 노동자가 아는 체를 하며 겁을 줬다.

"샤링기는 날이 예리해서 자기 손가락이 날아가도 첨엔 몰라. 그냥 차갑고 서늘하지. 손을 들어보고 손가락이 없는 것을 보고 나서야 알아. 섬찟하지?"

손을 놓고 멍청히 서 있는 그를 향해 반장이 소리쳤다.

"이 새끼. 일 안 해? 무슨 구경났어!"

작업은 계속되었고, 그와 그의 동료들은 퇴근 시간에 다른 어떤 날보다 세게 빳따를 맞았다.

"개새끼들이 아직 덜 맞았지? 뱃대지가 불러서 군기가 빠졌어."

아주냉동에서 일어나는 모든 사고의 원인은 빠진 군기였고, 회사의 유일한 대책은 빳따였다. 그날 밤 이재명은 악몽에 시달렸다.

툭하면 손가락의 지문을 뜯어가는 동마고무를 피해 옮긴 아주냉동이었는데, 살쾡이 피하려다 호랑이 만난 꼴이었다.

그는 샤링기 앞에서 단 한 순간도 방심하지 않았다. 가진 게 몸뚱이 하나뿐인 그였다. 다행히 그는 페달을 잘못 밟지도 않았고, 그가 잡은 샤링기가 오작동을 하지도 않았다. 그러나 그의 몸은 거의 매일 예리한 함석 모서리와 단면에 찍히고 찢겼다. 두 번은 손등의 뼈가 드러날 정도로 깊이 베었다. 함석의 단면과 모서리는 모두 예리한 흉기였다.

그가 손등을 크게 벤 것은 열네 살의 봄날이었다. 자르던 함석의 단면이 칼날이 되어 그의 손등을 길게 그었다. 깊이도 제법 깊었다. 그는 아무에게도 말하지 않고 작업장 귀퉁이에 놓인 빨간약을 바르고 제 자리로 돌아와 일을 계속했다. 이야기해봐야 퇴근 시간에 맞을 빳다의 숫자만 늘어났다. 점심시간에는 갈라진 손등을 러닝셔츠 자락으로 누른 채 공장 뒷마당을 서성거렸다. 공장 담장 너머 산등성이에 핀 진달래가 눈부셨다. 교복을 입은 학생들이 공장 울타리 밖을 지나 진달래가 핀 산기슭을 따라 걸어갔다. 화사한 봄볕이 그의 회색 작업복을 더욱 초라하게 만들었다. 그날따라 교복이 너무나 부러웠다.

아주냉동에도 교복을 입고 출퇴근하는 학생이 한 명 있었다. 이재명은 그 학생이 다니는 학교가 어떤 학교인지 물어보고 집에 가서 아버지에게 자기도 학교에 가고 싶다고 얘기했다.

공장에 야간학교 다니는 학생이 있었다. 나도 그 고등공민학교에 들어가려고 집에 얘기했더니 거긴 3년 다녀서 검정고시 봐야 한다고 했다. 그러니 학교 갈 생각 말라고 해서 건넌방에서 한없이 울었다.

— 이재명 일기(1980.1.8)

아버지는 허황된 생각으로 시간 낭비, 돈 낭비 하지 말라며 그가 야간 고등공민학교에 가겠다는 것을 허락하지 않았다. 그날 밤 그는 이불을 뒤집어쓰고 오래 울었다. 그렇지만 다음날 아침에는 어머니에게 도시락 두 개를 싸달라고 했다. 이제 그의 집은 밥걱정을 할 정도는 아니었다. 아버지와 어머니는 물론 형들과 그까지 모두 돈을 벌었다. 심지어 여동생 재옥이와 막내인 재문이도 학교에 다녀오면 시장통 공중화장실로 가서 어머니의 일을 거들었다.

아버지는 어머니와 동생들을 불러올린 다음부터 예전과는 정반대의 사람이 되었어요. 악착같이 일하고 지독하게 아꼈어요. 우리 형제에게 공부도 시키지 않고 돈을 모으려고 했지요. 아마 어정쩡하게 공부해봐야 자신처럼 될 뿐이라고 생각했던 거 같아요. 그래서 우리 집에는 버는 사람만 있고 쓰는 사람은 아무도 없었어요. 나와 동생들도 월급 받으면 고스란히 아버지에게 가져다줬어요. 그래서 몇 년 만에 월세에서 2백만 원짜리 전세로 옮겼어요.

　　― 이재영 인터뷰: 이재명의 둘째 형 이재영은 그의 형제들 모두 자기 일은 자기가 다 알아서 했으며 집에 부담을 주지 않았다고 민정현정에게 말했다.

공장에는 이재명보다 훨씬 어려운 노동자들이 많았다. 도시락도 싸오지 못하는 또래의 소년공 친구들이 여럿이었다. 시골에서 올라와 소년공들끼리 방 하나를 얻어 여럿이 자취를 하는 친구들이었다. 어머니는 두말 않고 이재명에게 친구들 몫의 도시락 한 개를 더 싸주었다. 그는 어머니가 싸준 양은 도시락 두 개를 들고 다시 공장으로 갔다.

이재명은 점심시간이면 슬그머니 자리를 피하는 친구들의 손목을 끌어당겨 같이 둘러앉아 점심을 먹었다. 다른 소년공들도 한둘씩 도시락을 꺼내 놓고 도시락을 가져오지 못한 친구들과 함께 먹기 시작했다. 김치와 짜게 조린 어묵이 반찬의 전부였지만 그의 어머니가 싸준 도시락은 인기가 좋았다. 그렇지만 혼자 먹기에도 모자란 도시락을 나눠 먹고 나면 누구의 배도 차지 않았다. 공장 울타리 너머에 있는 작은 산에 핀 탐스러운 진달래를 보며 그와 친구들은 침을 삼켰다.

도시락을 싸 오지 못한 소년공 대부분은 진달래꽃으로 봄날의 허기를 달래본 추억이 있는 시골 출신이었다.

"와, 저 참꽃 맛있겠다."

그러나 그들은 그 진달래 꽃잎 하나 따먹어보지 못했다. 공장의 철문은 늘 굳게 닫혀 있었다. 관리자가 아닌 공원들은 점심시간에도 공장 밖으로 나가지 못했다. 공장은 공원들에게 일터이자 감옥이었다. 비록 지금보다 더 가난하고 배고팠지만, 마음껏 뒷산을 누비면서 진달래꽃을 따 먹던 고향, 안동의 도촌이 그리웠다. 꽁보리밥도 모자라 감자와 조밥, 겨떡으로 때웠어도 그 시절에는 자유가 있었다.

그는 손목이 잘릴 위험이 없고 기술을 익히면 일당을 많이 받을 수 있는 산소용접을 배워보려고 애썼다. 열심히 용접공을 쫓아다니며 조수 노릇을 했다. 하지만 그에게 기술을 배울 기회는 돌아오지 않았다. 그는 다시 자신의 손목을 노리는 샤링기 앞에서 페달을 밟고, 함석판에 온몸을 긁히고 찢겨가며 함석 가위를 탔다. 그런데도 공장을 옮기지 못한 것은 새로운 공장에는 새로운 매질이 기다리고 있기 때문이었다. 신고식을 치르며 낯선 매를 맞는 것보다는 익숙해진 곳에서 익숙한 매를 맞는 것이 나았다.

그가 무사히 아주냉동의 철문을 나설 수 있었던 것은 그 회사가 문을 닫았기 때문이었다. 그렇지 않았다면 잘려나간 손가락이 한 자루가 넘는다고 수군거리던 그 공장에서 그가 두 손목과 열 손가락이 온전한 채로 빠져나올 수 있었을까.

이재명의 몸에는 지금도 아주냉동에서 함석판에 베이고 찔린 흉터가 백 개도 더 남아 있다. 하지만 열네 살 소년공의 몸에 새겨진 백 개가 넘는 흉터가 기억하는 것은 백 번도 넘게 당한 폭력의 상흔만이 아니다. 어머니가 싸준 양은 도시락을 더 가난한 친구들과 나누어 먹으며 함께 허기를 견뎠던 열네 살 소년공의 시간을 그 흉터는 기억하고 있다. 도시락을 싸 오지 못하는 친구들을 위해 백 번도 넘게 도시락 한 개를 더 싸주었던 어머니의 마음과 그 도시락을 함께 먹었던 열네 살 소년공들의 점심시간 또한 그 흉터는 기억하고 있다.

공장 창고에서 벌인
권투경기

아버지는 그가 잠시도 집에서 노는 것을 보아넘기지 못했다.

아버지가 바로 구해온 다섯 번째 공장이 대양실업이었다. 얼마 전까지 다녔던 아주냉동 근처에 있는 대양실업은 스키 장갑과 야구 글러브를 만드는 공장이었다. 아버지가 '이번에는 정말 제대로 된 공장'이라고 한 대양실업은 정말 제대로 된 공장 같았다. 노동자가 3백여 명이나 되는 제법 규모가 큰 공장이었다.

대양실업에서 이재명의 이름은 이재선이었다. 그의 바로 위의 형 이름이었다. 아직 그는 호적의 나이로는 취업이 안 되었다.

열다섯 살 소년공이 배치받은 곳은 프레스반이었다. 프레스반 시다가 된 그는 소가죽 원단을 프레스실로 가져오고, 프레스기로 재단한 소가죽을 2층의 미싱반으로 올려주는 일을 했다. 진짜 소 한 마리의 등가죽을 통으로 가공한 원단은 무거웠다.

그는 시다로 일하면서도 어깨너머로 프레스공이 작업하는 방법을 익히고 쉬는 시간에 기계가 비면 몰래 연습을 했다. 그가 어깨너머로 기술을 익히게 눈감아준 고참은 왼쪽 손가락이 두 개만 남은 프레스공이었다. 손가락 세 개를 프레스기에 날린 그는 성질이 거칠었는데, 어쩐 일인지 이재명에게는 그리 지독하게 굴지 않았다. 고참이라고 해봐야 자기보다 서너 살 많은 그에게 뒤통수를 얻어맞아 가며 이재명은 프레스기를 익혔다. 빨리 시다에서 벗어나 프레스기를 잡는 기술자가 되어야 일당도 올라가고 공장에서 대접도 받을 수 있었다. 프레스기는 아주냉동에서 다룬 샤링기와 작동 원리가 비슷한 기계였기 때문에 어렵지 않게 손에 익힐 수 있었다. 그는 다른 소년공들보다 빨리 프레스공이 되었다. 운도 좋았다.

그가 입사하고 얼마 지나지 않아 공장에 유압 프레스기가 들어왔다. 유압 프레스기는 힘과 속도, 정밀도에서 기계식 프레스기와 비교가 되지 않았다. 고참 프레스공들이 다투어 유압 프레스기로 옮겨가면서 그는 예상보다 빨리 구닥다리가 된 기계식 프레스기 한 대를 차지하게 되었다.

일당도 600원, 월 1만8천원을 받았다. 소년공으로서는 성공한 열다섯 살이었다.

그러나 대양실업에서 그의 행운은 여기까지였다.

기술자가 되고 일당이 오른 것에 우쭐해진 그는 멍청한 짓을 저지르고 말았다. 한 달 월급을 몽땅 털어 돌팔이 약장수의 약을 산 것이다.

그는 점심시간에 원숭이와 구렁이를 데리고 회사로 찾아와 공장 마당에서 이마로 차돌을 깨며 차력을 선보이는 약장수에게 꼼짝없이 넘어갔다. 기술자가 된 기념으로 어머니에게 무엇인가 해주고 싶었던 마음이 발동한 결과였다.

만병통치약이라고 파는 약이었는데, 특히 고생을 많이 해서 골병이 든 어머니들한테 좋다는 거예요. 약장사가 하는 말이 우리 어머니가 한 고생과 아프다고 하는 증상과 딱 맞아 떨어지는 거예요. 약장사가 '날이면 날마다 오는 게 아니야' 하면서 이 약을 살 기회가 다시는 없다고 바람을 잡는데, 이 좋은 걸 돈이 아까워서 어머니에게 안 사드리면 평생 후회할 것 같았어요. 자랑스럽게 사들고 갔다가, 집에서 혼쭐이 났죠. 그래서 이틀을 집에도 못 들어가고 우리가 살던 집과 뒷집의 담벼락 사이에서 잤어요.

　　─ 이재명 인터뷰: 이 이야기를 하면서 이재명은 마치 그 시절로 돌아간 듯 현정민정 앞에서 뒷머리를 긁적였다.

어머니는 사기를 당한 그가 너무나 속상해하는 것을 가슴 아파했다.
"괘안타, 우리 재명이는 잘 될 끼다."
어머니가 잊어버린 이재명의 생일을 정해주며 그의 사주팔자까지 보아준 점바치에게 준 겉보리 한 되의 힘을 그는 믿기로 했다.

그러나 약장사에게 당한 사기는 불운도 아니었다.

사고가 터졌다. 왼쪽 손목이 육중한 프레스 기계에 당했다. 손목뼈가 깨지는 사고였다. 다행히 손목의 바깥쪽을 프레스가 쳐낸 것이었다. 만약 손목이 완전히 끼었으면 손 전체가 쥐포처럼 으스러졌을 사고였다. 0.001초만 더 늦게 손목을 빼냈으면 그의 한쪽 손은 사라졌을 것이다.

치료는 받지 못했다. 손목 전체가 부어올랐지만, 타박상으로 여겼다. 아주냉동에서 뼈가 보일 정도로 함석 모서리에 찍혀도 병원에 가지 않은 그였다. 빨간약을 바르고 안티프라민을 발라도 통증은 쉽게 가라앉지 않았다. 여러 날이 지나면서 부기는 가라앉았는데 통증은 여전했다. 손목에 힘을 주기가 어려웠다. 소가죽을 펼쳐 들고 프레스 작업을 할 수 없을 만큼 아팠다. 그는 이 사고가 그에게 평생의 장애를 안겨주리라고 꿈에도 상상하지 못했다.

의학 상식도, 산업재해에 대한 지식도 없던 시절이었다. 결국, 그는 프레스기를 내주고 2층 구석의 포장반으로 밀려났다. 기술자에서 다시 잡부가 된 것이 속상했지만 그에게 더 큰 불행이 기다리고 있다는 것은 전혀 알지 못했다.

2층에는 네 줄로 놓인 70대가 넘는 미싱이 쉬지 않고 돌아갔다. 전기모터가 달린 미싱을 타는 여공들은 야구 글러브를 꿰매는 굵은 바늘이 손가락에 박혀도 비명조차 지르지 않았다. 살에 박히면서 부러진 바늘은 손으로 뽑아냈지만, 뼈에 박히면서 부러진 바늘은 펜치로 잡아당겨야만 뽑혔다. 펜치로 바늘을 뽑아낸 손가락에 빨간 약을 바른 여공들은 다시 자리에 앉아 태연하게 다시 일을 계속했다.

바느질이 끝난 스키 장갑과 야구 글러브를 펴려고 열을 가하면 소가죽에서 나는 냄새가 지독했다. 마무리가 끝난 제품에서 불량품을 골라내고 정품은 박스에 담아 2층 포장반에서 1층으로 지고 내려가 출고를 시켰다. 스키가 어떻게 생긴 건지 구경조차 한 적이 없는 그가 하루에 출고시킨 스키 장갑이 천 켤레가 넘었다. 야구공 한 번 쥐어보지 못한 그가 컨테이너에 실어 보낸 야구 글러브 또한 셀 수 없이 많았다. 사람들은 그가 한쪽 손을 제대로 쓰지 못한다는 것을 알지 못했다.

시간이 지나면 나을 줄 알았던 손목은 한 달 두 달이 지나도 회복되지 않았다. 겉으로 멀쩡한데 아프다고 해봐야 꾀병을 부리는 놈으로 찍혀 미움만 살 뿐이었다. 두 손이 멀쩡한 소년공들과 똑같이 일해야 했다.

손목을 제대로 쓸 수 없게 된 그에게 무거운 야구 글러브 박스를 옮기는 것보다 더 힘든 일은 권투시합이었다.

공장에서는 사흘이 멀다 하고 권투경기가 열렸다. 경기는 점심시간에 공장의 창고에서 벌어졌다. 선수는 공장의 소년공들이었다. 하고 싶어서 하는 경기가 아니었다. 선수 지명권은 반장과 고참들에게 있었다. 고참이 찍으면 소년공들은 글러브를 끼고 나가 싸워야 했다.

고참들은 점심시간이 임박하면 '12시에 만나요, 부라보 콘' CM송

을 흥얼거리며 경기를 예고했다. 그들은 만만한 소년공들에게 싸움을
시키고 자기들이 먹을 '부라보 콘' 내기를 걸었다. 하고 싶지도 않은
경기를 해야 하는 소년공도 내기를 걸어야 했다. 정말 개떡 같은 경기
였다.

공장에서 터무니도 없는 권투경기가 벌어진 것은 홍수환과 김성준
때문이었다. 일본의 안토니오 이노끼를 박치기로 자빠뜨린 프로 레슬
러 김일과 당수왕 천규덕의 인기가 시들고 난 다음에 불어닥친 것이
권투였다. 특히 홍수환과 김성준은 인기 절정이었다.

지난겨울 파나마에서 열린 세계 챔피온 방어전에서 2회전에서만 네
번 다운 당하고 일어나 3회전에서 도전자 카라스키야를 KO시킨 홍수
환은 국민 영웅이었다. 11전 11승 11 KO승을 자랑하던 카라스키야를
적지 파나마에서 KO시킨 홍수환의 '4전5기' 신화는 공장에 권투 열
풍을 불러일으켰다. 거기다 소매치기 출신의 복서 김성준은 공장노동
자들의 히어로였다. 초등학교를 졸업하고 가출해 소매치기가 되었던
김성준은 권투를 시작한 지 단 1주일 만에 2년 경력의 선수를 KO시키
는 신화를 썼다. 소매치기 일제 단속에 걸려 구속되었다가 권투에 전
념하기로 약속하고 풀려난 그는 승승장구했다. 김성준은 특별한 기술
이 없는 선수였다. 오로지 투지와 근성으로 끝까지 물러서지 않고 싸
워 세계 챔피언이 된 깡다구의 파이터였다. 이재명도 홍수환과 김성준
을 응원했다. 그러나 이재명은 이미 권투가 불가능한 몸이었다. '나비
처럼 날아서 벌처럼 쏜다'고 한 세계 헤비급 챔피언 무하마드 알리의

말은 흉내도 내 볼 수 없게 망가진 팔을 가지고 이재명은 권투경기에 출전해야 했다.

한쪽 손목을 쓰지 못하는 그가 이기기는 쉽지 않았다. 이재명은 자주 지고 어쩌다 이겼다. 많이 얻어터지고 조금 때렸다.

그러나 이재명이 일방적으로 나가떨어지는 경우는 없었다. 맷집과 깡다구만큼은 김성준에게 붙여도 밀리지 않을 이재명이었다. 초등학교에서 선생님에게 스물일곱 대의 뺨을 맞고도 고개를 숙이지 않았던 그였다.

열다섯 살 이재명의
세 가지 목표

권투경기에서 끌려나가 실컷 맞아주고 아이스크림 3개 값까지 뜯기고 나면 정말 기분이 더러웠다.

'12시에 만나요~ 부라보 콘'을 불러대며 점심시간의 권투경기를 예고하는 반장과 고참들이 혐오스러웠다. 예전에는 그렇게 기다려지던 점심시간이 제일 싫은 시간으로 바뀌었다. 어쩌다 어렵게 한 번 맛볼 수 있는 부라보 콘까지 정나미가 떨어졌다.

이재명의 한 달 용돈이 500원이었는데 부라보 콘 하나 값이 100원가량이었다. 프레스기를 타지 못하면서 그의 일당은 시다 수준에 묶였다. 부라보 콘 3개 값이면 거의 그의 하루 일당이었다.

이재명은 맞지 않고, 돈 뜯기지 않고, 다치지 않고 공장에 다니고 싶었다. 나이를 빨리 먹어서 소년공에서 벗어나 반장이 되면 맞지 않고, 돈 뜯기지 않고 다닐 수 있을 것 같았다. 그러나 나이가 들었다고 해서,

반장의 손이라고 해서 프레스기가 봐주는 것은 아니었다. 공돌이로 살아가는 한 언제 손을 날려버릴지 알 수 없는 일이었다.

공장에서 맞지 않고, 돈 뜯기지 않고, 다치지도 않을 뿐만 아니라 월급도 많이 받고 점심시간에 자유롭게 공장 바깥으로 나다닐 수 있는 사람은 그가 아는 한 단 한 사람이었다. 홍대리. 사무실과 공장을 오가며 업무지시 사항을 전달하는 그의 앞에서 직장도 반장도 꼼짝하지 못했다. 사무실에서만 일하는 관리직 사원은 만날 일이 없으니 누가 어떤 일을 하고 월급을 얼마나 많이 받는지 알 길이 없었다. 어쩌다 외국 손님을 데리고 공장을 한 바퀴 돌아보는 사장보다 홍대리가 공원들에게 훨씬 더 높았다. 눈이 튀어나와서 개구리눈으로 불리던 홍대리가 어떤 횡포를 부려도 찍소리 한마디 할 사람이 없었다. 나이가 홍대리보다 훨씬 많은 직장과 반장도 홍대리가 나타나면 고양이 앞의 쥐였다.

이재명은 홍대리처럼 되고 싶었다. 조심스럽게 홍대리는 어떻게 대리가 되었는지 사람들에게 슬쩍슬쩍 물어보았다. 답은 하나였다. 개구리눈은 고졸이었다. 공장 안에는 중졸도 한 명 없었다. 이재명은 공부를 결심했다. 손목을 제대로 쓸 수가 없는 그가 살아남을 수 있는 길은 그것밖에 없었다. 이재명은 공부할 각오를 다지고 세 가지 목표를 세웠다.

첫째, 남에게 쥐 터지지 않고 산다.

둘째, 돈을 벌어 가난에서 벗어난다.

셋째, 자유롭게 돌아다니며 산다.

이 목표를 이루려면 우선 고등학교를 나와야 했다. 야간에 다닐 수 있는 고등공민학교는 아주냉동에 일할 때 벌써 아버지가 안 된다고 대못을 박았다. 다른 방법을 찾아보던 이재명은 검정고시란 제도가 있다는 것을 알아냈다.

검정고시 학원을 찾아갔다. 야간부 시작 시각이 6시였다. 공장의 퇴근시각이 6시였다. 그는 사정을 얘기하고 회사에 30분 일찍 퇴근할 수 있는지 물어보았다. 대신 학원에 가지 않는 날과 휴일에 더 일하겠다고 했다. 안된다는 답변이 단박에 나왔다. 실망스러웠다.

그러나 운명의 여신이 이재명을 아주 외면하지는 않았다.

난 학원에 다니려고 과장한테 가서 5시30분에 내보내 달라고 했더니 안 된다고 하였다. 학원에 나가지 못하였는데 그 얼마후 퇴근 시간이 30분 앞당겨져서 학원에 나가게 되었다.

— 이재명 일기(1980.1.8.)

대양실업에 다닌 지 1년이 가까웠을 무렵 출퇴근 시각이 갑자기 30분 앞당겨졌다. 1978년 4월 말이었다.

이재명은 거짓말 같은 변화에 뛸 듯이 기뻐했다. 검정고시는 8월 초에 있었다. 공부를 할 수 있는 기간은 3개월이었다. 아버지에게 3개월만 학원에 다니게 해달라고 졸랐다. 아버지도 그것까지는 반대하지 않았다.

이재명은 검정고시 학원으로 달려갔다. 그런데 8월 검정고시 준비반은 이미 등록이 끝난 다음이었다. 수업을 시작한 지 벌써 3주차에 접어들고 있었다.

검정고시 시험은 4월과 8월, 1년에 두 번 있었다. 9월이 되어야 내년 4월 검정고시 준비반이 개강했다. 9월까지 기다릴 수 없었다. 그때까지 기다릴 마음의 여유도 없었지만 9월에 시작하면 다음 시험이 4월이어서 7개월을 공부해야 했다. 학원비도 4개월보다 훨씬 많은 7개월 동안 내야 했다. 아버지가 그에게 허락한 기간도 3개월이었다.

그는 우겨서 뒤늦게 등록을 하고 4주차 수업부터 들어갔다. 고입 검정고시는 총 여덟 과목이었다. 여덟 과목을 다 가르쳐주는 종합반의 학원비가 7천 원 남짓이었다. 그가 대양실업에서 받는 월급은 1만5천 원 안팎이었다.

8월 검정고시는 준비 기간이 4개월밖에 되지 않아서 합격이 어려웠다. 16주 만에 남들은 3년 동안 공부하는 중학교 과정의 아홉 과목을 모두 뗀다는 것이 쉬울 리 없었다. 단기 종합반에 등록한 학생들은 모두 죽을 힘을 다해 공부했다. 더구나 3주 뒤에 합류한 이재명에게 주어진 시간은 단 13주였다.

이재명은 공장에서 퇴근하면 곧장 학원으로 달려갔다. 자주 버스를 타지도 못했다. 노트와 필기구를 사느라 용돈을 다 써버린 그는 3km 거리를 반은 뛰고 반은 걸었다. 학원에 도착하면 기진맥진했지만, 찬물로 세수를 하고 수업에 들어갔다. 피곤했지만 행복했다. 선생님들이 공부를 잘한다고 칭찬도 해주었다. 누구로부터도 받아보지 못한 인정이었고, 어디에서도 들어보지 못한 칭찬이었다. 수업이 끝나면 자습실에 남아 쏟아지는 졸음을 참아가며 부족한 공부를 했다.

이재명만 그렇게 열심히 하는 것은 아니었다. 심정운이란 친구도 이재명처럼 자습실에 남아 공부하는 소년공의 하나였다. 집도 같은 방향이어서 둘은 통금이 임박해서 함께 학원을 나섰다. 시간이 부족했던 그들은 집으로 돌아가는 동안에도 서로 문제를 내고 답을 하는 문답식 공부를 하면서 시험준비에 매달렸다.

학원에서 처음 만난 재명이는 앳된 얼굴에 눈이 초롱초롱했어요. 머리는 길었지요. 그땐 긴 머리가 유행이었어요. 청바지에 흰색 남방을 입고 학원에 왔는데, 여름인데도 반소매를 입지 않았지요. 재명이는 암기력이 특출해서 학원 선생님들에게 최고라는 칭찬을 들었어요. 재명이는 3개월 만에, 나는 4개월 만에 합격해보려고 죽자고 공부를 했지요.

– 심정운 인터뷰: 검정고시 학원에 같이 다닌 심정운은 민정현정에
게 이재명이 팔을 다친 사실을 남들에게 말하지 않았다고 했다.

검정고시가 한 달 앞으로 다가왔다.

마음은 급한데 공부할 시간이 너무 부족했다. 도저히 낮에 공장에 다니면서 공부해서는 한 달 뒤에 있을 검정고시에 합격하는 것이 불가능해 보였다. 이재명은 검정고시를 한 달 앞두고 공장을 그만두기로 마음먹었다.

아버지는 한 달만 공부에 매진하게 해달라는 이재명을 야단쳤다.

"검정고시 하겠다고 해서 학원 보내줬더니, 이젠 뭐, 분수도 모르고 공장을 그만두겠다고? 그럴 거면 학원도 당장 집어치우고 공장에나 제대로 다녀, 이놈아."

이재명은 물러서지 않았다. 때릴 듯이 손을 치켜드는 아버지를 막아선 것은 어머니였다.

"학원비도 지가 벌어서 댕기는 아한테 그게 할 소리니껴? 남들은 다 중학교, 고등학교 보내는데, 부모가 돼서 우리가 해준 게 뭐가 있니껴? 때릴라 카머 내를 때리소."

여간해서 아버지에게 맞서지 않는 어머니가 이번에는 따지고 들었다. 못 보던 어머니의 모습에 아버지도 주춤거렸다. 어머니는 재명을

돌아보며 말했다.

"공부해라. 내가 속곳을 팔아서라도 돈 대주꾸마."

어머니 덕분에 이재명은 한 달 동안 종일, 여한 없이 공부할 수 있었다. 다른 과목은 어느 정도 자신이 있었는데 기초가 없는 영어와 수학은 어려웠다. 수학은 그래도 해볼 만했는데 영어는 정말 어려웠다.

마침내 시험날이 닥쳐왔다.

1978년 8월 4일과 5일, 이틀 동안 시험을 치렀다. 고입 검정고시는 총 아홉 과목이었다. 100점 만점에 40점 미만은 과락이었고, 전 과목 평균 성적이 60점 이상이어야 합격이었다. 그는 영어 한 과목을 포기했다. 영어 알파벳도 모르는 상태에서 시작해 13주 만에 중학교 3년 과정의 영어 교과 과정 시험을 통과하는 것은 도저히 무리였다. 과락 과목이 있어도 다음 시험에서 그 과목 시험만 응시해서 통과하면 합격증이 나왔다. 그는, 영어는 다음 해 4월까지 독학을 해서 다시 볼 작정이었다.

시험 결과 발표를 본 그는 믿기지 않았다.

국어 75, 사회 72.5, 수학 64, 과학 82.5, 체육 85, 실업(농업) 67.5, 음악 80, 미술 70… 놀라운 것은 영어였다. 45점. 과락이 아니었다. 알파벳도 몰랐던 자신이 13주 만에 영어시험에서 과락을 면할 것이라고 이재명도 기대하지 않았다.

종점 631.5, 전과목 평균 70.17. 합격이었다.

* 현정민정이 인터넷에서 찾아낸 이재명의 고입 검정고시 성적증명서, 인터넷에서 검색되는 유일한 그의 검정고시 성적증명서 (https://blog.naver.com/veronica2005/221423209980)를 올린 블로거는 '어렸을 때부터 인성도 빵빵 성적도 빵빵… 진짜 사법고시 어떻게 합격한건지 모를…'이라고 썼다. 과연 그럴까? 현정민정은 '성적이 빵빵'이라는 데는 우선 동의하기로 했다.

ABC도 몰랐던 그가 13주 만에 고입 검정고시 영어시험에서 45점으로 당당히 과락을 면할 수 있었던 것은 영어 선생님 덕분이었다. 영어 선생님은 시험을 앞두고 수강생들에게 두 가지 비책을 알려주었다.

첫째, 가장 길이가 긴 답이 정답일 가능성이 높다.

둘째, 4지선다형 문제에서는 세 번째, 즉 '3'번이나 '다'번이 정답일 가능성이 제일 높다.

이재명은 이미 포기했던 영어는 이 비책에 따라 거의 다 찍었고, 놀라운 성공을 거두었다. 4지 선다형 시험을 찍어서 맞출 수 있는 수학적 확률은 25%, 25점이어야 했지만 45점을 획득한 것이다. 물론 이것은 영어 선생님의 비책 때문만이 아니었다. 그것이 영어 선생님이 알려준 비책 때문이기만 했다면 그와 같이 수업을 들은 수강생들 모두가 합격했어야 했다. 그런데 떨어진 수강생이 붙은 수강생보다 더 많았다. 그의 귀를 알아본 친척과 그의 생일을 정해준 점바치의 예지력에 공을 돌려야 마땅했다. 아니라면 어려울 때마다 두 사람의 말을 그에게 수없이 일깨워준 어머니의 맹목적인 신심에 대한 하늘의 응답이었다고 밖에 볼 수 없었다.

어머니와 형제들은 그의 합격을 축하해주었다. 공장에 다니면서 야간 9주, 공장을 그만두고 주·야간으로 4주, 총 13주 동안 공부해서 중학교 졸업자격을 얻은 그를 아버지도 조금은 뿌듯하게 여기는 듯했다. 그러나 아버지는 그것으로 끝이었다. 공부에 맛을 들인 그가 다시 취직을 않고 학원에 드나들자 아버지는 학원 출입금지령을 내렸다.

그는 다시 취직자리를 알아보았지만 마땅치 않았다. 아버지는 집에서 쉬는 그를 그냥 두지 않았다. 새벽 3시에 곤히 자는 그를 깨워 리어카를 밀게 했다. 그러면 해가 중천에 뜰 때까지 그는 아버지를 따라 상대원의 시장통과 동네를 오르내리며 쓰레기를 치워야 했다. 가게와 가정집에서 내놓은 쓰레기를 치우다 교복을 입고 등교하는 여학생을 마주치면 창피해서 얼굴이 달아올랐다. 청소를 끝낸 다음에는 쓰레기 더미를 뒤져 폐지와 고물을 골라냈다.

상대원시장 청소부인 아버지에게 끌려다니며 쓰레기 더미와 씨름하지 않으려면 하루빨리 공장에 취직하는 수밖에 없었다. 취업공고가 붙은 회사 중에서 대양실업보다 나은 곳이 없었다. 공부한다고 그만두고 나온 대양실업에 다시 들어가는 것이 창피하고 싫었지만 낯선 공장에 들어가 낯선 매를 맞는 것은 더 싫었다. 맞더라도 익숙한 매가 나았다. 그는 차라리 대양실업으로 돌아가기로 했다.

홍대리처럼 당당한 고졸이 되어 얻어터지지 않고 일하는 관리자가 되고 싶었던 그는 3개월 만에 애써 태연한 척하며 대양실업으로 돌아갔다. 아는 얼굴을 만나면 얼굴이 화끈거렸다. 중학교 졸업자격을 얻었지만, 그에게 달라진 것은 아무것도 없었다.

우아한
위선자들

대양실업의 권투경기는 여전했다. 아니, 한층 더했다.

'열두 시에 만나요~ 부라보 콘. 둘이서 만나요~ 부라보 콘. 살짝쿵 데이트~ 대양 타이틀 전.'

그가 대양실업을 떠나 검정고시 공부를 하는 사이 김성준은 태국의 보라싱을 쓰러뜨리고 프로복싱 WBC 주니어 플라이급 챔피언에 올랐다. 초등학교를 졸업한 소매치기 출신의 복서 김성준은 공장노동자들의 우상이었다. 김성준의 승리는 겨우 초등학교를 졸업하고 공장에 다니는 그들 모두의 승리였다. 그들에게 김성준의 거침없는 원투 스트레이트는 무식하다고, 가난하다고, 더럽게 산다고 깔보고 비웃는 세상을 향해 날리는 통렬한 주먹이었다.

거기다 홍수환에 이어 박찬희까지 세계 챔피언에 도전했다. 박찬희는 그가 대양실업에 다시 들어간 얼마 뒤 WBC 플라이급 세계 챔피언인 맥시코의 복싱 영웅 미구엘 칸토에게 도전한다고 발표했다. 박찬희의 바람을 끊어놓을 듯이 짧고 매서운 훅과 전광석화 같은 펀치, 나비처럼 가볍고 경쾌하게 치고 빠지는 순발력은 대단했다.

"여기는 WBC 주니어 플라이급 세계 타이틀전이 열리는 대양실업 특설링입니다. 챔피언은 무적의 작은 탱크, 23전 19승 9KO승 3패 1무, 태국의 네트로이 보라싱!"

군복을 입은 반장과 고참들이 개최하는 세계 타이틀전 특설링은 거대한 철문이 닫힌 대양실업의 어두컴컴한 창고였다. 이재명과 소년공들은 그들이 부르는 대로 네트로이 보라싱이 되기도 하고 미구엘 칸토가 되기도 했다. 홍수환, 박찬희, 김태식, 김성준이 되기도 했다.

이겨도 져도 마음에 상처뿐이 남지 않는 권투경기를 좋아하는 소년공은 아무도 없었다. 더구나 손목이 아픈 이재명은 더욱 싫었다. 그가 받은 고입 검정고시 합격증 따위는 아무 소용도 없었다. 그래도, 얻어 터지고 부라보 콘 값까지 뜯기지 않으려면 상대 소년공의 코피를 터뜨리거나 쓰러뜨려야 했다.

'대양실업 특설링'이라고 불린 야만적인 투견장에서 동료 소년공들과 개처럼 싸웠던 시간은 오랫동안 이재명에게 트라우마로 남았다. 높고 육중한 철문을 보면 숨이 막혔다. 회사는 매일같이 되풀이되는 관리자와 고참들의 폭력과 강제 권투경기를 다 알면서도 막지 않았다. 이재명은 이해가 되지 않았다. 이런 폭력은 사장과 공장장이 마음만 먹으면 바로 없어질 일이었다. 아니, 홍대리가 마음만 바꿔 먹어도 없어질 일이었다.

한번은 회사에서 소원수리란 걸 받았다. 회사에 대한 노동자들의 생각과 애로사항을 무기명으로 적어내면 반영하겠다는 것이었다. 이재명은 아무것도 적어내지 않았다. 회사가 몰라서 폭력과 강제 권투를 방관하고 있을까? 그게 아니란 것쯤은 이재명도 알았다. 그런데 순진하게도 빳다와 권투경기가 없어졌으면 좋겠다고 적어낸 소년공들이 있었다.

누군가 그걸 적어냈다는 것은 바로 다음날 조회시간에 확인되었다. 공장의 책임자는 아주 점잖게 말했다. 반장과 고참들은 이유 없이 소년공들을 때리지 말고 동생처럼 돌봐주고, 소년공들은 자기가 할 일을 잘 하면서 상급자들을 형처럼 모시라고 했다. 회사는 종업원들을 가족처럼 여긴다고도 했다.

조회가 끝나고 개구리눈 홍대리가 현장을 돌며 말없이 반장과 고참들의 어깨를 한 대씩 툭툭 쥐어박고 돌아간 다음 이유 없는 폭행은 바로 사라졌다.

대신 이유 있는 폭행이 쓰나미처럼 밀어닥쳤다. 먼저 반장이 나섰다.

"이 개새끼들이 소원수리를 쓰라면 월급 꼬박꼬박 챙겨주시는 사장님에게 감사하다는 말은 안 쓰고 뭐가 어째? 반장이 이유 없이 때렸다? 그래 이 새끼들아, 이유를 알려줄게. 이건 작업 복장 불량, 빳다 세대. 복창하면서 맞는다."

반장이 '복장' 하면서 몽둥이를 후려치면 소년공들은 '불량' 하면서 세 대씩 맞았다. 복장 불량이 아닌 소년공은 아무도 없었다.

다음에는 최고참이 나섰다.

"회사에서 점심을 줬으면 좋겠다? 뱃대지가 불러서 간이 아주 배 밖으로 나왔어. 제 할 일은 안 하고 밥 달라는 소리가 아가리에서 나와? 이 기계 한 번 봐, 새끼들아."

고참은 손에 낀 하얀 목장갑으로 옆에 있는 기계를 문지른 다음 소년공들 앞으로 내밀었다. 시커먼 것이 당연했다.

"청소를 이따위로 하고도 때리지 말라는 소리가, 밥 달라는 소리가 아가리에서 나와? 이유를 알려줬으니까 개소리하지 말고 맞아. 청소 불량, 다섯 대."

고참이 '청소'하면서 몽둥이를 후려치면 소년공들은 '불량'하고 복창하면서 다섯 대씩 맞았다. 이재명은 복창 소리가 작다고 한 대 더 맞았다.

두 명의 고참이 더 나선 다음에야 뺏다는 끝났다. 뺏다가 위에서 밑으로 차례차례 내려오면서 소원수리에 적어낸 내용이 모두 드러났다. 회사가 원한 내용이 무엇이었는지도 분명해졌다. 관리자들이 바란 것은 회사에 대한 감사, 사장에 대한 칭송, 관리자에 대한 칭찬이었다. 소년공들의 편인 관리자는 없었다. 소원수리를 받아본 상급 관리자들은 건방지게 불만을 적어낸 소년공들에게 화가 난 것이었다.

그러나 많이 배운 상급 관리자들은 소년공들에게 직접 화를 내는 품위 없는 짓을 하지 않았다. 교양 있는 높은 분들은 홍대리에게 일을 어떻게 했느냐고 질책했을 것이고, 홍대리는 현장에 내려와 반장들의 어깨를 한 대씩 툭툭 쥐어박는 것으로 자기 일을 깔끔하게 해냈다.

"좀, 잘 하자아."

잘 하자아, 그렇게 말꼬리를 비트는 홍대리의 눈빛에는 소년공들을 잘 관리하지 못한 반장과 고참들에 대한 분명한 질책이 담겨 있었다. 그 장면을 보는 순간 소년공들은 곧 자신들에게 어떤 일이 닥칠지 직감했다. 높은 분의 품위 있고 인자한 말씀이 홍대리와 반장을 거쳐 소년공들에게 빳다로 귀착되는 과정을 이재명은 숱하게 지켜보았다.

공장에서 맞아 갈비뼈가 부러진 적도 있어요. 난 집에 얘기 안 했는데, 때린 고참이 겁나니까 우리 집에 찾아와 아버지에게 빌었어요. 아버지는 괜찮다고 했대요. 문제 삼아 봐야 회사에서 나를 때린 고참을 내보내지 않을 거고, 그럼 결국 내가 공장에 다닐 수 없게 된다는 걸 아버지도 알았을 거예요.

우릴 직접 때린 사람보다 더 나쁜 사람이 그런 폭력을 조장한 회사의 책임자들이잖아요. 내가 대놓고 나쁜 짓 하는 자보다 품위 있는 척하면서 우아하게 나쁜 짓 하는 위선자들을 더 싫어하는 것도 그런 경험에 뿌리가 있을 거예요.

－ 이재명 인터뷰: 공장 다니던 시절에 자신을 때린 사람을 다시 만나
면 어떨 것 같으냐는 민정의 질문에 이재명은 '지금도 같이 만나는 사람
들 있다'며 웃었다. 지금도 여전히 직접 때린 사람보다 뒤에서 때리게 만
든 사람이 더 나쁘다고 생각하느냐는 현정의 질문에도 '그럼요'라고 대
답했다.

이재명은 직접 때리는 반장과 고참들보다 인자한 척 품위 있게 말하
고 뒤로 조지는 상급 관리자들의 위선이 더 싫었다. 열여섯 살 소년공
이재명의 눈에도 그들이 직접 폭력을 행사하는 반장과 한통속이라는
것은 뻔히 보였다. 물론, 그들이 그런 부당한 폭력으로 유지되는 질서
를 비호하는 이유를 깨달은 것은 훨씬 뒤의 일이었다. 그렇게 유지되
는 질서의 최대 수혜자가 바로 우아한 위선자들이었다.

우아한 위선자들의 특징은 이중성이었다. 그들은 겉과 속이 다르고
앞과 뒤가 달랐으며 말과 행동이 달랐다. 겉으로는 소년공들의 처지
를 동정하면서 속으로는 자신들의 이익만 챙겼다. 앞에서는 소년공
들을 때리지 말라고 했지만, 뒤에서는 소년공들을 더 많이 때리도록
부추겼다.

앞에서 우아하게 말하고 뒤에서 어떻게 힘없는 소년공들을
멍들게 만드는지 내가 참 많이 겪어봤잖아요. 그건 정직하냐, 아
니냐, 그런 차원의 문제가 아녜요. 상대를 사람으로 취급하지 않
는 거예요. 상대를 깔보고 능멸하는 거란 말예요. 상대를 대등한
사람으로 대하지 않는 거, 그게 제일 나쁜 거잖아요.

   – 이재명 인터뷰: 현정은 이재명도 정치인이니까 어쩔 수 없이 본심
과 다르게 말할 경우가 있지 않느냐고 물었다. 이재명은 '시민들에게 거
짓말 안 하려고 정말 노력한다'고 대답했다. 이재명이 가장 쓰지 않으려
고 하는 정치인의 우아한 거짓말이 무엇이냐는 민정의 질문에 이재명
은 이렇게 대답했다. "정치인들이 가장 자주 쓰는 단어가 '검토하겠다'
는 말이에요. '장기적 검토'는 생각도 않겠다는 말이고, '긍정적 검토'는
생각은 해보겠지만 되기 어렵다는 말이에요. 저는 손해가 나더라도 그런
이중적 언어를 안 쓰려고 노력합니다. 진짜 검토하고 준비할 일이면 이
건 3년이 걸린다, 내 임기 안에는 어렵다, 이렇게 말해요."

이유 없는 폭력을 막아줄 것으로 기대하고 낸 소년공들의 소원수리
는 더 가혹한 이유 있는 매타작으로 돌아와 작업장을 최악으로 만들었
다. 소년공들은 어떤 놈이 그런 쓸데없는 걸 적어냈는지 서로 의심하
며 눈을 부라렸다. 슬프고 고통스러운 시간이었다.

이재명은 대양실업을 그만두고 싶은 마음이 간절했다. 그렇지만 그만 둘 수 없었다. 다른 공장이라고 해서 다르지 않다는 것을 그는 이미 알고 있었다. 검정고시 학원에서 만난 소년공들은 아무도 자기 공장을 좋게 얘기하지 않았다. 학원의 소년공들은 대양실업 정도는 '새 발의 피'라고 했고, 서로 자기네 공장이 얼마나 더 끔찍한지 침을 튀기며 설명했다.

매타작이 지나간 다음 다시 현장에 나타나 아무것도 모르는 듯이 공장을 둘러보는 홍대리를 바라보며 이재명은 어떻게 해서라도 더 공부해 그와 같은 고졸이 되고야 말겠다는 결심을 다졌다. 그도, 자기는 손도 대지 않고 반장들을 시켜 남을 때리게 만드는 사람이 되어보고 싶었다. 그러려면 공부를 해야 했다.

아버지의 눈치를 살펴 가며 검정고시 준비를 하던 이재명이 끔찍했던 대양실업을 그만둔 것은 그가 못 견뎌서가 아니었다. 회사가 문을 닫았다.

그는 시원섭섭했다. 시원한 것은 소년공들을 괴롭히던 관리자와 고참들이 쫓겨나게 된 것이었다. '회사가 나에게 무엇을 해줄 것인가를 생각하기 전에 내가 회사를 위해 무엇을 할 것인지를 생각하라'며 소년공들을 때렸던 반장들도 어깨를 떨어뜨리고 공장 문을 나섰다. 섭섭한 것은 이재명 역시 새로운 일자리를 찾아 낯선 공장을 기웃거려야 한다는 사실이었다.

그는 날마다 새로운 공장을 찾아 공단을 돌아다녔다.

공단의 취업공고판을 둘러보고 집으로 돌아오던 그가 아버지를 만난 곳은 상대원의 시장통이었다. 그의 아버지는 치우고 있던 쓰레기 더미 옆에 쪼그리고 앉아 과일을 주워 먹고 있었다. 그토록 밉기만 했던 아버지였는데, 울컥 눈물이 쏟아지려고 했다. 이재명은 어금니를 앙다물고 눈물을 참았다.

아버지는 쓰레기 더미에서 골라낸 과일 하나를 이재명에게 주었다. 그는 아버지의 손을 뿌리쳤다. 그래도 아버지는 기어코 썩은 과일을 그의 손에 쥐어줬다. 시장통의 과일가게에서 쓰레기 더미에 내다 버린 배였다.

"반은 멀쩡해."

이재명의 눈에는 썩어들어간 반만 보였는데 아버지의 눈에는 썩지 않은 반이 보이는 모양이었다. 이재명은 썩지 않은 절반을 옷소매로 닦았다. 점심을 거른 그는 아버지와 나란히 폐지가 잔뜩 실린 리어카에 걸터앉아 썩은 냄새가 나는 배를 베어 물었다.

"공장은 알아봤냐?"

"알아보고 있어요. 이번엔 제대로 된 공장에 들어가려고요."

그는 지금까지 아버지가 '제대로 된 공장'이라고 들여보낸 공장이 하나도 '제대로 된 공장'이 아니었다는 말을 그렇게 했다. 아버지도 아니라고는 하지 못했다.

"공장이 다 그렇지, 별 공장이 있냐…"

이재명은 고르고 골라 정말 '제대로 된 공장'에 들어갔다. 오리엔트였다. 성남 공단에서 오리엔트는 '넘버 쓰리'였다.

새벽에 누군가 그를 깨웠다.
어머니였다. 흠뻑 젖은 작업복을 입고 웅크린 채 오들오들 떨며
잠든 그를 안고 어머니는 말없이 눈물을 쏟았다.

공장 야유회(맨 왼쪽 이재명)

젊은
스승

성남공단의 넘버1은 OPC 전화기를 만드는 동양정밀공업이었다. 체신부와 군대에 전화기를 납품하는 방위산업체인 동양정밀공업은 남의 이름으로 들어가기 어려웠다. 넘버2는 전자교환기를 만드는 동양오텔코였다. 동양오텔코는 삼성과 금성, 대우와 함께 국내 전자교환기 제조 4사의 하나였다. 동양정밀공업의 계열사인 이 회사 역시 빽 없이는 들어가기 어려웠다. 오리엔트는 빽 없는 이재명이 들어갈 수 있는 가장 제대로 된 공장이었다. 시계를 만드는 오리엔트는 종업원이 2천 명도 훨씬 넘는 대공장이었다.

성남공단의 넘버3인 오리엔트에는 이재명이 예상치 못한 행운이 기다리고 있었다. 고입 검정고시 학원에 같이 다녔던 심정운을 다시 만난 것이다. 이재명은 말할 수 없이 반가웠다. 오리엔트에 먼저 입사한 심정운도 이재명을 보고 깜짝 놀라며 반가워했다.

"야. 너 이름이 멋지다."

심정운은 이재명의 명찰을 문지르며 웃었다. 이재명의 가슴에 달린 명찰에는 '생산부 권영웅'이라고 쓰여 있었다.

"영웅."

심정운은 주먹을 치켜들어 보이며 '영웅'을 맞이하듯이 이재명을 환영해주었다. 이재명은 심정운의 가슴에 달린 명찰을 바라보았다. 생산부 심정운, 그는 제 이름이었다. 심정운은 그보다 한 살 위였다. 아직 만 16세가 되지 않은 이재명은 다섯 번째 공장인 오리엔트에도 제 이름으로 들어갈 수 없었다. 권영웅은 이재명보다 나이가 많은 삼계초등학교 친구의 이름이었다.

이재명은 그날부터 심정운과 단짝이 되어 붙어 다녔다. 시들해졌던 공부 욕심도 되살아났다. 두 소년공은 열심히 공부해서 대학에 가자고 맹세했다. 정상적으로 고등학교를 졸업하지 않고 검정고시를 봐서 고졸 자격을 얻어도 공장의 관리자가 될 수 없다는 것을 이미 알게 된 그들이었다. 대입 검정고시에 합격한 다음 대학에 가자고, 이 지긋지긋한 공장에서 벗어나자고 두 소년공은 함께 다짐했다.

대입 검정고시 학원에 나란히 등록한 두 소년공은 늘 붙어 다니며 다시 공부에 열을 올렸다. 그러나 제대로 된 공장인 줄 알았던 오리엔트도 공부하려는 소년공들에게 야박하기는 마찬가지였다. 연장 근무 하느라 학원에 가지 못하면 두 소년공은 속이 탔다. 더구나 설날 하루 쉰다고 무급 연장근무를 시킬 때는 입이 튀어나왔다.

오늘부터 회사에서 구정 때 하루 쉰다고 8일간 하루 한 시간
씩 연장 근무한단다. 참말로 치사하다. 그래서 저녁에 1시간 일
찍 나왔다. 정운이도 안 보내줘서 1시간 조퇴해서 나왔다.

— 이재명 일기(1980. 2. 7.)

회사가 실시한 치사한 무급 연장 근무 때문에 공부에 목말랐던 두 소년공은 조퇴를 선택했다. 눈치도 보이고 일당도 까였다. 그래도 하나가 아니고 둘이어서 용기를 낼 수 있었다.

공장에서 같은 꿈을 가진 친구를 만나기는 어려웠다. 더구나 공부하려는 꿈을 가진 친구를 만나기는 더 어려웠다. 오리엔트에서 심정운을 만난 건 이재명에게 굉장한 행운이었다.

쉬는 시간에 책을 보면 반장과 직장은 물론 동료들도 대놓고 싫어하며 구박했다. 오리엔트에서 그가 처음 배치받은 저석실의 윤직장은 특히 그가 공부하는 걸 아니꼽게 여겼다. 시계의 판을 깎고 다듬는 저석실의 책임자인 직장 윤씨는 이재명의 손에 책이 들려 있는 꼴을 그냥 보아 넘기지 못했다.

"공돌이 주제에 맞게 놀아 임마. 꿈 깨라고, 이 자식아."

이재명은 수시로 악담을 퍼부으며 뒤통수를 후려치는 윤직장을 피해 도금실 근무를 지원했다. 밀폐된 공간에서 혼자 작업을 하는 도금

실에서는 틈틈이 책을 볼 수 있었다. 먼저 입사한 심정운이 도금실에서 일하는 이유도 그래서였다. 독성이 강한 화공약품을 사용하는 기피 부서에 지원하는 이재명의 신청을 회사가 마다할 리 없었다. 심정운은 도금1실, 이재명은 도금2실에서 일했다.

나와 재명이는 시계의 시각표시판에 도장과 도금 작업을 했어요. 먼지나 이물질이 들어가면 안 되기 때문에 완전히 밀폐된 공간에서 혼자 일하는 거예요. 죽어라고 열심히 물량을 빼놓고 틈틈이 책을 볼 수 있어서 우린 도금실에 지원한 거였어요. 아세톤과 신나, 도금액 냄새가 지독했지만 우린 거기 들어박혀서 공부할 시간을 벌 수밖에 없었어요. 재명이는 거기서 코가 잘못돼 후각을 잃었지요.

　－심정운은 도금실에서 외운 '고등학교 교과서 시'를 퇴근길에 이재명과 함께 외우며 다녔다고 회고했다.

이재명은 도금실에 감춰둔 책을 보다가 들켜 구박을 받곤 했다. 그래도 작업 속도가 빠르고 불량률이 낮았기 때문에 크게 문책을 당하지는 않았다. 그는 일을 잘하는 소년공이었다. 공부 때문에 구박당하는 것은 공장보다 집에서 더 심했다. 공장에서 퇴근하고 학원에 다녀와

밤늦게 공부를 하면 아버지가 불을 탁 꺼버리기 일쑤였다. 아버지가 불을 꺼버리면 이재명은 마당으로 나갔다. 물통을 엎어 놓고 주인집 창문으로 흘러나오는 불빛을 빌려 간신히 보이는 책을 읽었다. 아버지는 전기세와 그의 학원비를 너무나 아까워했다.

> 출근했더니 반장이 괜히 소릴 지르고 난리다. 꼭 나쁜 놈 같다.
> 집에 왔더니 아버지가 학원 쉬었다고, 학원비 덜 내란다. 즉
> 깎아내란다. 그러면서 학원비가 얼마 들어가는 줄 아느냐며 눈
> 을 흘긴다.
>
> — 이재명 일기(1980. 1. 11)

아버지는 번번이 그를 절망에 빠뜨렸다. 이번에도 학원비 때문에 아버지에게 야단을 맞은 이재명은 공부를 그만두려 했다. 학원비도 안 주려고 하는 아버지가 대학에 보내줄 리가 없었다. 어차피 대학에 가지 못한다면 대입 검정고시에 합격해봐야 소용도 없었다.

아예 공부를 집어치우려던 그를 잡아준 것은 김창구 선생이었다. 김창구 선생은 대입 단과학원인 성일학원의 원장이었다.

이재명은 다른 과목은 독학으로도 따라갈 자신이 있었지만, 영어와 수학은 도저히 자신이 없었다. 그래서 영어와 수학 두 과목을 등록한

단과학원이 성일학원이었다. 아버지에게 더는 학원비를 달라고 손을 내밀지 않기로 작정한 이재명은 두 달을 다닌 학원에 그만 다니겠다고 했다. 김창구 원장은 그를 불러 이유를 물었다.

"돈이 없습니다."

이재명은 솔직하게 말했다. 아버지에게 더는 학원비 얘기를 하고 싶지 않았다.

"그래, 그럼 돈 내지 말고 다녀."

이재명은 자기가 들은 말이 믿기지 않아 김창구 원장을 한참 동안 물끄러미 바라보았다. 김창구 원장은 다시 말했다.

"그냥 다니라고."

"왜요?"

"왜? 너 공부하고 싶잖아."

"네."

"그럼 공부를 해야지."

김창구 선생은 한 발 더 나가 그의 동생 재문이도 학원에 그냥 다녀도 좋다고 했다. 성일학원에서 무료로 공부하는 가난한 학생이 여럿이라는 걸 이재명은 나중에야 알았다.

"재명이 넌 공부해야 될 놈이야. 넌 달라."

세상에는 이런 선생님도 있었다. 김창구 선생은 아버지로부터도 단한 번 들어보지 못한 말을 이재명에게 해주었다. 이재명은 열심히 공부하지 않을 수 없었다.

내가 대학에 들어갔을 때 김창구 선생님이 정말 기뻐했어요. 선생님은 내게 영어와 수학, 그 이상의 것을 가르쳐 주신 분이었어요. 슬프고 힘들 때 김창구 선생님을 떠올리면 이상하게 마음이 편안해지고 자신감이 생겼어요. 누군가 나를 믿어주고 응원해주는 사람이 있다는 게 얼마나 든든한 것인지 알게 해준 분이죠. 사법고시에 합격한 다음에 인사드리러 갔는데, 절 안아주며 눈물을 흘리시더라고요. 잘 될 줄 알았다고, 장하다고.

— 이재명은 민정현정과의 인터뷰에서 지금은 이 세상에 없는 그가 너무 그립다고 했다. 이재명의 가슴에 남은 최고의 스승인 김창구 선생은 단과학원 원장으로 살다 세상을 떠났다.

　

이재명은 악착같이 공부를 할 작정으로 다시 락카실 근무를 자원했다. 도금 작업의 최종 공정을 담당하는 락카실은 이중으로 밀폐된 방진 구역이었다. 도금실처럼 반장이나 직장이 작업시간에 문을 열고 들어올 수도 없었다. 그만큼 독성물질이 배출되지 않아 화학약품 냄새가 지독했다.

이재명은 락카실에서 틈틈이 책을 보며 삼계초등학교 도서실을 떠올렸다. 책 냄새가 가득하던 도서실과 달리 아세톤과 벤센 냄새만 가득했지만 락카실은 열여섯 살 소년공이 혼자서 책을 볼 수 있는 천국이었고 유일한 도피처였다.

　이재명은 그 지독한 화공약품 냄새 속에서 할당된 작업량을 최고의 속도로 해치우고 검정고시 공부를 했다.

　대입 검정고시는 두 달 앞으로 다가왔다.

굽은 팔과
막힌 코

공부에 집중해야 하는데 몸이 자꾸 말썽을 부렸다.

락카실에 일하면서 두통이 잦아졌다. 거기다 매일 아세톤과 벤젠에 노출된 코까지 헐기 시작했다. 대양실업에서 프레스에 치인 손목도 수시로 속을 썩였다. 마음은 급한데 몸이 따라주지 않았다.

어제 늦게부터 진눈깨비가 내리기 시작하더니 나중에는 춥기 시작하였다. 오늘 아침에는 영하 7도나 내려가서 꽤나 추웠다. 게다가 바람까지 불어서 매우 혼났다.

아침에 일어나니 팔목이 아파서 회사에 못 나갈 것 같았다.

회사에 가서 작업 시작하려고 하니 손이 아파서 못했다. 그래

서 오후엔 조퇴하고 병원에 갔더니 의료보험 카드가 서울지구
로 되어 있어서 치료도 못 받았다. 낮에 집에 오는데 바람이 몹
시 불었다.

— 이재명 일기 (1980.1.30)

오리엔트 본사가 서울의 성수동에 있어서 성남의 병원에서는 의료
보험 혜택을 받을 수 없었다. 병원에서 그냥 돌아온 이재명은 손목의
통증을 그냥 참고 견뎌야 했다.

이재명은 오리엔트에 다닌 지난 한 해 동안 키가 무려 15센티나 컸
다. 그렇게 폭풍 성장을 하면서 뼈도 자랐다. 자라지 않은 유일한 뼈가
대양실업의 프레스기에 당한 그의 왼쪽 손목 바깥 뼈였다. 프레스기에
관절이 으깨지면서 성장판도 파손되었던 것이다. 왼쪽 손목 뼈 두 개
중에서 안쪽 뼈만 폭풍 성장을 하면서 자라지 않는 바깥을 압박했다.
결국 팔이 눈에 띄게 뒤틀리면서 통증이 점점 심해졌다.

이재명은 밤새 끙끙 앓으며 고민했다. 이러다가는 몸은 몸대로 망가
지고 시험은 시험대로 망칠 것 같았다. 사표를 내고 검정고시를 볼 때
까지 2개월 만이라도 쉬면서 공부에 전념하고 싶었다.

여러 날을 망설이던 이재명은 반장에게 사직서를 냈다. 반장은 계속
다니라며 그를 달랬다. 그는 최종 도장공정을 맡은 숙련공이었다. 그

만큼 불량 없이 빠르게 락카작업을 해낼 사람이 공장 안에 없었다. 이재명은 공부하기로 마음을 굳혔다고 말했다.

이틀 뒤에는 생산부장이 직접 내려와 제발 한 달만 더 일하고 나가라고 했다. 부장이 직접 부탁을 하는데 그만두려니 미안한 한편으로 마음속으로 조금 뿌듯하기도 했다. 그가 그만큼 회사에 필요한 사람이 된 것이었다. 그는 결국 대입 검정고시 시험 한 달 전인 3월 3일까지 다니기로 약속했다.

그는 마지막 달 월급 5만3천 원을 받아 4천 원을 삥땅치고 4만9천 원만 아버지에게 가져다주었다. 아버지는 그에게 한 달 용돈과 차비, 학원비로 2천3백 원을 주었다. 그는 미리 4천 원을 삥땅치길 잘했다고 생각했다. 그렇지 않았으면 문제집을 사지 못했을 것이기 때문이었다. 차비가 부족해서 그는 학원에 갈 때는 걸어서 가고 올 때만 버스를 탔다. 학생용 회수권은 쌌지만, 학교에 다니지 않고 학원에 다니는 그와 같은 소년공들은 일반요금을 내야만 했다.

공장을 그만두는 날도 몸은 여전히 아팠다. 특히 부어오르던 코끝이 아예 곪으면서 한쪽 콧구멍을 막았다. 남은 한쪽 코로 숨을 쉬려니 답답하고 공부에 집중이 되지 않았다.

수원에 있는 경기도 교육청에 가서 검정고시 원서를 내려면 도장이 있어야 했다. 그런데 아무리 찾아도 그의 도장은 보이지 않고 재영 형과 재선 형의 도장만 있었다. 지금까지 남의 이름으로만 공장에 다녀서 고입 검정고시를 보느라 재작년에 새긴 그의 도장은 그동안 쓸 일이 없었다.

도장을 새로 새기려면 천 원이었다. 버스비가 없어서 걸어 다니던 그는 발을 동동 굴렀다.

보다 못한 어머니가 꼬깃꼬깃 접어서 감추어두었던 천 원짜리 한 장을 꺼내주었다.

아침에 도장을 찾았더니 어디로 갔는지 없었다.

엄마가 돈 천원을 주었다. 도장 새기라는 것인데 돈이 아까워서 또 찾았다. 그런데 엄마가 그 돈은 엄마 돈이란다. 가정에 쓰는 돈은 꼭꼭 차 있어서 엄마는 돈의 사유가 없다. 새영이 형 도장이 있어서 내 것처럼 고쳤다.

– 이재명 일기 (1980.3.6.)

이재명은 차마 어머니의 비상금을 축낼 수가 없었다. 궁리 끝에 재영 형의 도장을 연필 칼로 살살 고쳤다. 이재영의 '영'자를 '명'자처럼 보이게 'ㅇ'을 'ㅁ'처럼 조심스럽게 파냈다. 마지막 글자를 조금 흐리게 찍어보니 비슷했다. 그는 재영 형의 도장과 재선 형의 도장을 가지고 원서를 받으러 수원에 있는 경기도 교육청에 갔다.

재명은 올해 대입 검정고시를 같이 보기로 한 재선 형의 원서도 함께 받았다. 그는 형인 재선의 원서를 자기 것보다 먼저 받았다. 재선 형의 번호는 66번, 그의 번호는 67번이었다.

정수직업훈련원을 수료하고 중장비 정비 자격증을 딴 재선 형은 부산 근처에 있는 원자력발전소 건설현장에 나가 있었다. 이재명은 형의 원서를 등기로 보냈다. 재선 형이 원서를 작성해서 도로 보냈다는데 엉뚱한 곳으로 잘못 배달이 됐다. 우여곡절 끝에 재선 형이 보내준 서류는 찾는데 안동에서 와야 할 서류가 오지 않았다. 안동 고향에 있는 사람에게 부탁해서 재선 형의 중학 졸업 증명서를 받기로 했는데 예정된 날짜가 지나도 오지 않았다. 몇 번이고 우체국에 오가느라고 학원을 이틀이나 빠졌다. 시험 날짜가 임박한 이재명은 이재명대로 초조했다.

고입 검정고시 때는 한 달만 공장을 쉬고 시험 봐서 합격했는데, 이번에는 두 달이나 공장을 쉬었다. 그런데도 합격을 하지 못하면 아버지가 공부를 그만하라고 할 게 뻔했다.

안동에서 재선 형의 졸업증명서가 오지 않으면 재선 형은 원서도 낼 수 없었다. 초조하게 기다리던 재선 형의 서류가 안동에서 온 것은 원서 마감 이틀 전이었다. 그런데 찍혀 있어야 할 도장이 빠진 증명서였다.

낮에 학원에 갔다가 집에 와서 공부하는데 우체부가 왔다. 반

가워서 뛰어나갔다. 과연 안동서 온 것이었다. 얼른 뜯어봤더니
글쎄 재선 형의 서류에 도장 하나를 덜 찍었다. 원서 접수는 내
일 모랜데 다시 부칠 수도 없고 미칠 노릇이다.

아버지가 원망스럽다. 애초에 갔다 왔으면 이런 일이 없었을
터인데 말이다.

조금 후에 아버지가 왔다. 아버진 재선이 형 앨범을 들고 접수
시키러 갔다. 난 가지 말라고 했다. 하지만 아버진 보따리 싸들
고 갔다. 난 아무리 생각해도 안 될 것 같았다.

― 이재명 일기 (1980.3.17.)

서류를 내려 갔던 아버지가 돌아와서 원서를 접수시켰다고 했다.
뜻밖이었다. 졸업 증명서에 도장이 빠져서 안 될 줄 알았는데 아버지
는 보자기로 싸 간 재선 형의 졸업 앨범을 보여주면서 담당자를 설득한
모양이었다. 처음으로 아버지가 대학교를 중퇴했다는 말이 믿어졌다.

재선 형이 집에 온 것은 시험 이틀 전이었다. 재선 형은 이틀 동안 밥
을 먹으면서도 책을 봤다. 재선 형은 이재명이 고입 검정고시 때 그랬
던 것처럼 영어와 수학 때문에 고전했다. 그가 재선 형에게 이항 정리
와 포물선을 가르쳐주었다.

1980년 대입 검정고시 시험은 4월 19일과 20일, 이틀 동안이었다.

그는 새벽 5시 반에 일어나 형과 함께 버스를 타고 수원으로 가서 시험을 봤다. 첫날 시험은 쉬웠다. 이튿날도 새벽에 일어나 시험을 보러 갔다. 이재명은 체육을 제외한 나머지 과목은 다 자신이 있었다. 시험을 끝낸 재선 형은 얼굴이 어두웠다. 시험을 잘 못 본 형 앞에서 이재명은 시험을 잘 봤다고 할 수 없었다.

재선 형은 바로 수원역으로 가 부산행 기차표를 끊었다. 이재명은 재선 형을 수원역까지 바래다주었다. 그의 형은 원서 값과 우표 산 돈에 용돈을 보태서 그에게 줬고, 그는 그 돈으로 먹을 것을 사서 기차에서 먹으라고 형에게 줬다.

검정고시 결과 발표는 5월 중순이었고, 대입 예비고사는 11월이었다.

이재명은 아버지한테 대입 학원에 나가겠다고 했다. 아버지는 허락하지 않았다.

아침에 일어나 아버지한테 학원 가겠다고 하니까 검정고시 시험 발표가 날 때까지 나가지 말란다. 내 용돈으로 나가겠다니까 안 되겠단다. 나중에는 화까지 내면서.

나는 죽고 싶다.

― 이재명 일기(1980.4.24.)

대입 예비고사가 7개월밖에 남지 않았는데 아버지는 검정고시 결과 발표를 보고 나서 학원에 가라는 것이었다. 그러면서 당장 공장에 다시 취업하라는 아버지가 너무나 야속했다. 남들은 3년 동안 공부해서 보는 대학 시험이었다.

그는 아침부터 일자리를 알아보러 공단으로 갔다. 작업시간의 공단 거리는 텅 비어 있었다. 텅 빈 공단 거리를 혼자 터덜터덜 돌아다니며 취업공고판을 살폈다. 의료보험이 되는 공장은 하나도 없었다. 아픈 팔을 치료하려면 보험이라도 되는 공장에 들어가야 했다.

그는 자신의 처지가 가련하고 슬퍼서 죽어버리고 싶었다. 자기가 죽어버리면 아버지가 그때는 후회할까? 어떻게 하면 죽을 수 있을까?

그런 생각을 하며 집으로 돌아오는 길에 소풍 다녀오는 학생들을 만났다. 여태 교복 한 번 입어보지 못한 자신의 신세가 한심했다. 죽더라도 교복 한 번은 입어본 다음에 죽고 싶었다. 이대로 죽는다는 것은 너무 억울했다.

아버지는 그런 그의 마음에는 아랑곳없었다.

그가 일부러 취업하지 않는 것으로 여긴 아버지는 그를 데려다 쓰겠다는 사람을 집으로 불렀다. 화가 난 그는 심통을 부렸다.

아침에 누가 왔다.

날 보세공장에 데려가겠다는 사람이다. 그래서 일부러 버릇없이 막 굴었다.

아버지 체면은 말이 아니다. 잠시 후 그들이 가고 난 엄마와 형에게 신나게 욕먹었다.

— 이재명 일기(1980. 5. 5)

이재명은 아버지의 체면을 엉망으로 만든 것이 미안해서 다음날부터 더 부지런히 일자리를 찾아다녔다. 그런데 정말 들어갈 만한 공장이 없었다.

여전히 그가 일부러 취업하지 않는다고 생각한 아버지도 그를 매일 새벽 3시에 깨웠다. 이재명은 새벽부터 아버지의 리어카를 따라다니며 쓰레기를 치웠다. 새벽부터 아침까지 쓰레기를 치우고 오후에는 폐지와 빈병, 깡통을 골라 고물상으로 팔러 갔다.

아버지는 그것으로 그치지 않았다. 이재명을 데리고 남의 집 연탄을 나르러 갔다. 아버지는 쓰레기와 고물을 나르는 리어카로 남의 집 연탄을 날라주고 부수입을 올렸다. 이재명은 연탄 실은 리어카를 밀고 언덕길을 올라갔다.

그렇게 하루하루가 지나 5월 15일이 되었다. 아버지가 학원을 보내주기로 한 검정고시 합격자 발표일이었다. 이재명은 합격 여부를 확인하기 위해 수원으로 갔다.

합격자 발표장 게시판에 66번과 67번 모두 있었다. 그와 그의 형 모두 합격했다고 좋아했는데 다시 보니 고입 검정고시 합격자 번호였다. 엉뚱한 것을 보고 좋아한 것이다.

이재명은 대입 검정고시 합격자 명단이 붙어 있는 반대쪽 게시판으로 향했다. 새삼 가슴이 두근거렸다. 그는 체육이 조금 걱정되었지만, 과락까지는 아닐 것 같았다. 걱정은 재선 형이었다. 지방의 발전소 건설현장에서 일하느라 검정고시 준비하기가 더 어려웠던 형이었다.

걱정하며 확인한 대입 검정고시 합격자 번호에도 66번과 67번이 모두 있었다. 단짝 친구 심정운도 합격이었다. 재선 형이 합격해서 무엇보다 기뻤다.

이재명은 어젯밤 일기에 영어공부 삼아 쓴 두 문장을 다시 떠올렸다.

'Today is my best day. Tomorrow is the most day.'

이재명은 재선 형에게 합격 소식을 알려주려고 사당동으로 갔다. 부산 인근의 현장에서 사당동 공장으로 올라와 있던 재선 형은 합격 사실이 믿기지 않는 모양인지 정말이냐고 그에게 묻고 또 물었다.

그는 그렇게 꿈꾸던 대학에 갈 수 있는 첫째 관문을 넘었다.

소년공과 소년청소부의
갈림길에서

대입 검정고시 합격의 기쁨은 이틀을 가지 못했다.

검정고시 결과를 본 다음에 학원에 보내주겠다고 한 그의 아버지는 말을 바꿨다.

아버지는 그에게 전문대학에 가라고 했다. 그것도 야간으로. 학원에 다니지 않고도 갈 수 있는 대학에 가라는 얘기였다. 그는 아니었다. 제대로 된 정규대학에 가고 싶었다. 그는 좋은 대학에 들어간 다음 스스로 돈을 벌어가며 공부할 작정이었다.

명문 대학에 들어가면 과외교사를 해서 스스로 대학에 다닐 수 있다고 알려준 것은 성일학원의 김창구 선생이었다. 입주 과외를 하면 자기 공부방까지 생긴다고 했다. 아직 단 한 번도 자기만의 방을 가져 본 적이 없는 그에게 공부방은 꿈만 같았다. 지금도 네 형제가 복작거리는 방에서 어머니의 앉은뱅이 재봉틀을 책상 삼아 공부하는 그였다.

대입 예비고사는 이제 6개월밖에 남아 있지 않았다. 그는 아버지가 6개월만 밀어주면 예비고사를 잘 볼 자신이 있었다. 그런데 아버지는 안 된다고 했다.

예비고사 볼 일이 큰 문제 거리다. 아직 한 번 들여다보지도 않은 것이 수두룩하다. 아버지에게 학원 보내 달라고 해도 직장 안 나간다고 안 보내줄 것 같고, 미칠 노릇이다. 괜히 주먹으로 벽도 쳐보고 머리로 막 받았다. 정말 산다는 게 이런 것인지. 산다는 사실이 귀찮아진다.

　　－ 이재명 일기(1980.5.16.): 민정현정은 손목뼈를 다쳤는데 어떻게 주먹으로 벽을 쳤는지 이재명에게 물었다. 그는 왼손과 오른손을 차례로 들어 보이며 다친 손은 이쪽(왼손)이고 이쪽(오른손)은 멀쩡하다며 웃고 나서 정말 세게 쳐서 피가 났다고 덧붙였다.

이재명이 가진 돈은 5천 원이 전부였다.

오리엔트 퇴직금이었다. 오리엔트에서는 퇴직금을 퇴직하고 3개월 뒤에 지급했다. 그래도 고마웠다. 그에게 퇴직금을 준 회사는 오리엔트가 처음이었다. 이재명이 서울 성수동에 있는 오리엔트 본사에 찾아가서 받은 퇴직금은 6만5천 원이었다.

이재명은 5만5천 원만 아버지에게 주고 만원은 삥땅쳤다. 5천 원은 아버지 몰래 어머니에게 주고, 5천 원은 그가 가졌다. 5천 원은 있어야 책과 노트라도 살 수 있었다.

이재명은 아버지가 학원에 보내주기를 기다리며 매일 새벽부터 아버지를 따라다니며 쓰레기 리어카를 밀었다. 공장에 다니는 소년공은 많았지만 쓰레기 치우는 소년청소부는 그뿐이었다.

길거리에서 방울낚시를 주운 날도 캄캄한 새벽부터 아버지를 따라다니며 쓰레기를 치웠다. 그는 주운 낚시를 들고 혼자 판교로 갔다. 시골에서 개울 낚시를 해보았던 그는 판교의 개천에 방울낚시를 던졌다. 미끼로 쓸 떡밥이나 지렁이가 없어 우렁이를 돌로 빻아 매달았다. 그런 엉터리 미끼를 물 물고기가 있을 리 없었다. 그래도 그는 오후 내내 꼼짝도 하지 않는 찌를 멍하니 바라보며 개천가에 앉아 있었다. 집에 가봐야 아버지는 고물상에 폐지와 깡통 팔러 가자고 그를 끌고 나갈 게 뻔했다. 붕어 한 마리 잡지 못한 그는 저녁 어스름이 내릴 무렵에야 자리를 털고 일어섰다. 점심을 못 먹은 그는 개천가의 참외밭에서 익지도 않은 참외 하나를 주워먹고 처량한 마음을 달래며 집으로 돌아왔다.

셋집 대문 앞에서 그는 발길을 돌렸다. 무엇 때문인지 또 아버지의 고함이 대문 밖까지 들렸다. 집에 들어가기가 싫었다. 친구 정운이의 자취방을 찾아갔다.

정운이는 없고 정운이와 함께 자취하는 친구만 있었다. 정운이를 기다리며 그 친구와 얘기하다가 정운이가 담배를 피운다는 것을 알았다.

더구나 오리엔트에서 노는 데는 도가 튼 것으로 소문난 섭이란 소년공과 어울려 다니며 술도 먹는다고 했다. 이재명은 깜짝 놀랐다. 재명은 밤늦게 돌아온 정운이를 데리고 밖으로 나와 정말 담배를 피우고 술을 먹는지 물었다. 정운이는 대답하지 않았다. 사실이란 뜻이었다.

재명은 끝내 입을 꾹 다물고 있는 정운을 말없이 노려보다가 절교를 선언하고 발길을 돌렸다. 마음이 심란했다.

열심히 공부해서 대학에 가자고 같이 맹세했던 녀석이었다. 오리엔트 공장에서 온갖 구박을 받으면서도 꿋꿋하게 공부를 계속할 수 있었던 것은 서로 의지할 친구가 있었기 때문이었다. 이재명은 가장 믿고 의지하며 좋아하던 친구를 갑자기 잃은 느낌이었다. 배신당한 것만 같았다.

정규대학에 보내주지 않으려는 아버지와 갈등으로 가뜩이나 흔들리고 있던 이재명은 궤도를 이탈한 심정운 때문에 괴로웠다.

그날 이후로 이재명은 심정운의 방에 가지 않았다. 외롭고 힘들면 찾아가던 도피처였지만 그는 아무리 외로워도 다시 찾아가지 않겠다고 다짐했다.

재명이는 내가 술 먹고 담배 피운다는 걸 아주 심각하게 받아들였어요. 사실 소년공들은 보통 그걸 대수롭지 않게 여겼어요. 어려서부터 공장에 다니면서 형들한테 술 담배 일찍 배우거든

요. 그런데 재명이는 내가 술 담배 못하게 하려고 굉장히 애썼어
요. 너 그렇게 담배 피우면 머리 나빠지는데 어떻게 공부해서 대
학 가겠느냐고.

  ― 친구 심정운은 그랬던 이재명이 대학 가더니 자기보다 술, 담배 더
많이 해서 배신감을 느꼈다고 민정현정에게 털어놓았다.

일자리를 찾아다니던 이재명은 길에서 우연히 정운이하고 같이 자
취하는 친구를 만났다. 그는 이재명에게 정운이를 만나러 같이 가자고
했다. 이재명은 단호하게 거절했다.

  그 친구를 따라 정운이를 만나러 가지 않은 이유를 이재명은 일기장
에 이렇게 적었다.

  ― 그건 나의 정운이에 대한 멸시, 아니지, 의지를 보여주기 위한 것
이었다.

  이제 이재명은 아버지를 피해서 도망갈 도피처도, 마음을 털어놓을
친구도 없어졌다. 이재명은 정운이의 일탈을 모른 체할 수도 있었다.
그러나 친구의 '타락'을 묵인하는 것은 친구에 대한 의리를 저버리는
일로 그는 생각했다. 그는 정운이를 만나지 않는 것을 통해서 정운이

가 술 담배를 끊고 그와 함께 공부하든지, 아니면 노는 데 도가 튼 소년 공 섭과 어울려 다니든지 선택하라는 무언의 압박을 계속했다.

정운이와 절교까지 한 그는 대입 예비고사를 어떻게 준비해야 할지 막막하기만 했다. 예비고사의 과목과 배점이 어떻게 되는지조차 물어 볼 곳이 없는 그였다. 대학 입시학원에 가서 예비고사 과목과 과목별 문항 수, 배점이 어떻게 되는지 물어보았지만, 제대로 대답은 않고 도리어 그에게 엉뚱한 질문만 했다. 등록도 하지 않은 그는 더 캐물어 볼 수가 없어 차비만 날리고 집으로 돌아왔다.

아버지는 헛걸음하고 학원에서 돌아온 이재명에게 빈 깡통을 팔아 오라고 했다. 이재명은 동생 재문과 함께 이상한 냄새가 나는 깡통 30개를 리어카에 싣고 고물상으로 갔다. 고물상 주인은 한 개에 30원밖에 쳐주지 않았다. 아버지와 함께 올 때는 50원씩 쳐주던 깡통이었다. 집에 가서 아버지를 데리고 다시 올까 생각하던 이재명은 마음을 바꿔 먹었다. 20원 덜 받아가야 아버지가 다시는 그와 동생에게 깡통 팔아오라고 하지 않을 것 같았기 때문이었다. 이재명은 6백 원이 아깝긴 했지만 9백 원만 받아서 집으로 돌아왔다.

"왜 천오백 원이 아니고 구백 원이냐?"

"아버지가 주는 대로 받아오라고 했잖아요?"

이재명은 자식에게 공부시킬 생각은 않고 부려먹을 생각만 하는 아버지가 원망스러웠다. 하루하루 공부할 날짜가 줄어들어 발을 동동 구르는 그에게 일만 시키는 아버지가 미워서 그도 아버지에게 어깃장을 놓은 것이다.

아버지는 그의 짐작대로 다시는 그에게 고물을 팔러 보내지는 않았다. 대신 새벽마다 그를 깨워 쓰레기 리어카를 밀게 했다. 새벽 2시, 3시, 4시 30분, 깨우는 시간도 대중없었다.

김대중과 김종필을 체포하고, 계엄령을 전국으로 확대한다는 뉴스가 나왔다. 권투 천재로 불린 박찬희는 일본의 오꾸마 쇼지한테 9회에 KO로 패했다. 둘 다 그와는 아무 상관도 없는 일이었다. 이재명은 어제 아버지에게 책 살 돈을 달라고 했는데, 아버지는 여태 대답이 없었다. 오늘 다시 아버지에게 달라고 할 작정이었는데 막내 재옥이가 수학여행비를 달라고 하는 바람에 그는 말도 꺼내지 못했다. 아버지는 재옥이가 수학여행 가는 것도 아주 못마땅하게 여겼다. 그가 책값까지 얘기하면 재옥이가 수학여행을 가지 못하게 될 게 뻔했다.

이재명은 아버지에게 하지 못한 말을 그날 일기에 세 줄로 적어두었다.

— 아버지한테 책 사야 된다고 얘기했더니 좀 있어 보라고 하더니 아주 잊어 먹어버린 듯했다. 재옥이가 수학여행 간다는 것도 어쩔 수 없이 보내주는 것 같았다. 우리 가족을 위해서 돈을 버는 것이라고 하지만 이건 너무한 것 같다.

막내 재옥이가 수학여행비를 받아간 다음에야 이재명은 아버지에게 다시 책값을 달라고 했다. 그는 대학도 전문학교나 야간대학이 아닌 정규대학으로 가고야 말겠다고 정식으로 아버지에게 말했다.

재명이는 기가 잘 죽지 않는 애였어요. 어려서부터 우리 형제 중에 아버지한테 말대꾸 한 건 재명이뿐이에요. 우린 아버지가 말씀하시면 무조건 따랐다는데 재명이는 자기 할 말 했어요. 그러다가 맞기도 했지만 자기가 옳다고 여기면 맞으면서도 끝까지 물러서지 않았죠.

— 이재영 인터뷰(2021년 6월)

어쩐 일인지 아버지는 선선히 이재명에게 책값을 줬다. 학원비도 줬다. 단 이 달이 가기 전에 그가 다시 취업한다는 조건이었다. 어쨌든 고마웠다. 그는 아버지와 약속을 지키려 했다. 마침 오리엔트에서 사람을 뽑았다.

대학에 갈 거라고 큰 소리 치고 나온 공장에 다시 들어가는 게 창피했지만, 오리엔트보다 나은 공장이 없었다.

취업 서류를 들고 오리엔트에 면접을 보러 갔던 날은 5월 29일이었다. 그가 어디에든 취업하겠다고 아버지와 약속한 날짜는 겨우 이틀 남아 있었다.

취업 서류를 들고 오리엔트 공장 정문 앞에까지 갔지만, 이재명은 망설였다. 대입 예비고사는 이제 5개월 앞이었다. 지금 공장에 다시 들어가면 한 번도 해본 적이 없는 예비고사 공부를 무슨 시간에 할 수 있겠는가. 공장 일 끝나고 6시에 학원 가서 3시간 공부하고 집으로 돌아오면 밤 10시가 넘었다. 그렇게 5개월 동안 공부해서 예비고사에 붙고, 본고사까지 통과하는 것은 불가능했다.

그는 면접을 보지 않고 도로 집으로 돌아왔다.

집 마당은 고물상에 가져다 팔 고철을 정리하느라 온통 난리였다. 이재명은 아버지에게 면접을 잘 보고 왔다고 거짓말을 했다. 들고 갔던 취업 서류는 아버지 몰래 감췄다. 아버지는 아무 의심도 하지 않고 고철을 팔러 가자고 했다. 켕기는 것이 있는 그는 흔쾌히 리어카를 끌고 앞장섰다. 아버지는 뒤에서 리어카를 밀며 그에게 빨리 취업을 하지 않았다고 잔소리를 했다. 그는 한마디 대꾸도 하지 않고 고물상에 고철을 가져다주고 답십리 학원으로 갔다.

학원에 다녀오자 밤 10시가 훨씬 넘었다. 학원에서 배운 것을 복습하려는 그를 아버지가 또 불러냈다. 공부할 시간이 모자라 발을 동동 구르는 그에게 아버지는 이 밤중에 쓰레기를 치우러 가자는 것이었다. 그는 화가 났다. 아버지는 그를 대입 예비고사에서 떨어뜨리기로 작심한 사람처럼 보였다. 대학에도 가지 못하고 이대로 비참하게 살 거면 차라리 죽어버리고 싶었다.

학원 갔다 와서 공부 좀 하려고 했더니 아버지가 쓰레기 치우
러 나오라고 한다. 신경질이 났다.

신발을 확 집어 던졌다. 아버지가 그 모양을 보더니 한참 나를
노려보았다.

나가서 쓰레기를 치우는데 죽자 하는 생각이 들었다.

그러면 어떻게 죽을 것인가. 수면제 먹고 죽자, 고통 없이.

― 이재명 일기(1980.5.29.)

닷새 뒤, 오리엔트 합격자 발표일이었다. 서류도 안 내고 면접도 안
봤으니 될 리 없었다. 이재명은 공단 뒷산에 올라가서 시간을 때우다
집으로 돌아왔다. 그가 떨어졌다고 하자 아버지는 오리엔트 회사를 욕
하며 자기와 같이 일하면 어떻겠냐고 물었다. 아예 밤낮으로 시장통의
쓰레기를 치우는 완전히 소년청소부가 되라는 것이었다.

그건 정말 최악이었다. 차라리 정말 아무 곳이라도 취업하는 것이
백 배 나았다. 다급해진 그는 신문 배달을 하려고 알아보았다. 서울신
문에서 배달원을 모집했는데 석간이어서 포기했다. 그는 조간신문을
배달해야 했다. 그래야 아버지가 새벽에 쓰레기 치우러 나가자고 하지
못할 것이기 때문이었다. 조간신문 배달할 곳을 찾아 신문사 지국을
기웃거리던 그는 눈이 번쩍 뜨이는 신문 기사 두 개를 발견했다.

전두환 보안사령관이 이끄는 국보위에서 내놓은 교육 정상화 대책이었다. 첫 번째는 KBS를 통해 TV 과외를 한다는 것이다. 그와 같은 처지의 가난한 수험생에게는 너무나 반가운 소식이었다. 국가보위위원회 전두환 위원장에게 마구마구 박수를 쳐주고 싶었다. 다른 하나는 검정고시 합격자는 예비고사를 면제한다는 것이었다. 그에게는 더할 수 없는 희소식이었다.

그는 그 기사가 실린 신문을 얻어서 껑충껑충 뛰면서 집으로 돌아왔다. 저녁에 재영 형에게 기사를 보여주었다. 신문기사를 들여다보던 재영 형이 그에게 물었다.

"그런데 직장 생활 3년 이상하고 학력고사 합격한 사람한테만 예비고사 면제해준다는 거잖아?"

"그게 왜?"

이재명은 재영 형에게 되물었다.

"넌 안 되잖아."

"내가 왜 안 돼?"

"너 이름으로 다닌 공장이 없잖아."

아뿔싸, 이재명은 순간 머릿속이 하얗게 변했다. 열세 살부터 열일곱 살까지 4년 넘게 공장에서 일한 그의 시간은 그 누구로부터도 인정받을 수 없는 시간이었다. 그 4년 동안 그의 이름은 박승원이었고 이재선이었으며 권영웅이었다.

그가 들이마신 납과 아세톤·벤젠이 마비시킨 것은 이재명의 코였

114

다. 예리한 함석판 단면에 베이고 찢긴 상처 역시 100개가 넘는 선명한 흉터로 이재명의 몸에 남았다. 프레스기에 치여 부서진 손목은 다른 누구도 아닌 이재명의 굽은 팔로 남았다. 공장마다 이어졌던 폭력으로 멍든 가슴은 이재명의 여린 갈비뼈 안쪽에서 뛰고 있었다.

하지만 세상은 그 시간을 소년공 이재명의 것으로 인정해주지 않았다. 억울했다. 세상에 소년공 이재명의 편은 아무도 없는 것만 같았다.

그러나 이재명은 포기하지 않았다.

참으로 힘들 것 같다. 하지만 노력하면 되겠지.

노력 노력 그저 노력이다.

－이재명 일기(1980.6.5.)

수면제
20알

이름이 없었던 한 소년공의 4년은 단 한 시간도 인정받을 수 없었다.

이재명은 예비고사를 면제받지 못했다. 예비고사를 면제받고 바로 본고사로 직행할 수 있는 길이 그에게는 허락되지 않았다. 그만큼 남들보다 더 많은 시간이 필요했다. 그런데 아버지는 공부할 시간을 벌어야 할 그에게 돈을 벌러 공장에 가지 않는다고 닦달했다.

종일 공장에서 일하고 다섯 달 동안 학원에 다녀 대입 예비고사에서 원하는 점수를 받는 것은 불가능했다. 남들은 3년을 꼬박 밤낮으로 공부해서 보는 시험이었다. 그가 가본 입시학원의 학원생들은 모두 재수, 삼수생들이었다. 4년, 5년째 공부만 한 학생들이었다. 더구나 예비고사를 치고 나면 바로 본고사를 봐야 하는데 그는 아무것도 아는 것이 없었다.

시간을 벌어 공부하고 싶은 마음과 돈을 벌어 공부해야 하는 현실

사이에서 이재명은 갈피를 잡기 어려웠다.

그나마 다행인 것은 TV 과외였다. 6월부터 KBS에서 밤 11시에 TV 과외 방송을 했다. 그는 밤 11시가 되면 재선 형과 함께 나란히 앉아 TV 과외를 보며 함께 공부했다.

아버지는 TV 과외 방송이 끝날 때까지 옆에 앉아 기다리다가 꼭 그를 데리고 청소하러 나갔다. 재선 형은 이런 일에서 열외였다.

1980년 6월 16일, 비가 내리던 월요일이었다. TV 과외는 밤 12시 반에 끝났다. 비가 쏟아지는 그 밤에 아버지는 그를 데리고 쓰레기를 치우러 나갔다. 흔쾌히 따라나선 그는 즐거운 마음으로 일하려고 노력했다. 그러나 아버지는 하는 것마다 못마땅하게 여겼다. 점점 비가 많이 쏟아져서 나중에는 쓰레기를 치우지 못할 지경이 되었다. 그와 아버지는 시장통 처마 밑에 나란히 쪼그리고 앉아 비가 잦아들기를 기다렸다.

장맛비는 좀처럼 잦아들지 않았다. 장대처럼 쏟아지는 빗줄기를 바라보며 담배를 피우는 아버지가 애처로웠다. 그가 쪼그려 앉은 채 꼬박꼬박 졸자 아버지는 옆에 있는 가게의 좌판 위에 누워 눈을 붙이라고 했다.

새벽에 누군가 그를 깨웠다. 어머니였다. 흠뻑 젖은 작업복을 입고 웅크린 채 오들오들 떨며 잠든 그를 안고 어머니는 말없이 눈물을 쏟았다.

어머니는 그에게 집으로 가자며 들고 온 우산을 펼쳤다. 그는 주변을 둘러보았다. 비는 여전히 내리고 있었고, 아버지는 혼자 쓰레기를 치우고 있었다.

"아버지가 들어가도 된다 켔다."

그는 희뿌윰한 여명 속에서 비를 맞으며 삽으로 쓰레기를 리어카에 퍼담는 아버지를 바라보았다.

"재맹이 댈꼬 드감더."

어머니가 소리쳤다. 아버지는 삽질을 멈추고 팔을 들어, 그에게 가라고 손짓했다. 왠지 그의 가슴이 아렸다.

집으로 돌아온 그는 쓰러져 아침, 점심도 건너뛰고 종일 잠을 잤다. 저녁 무렵에 깼는데 온몸이 아팠다. 손목의 통증도 견디기 어려웠다. 그는 죽어버리고 싶기도 하고, 간절히 살고 싶기도 했다. 약국에 가서 수면제를 사다 먹고 끝내버릴까, 병원에 가서 팔을 고쳐달라고 매달려볼까, 마음이 오락가락했다. 그는 어머니에게 돈 만 원을 달라고 했다. 죽든 살든 돈이 필요했다.

"니, 딴 맴 묵으머 안 된데이. 니가 잘 몬 되머 나는 몬 사는 거 알제?"

그가 만원을 들고 가출하려는 줄 알고 어머니는 이재명의 손을 잡고 애원했다.

"우짜든동 맴 단디 묵어야 된다. 니는 잘 될끼라."

그러는 어머니를 보니 그는 괜히 눈물이 났다. 그는 약국에도 병원에도 가지 않았다. 장마는 계속되었고 아버지는 다음날 밤에도 그를 데리고 청소를 나갔다. 밤새 쓰레기를 치우고 온 그는 쓰레기처럼 구겨져 잠이 들었다.

잠결에 어머니와 아버지가 하는 얘기가 들렸다.

"재맹이가 저러다 평생 빙신이 되머 우야니껴?"

"돈 벌어서 수술하머 될끼라."

"집 살라꼬 모다논 돈으로 아 수술부터 시키야 되잖겠니껴?"

"그 돈은 아무도 손 몬대."

아버지는 단호했다.

아침에 자는데 아버지하고 엄마하고 하는 얘기가 난 병신 될
거라는 얘기다.
정말 아버진 어떻게 된 사람인지 모르겠다.

– 이재명 일기(1980.6.21.)

흘러내린 눈물이 이재명의 베개를 적셨다.

그는 마침내 모든 것을 포기했다. 대학입시도, 팔을 고치는 일도 다
부질없는 일이었다.

자살을 결심했다. 살아야 할 이유가 없었다. 열심히 살아서 아버지
에게 성공한 모습을 보여주고 싶었고, 교복도 한번 입어보고 싶었지만
다 허황한 꿈이었다. 그는 일기에 박종화의 시「사의 찬미」를 옮겨 적

었다.

죽어버리자고 생각하니 쓸쓸하기도 하고 담담하기도 했다. 라디오에서는 간첩선이 넘어오고, 미그21기가 넘어와서 전쟁이 일어날 뻔했다는 뉴스가 나왔다. 이재명은 전쟁이 나면 제일 먼저 지원해서 싸우다 죽어버리겠다는 생각을 했지만, 전쟁은 일어나지 않았다.

약국에 가서 수면제를 샀다.

약방에 가서 수면제를 달라 했더니 약사가 잔소리가 많았다.
수면제 먹고 연탄불 피워 놓고 죽을 생각이다.

－ 이재명 일기(1980.6.23.)

수면제를 산 다음날 고향에 사는 그의 할아버지가 세상을 떠났다. 그는 자살의 실행을 미루었다. 할아버지의 장례를 치르러 고향에 다녀온 아버지는 예전과 변함이 없었다. 이재명의 팔은 더욱 아팠다.

아버지는 폐지를 줍던 이재명이 팔이 아파 얼굴을 찡그리자 엄살을 떤다고 마구 야단을 쳤다. 그래도 손목이 아픈 이재명은 종이를 손으로 누르지 못하고 발로 밟았다. 아버지는 병신같은 놈이라며 그따위로 일하면 팔을 고쳐주지 않겠다고 소리쳤다. 병신같은 놈이 아니라 이미 병신이 되어있는 그에게 '병신'이란 말은 비수가 되어 가슴을 파고들었다.

120

이재명은 속으로 내일까지 죽지 않으면 사람이 아니라고 다짐했다.

연탄 한 장을 사서 집으로 돌아왔다. 다락에 연탄불을 피우고 수면제를 먹었다. 그런데 금방 잠이 오지 않았다. 한참 지나서야 잠이 들었다. 이 세상과 영원한 작별이었다.

그런데, 그는 다시 깨어났다. 연탄불은 꺼져 있고 정신은 말짱했다. 공장 친구들은 그 정도면 죽는다고 했는데, 아니었다. 그는 수면제가 부족했던 것으로 생각했다.

첫 번째 자살에 실패한 그는 다시 기회를 보기로 했다.

다시 죽으려고 생각하니, 여자친구 한 번 사귀어 보지 못하고 죽는 것이 억울했다. 죽기 전에 여자친구라도 한번 사귀어 보고 싶었다. 직접 만나지 못한다면 서로의 마음을 주고받을 수 있는 펜팔이라도 해보고 싶었다. 그도 어느새 이성이 그리운 열일곱 살이었다.

형이 가져다 둔 잡지를 보고 펜팔 신청을 했다. 일주일도 더 지나서 답장이 왔다. 그런데 우체국에 가서 300원을 내고 찾아가라는 것이었다. 망설이던 그는 300원을 들고 우체국으로 갔다. 어차피 떠날 세상인데 돈 300원이 대수냐. 그는 우체국에서 찾아온 편지를 아무도 없는 집에서 뜯어보았다. 이럴 수가, 순 엉터리였다. 완전히 속아 300원을 날린 것이었다.

그는 다시 한번 시도해보기로 했다. 이번에는 다른 잡지의 펜팔 코너에서 아무 이름이나 골라서 직접 네 통의 편지를 썼다. 네 통의 편지를 쓴 것은 검정고시의 사지선다형 시험문제에 길든 탓이었는지도 모른다. 사지선다형 문제에서는 넷 중에 맞는 답이 반드시 하나는 있었다. 그는 큰형 재국의 우표 네 장을 몰래 꺼내서 편지봉투에 붙인 다음 우체통에 가져다 넣었다. 죽기 전에 한 통의 답장이라도 왔으면 좋겠다고 생각했다.

그가 그렇게 방황하고 있을 무렵 오리엔트에서 사람을 뽑았다. 어차피 죽기로 한 그는 아버지가 시키는 대로 오리엔트에 다시 서류를 냈다. 그가 지난번처럼 떨어질까 걱정이 된 아버지는 남들처럼 빽을 쓰기로 한 모양이었다. 아버지가 이재명을 데리고 간 곳은 오리엔트 수위장의 집이었다. 수위장에게 바친 3천 원이 무척 아까웠지만, 취직이 되기 전에 죽어버릴 것이라는 말을 아버지에게 할 수는 없었다.

집으로 돌아가다 옆길로 샌 이재명은 약국에 들렀다. 또 자기가 필요하다고 하면 안 될 것 같아 이번에는 동생 핑계를 대고 수면제 20알을 샀다. 지난번처럼 약사가 잔소리를 해댔지만 그의 귀에 들어오지 않았다.

이제 내일이면 모든 것이 끝날 거라고 생각을 하니 슬프기도 하고 홀가분하기도 했다. 영혼 따위는 믿지 않았다. 한 생명체는 죽음과 동시에 세포작용이 멈추고, 그것으로 모든 것은 깨끗하게 끝나는 것이었다.

다음날이 오리엔트 면접일이었다. 불탄을 파는 불탄집에 가려다 몇 번 망설였다. 어머니에게 미안했지만 이렇게 살아봐야 그가 어머니를 호강시켜드릴 방법은 없었다. 어머니는 정확하게 12시에 와서 점심을 먹고 45분에 다시 화장실로 일하러 갔다. 불탄집에서 불이 붙은 연탄

한 장을 사서 집으로 왔다. 쓰레기를 치우고 오전에 들어온 아버지가 자고 있었다. 그는 그것을 들고 다락으로 올라갔다. 아버지에 대한 원망으로 가득한 유서를 써 두었다. 수면제를 삼키고 자리에 누웠다. 이제 모든 게 끝이었다.

그런데 어쩐 일인지 수면제를 20알이나 먹었는데도 정신이 말똥말똥해서 눈을 뜨고 있는데, 이웃에 사는 매형이 와서 다락문을 열었다. 두 번째 실패였다. 아버지에게 복수하려던 그의 계획은 물거품이 되었다. 눈물이 나왔다.

매형은 상황을 금방 눈치챘다.

"처남, 오늘 오리엔트 면접 날인데 왜 이렇게 누웠어?"

매형은 짐짓 연탄불 연기가 찬 다락방의 상황을 모른 체했다.

매형은 오리엔트 공장까지 그를 따라오며 엉뚱한 우스개를 늘어놓았다. 그는 매형의 이야기를 흘려들으면서 골똘하게 생각해보았다. 대체 어떻게 죽기는커녕 잠도 오지 않은 것일까. 그는 오리엔트에 도착하기 전에 자신이 속았다는 것을 깨달았다.

약사가 그를 속인 것이었다. 그는 수면제를 사면서 두 번이나 약사에게 거짓말을 했는데 정작 속은 것은 약사가 아니라 그였다. 그렇지 않고서야 수면제를 20알씩이나 먹고 이렇게 멀쩡하게 면접을 보러 갈 수는 없는 일이었다. 지난번에 이어 이번까지 두 번이나 약사는 수면제가 아닌 소화제 비슷한 것을 준 것이다.

오리엔트에 도착했을 때는 면접 시각인 2시가 훨씬 지났는데도 수위장이 사무실로 보내주었다. 매형이 수위실 앞에서 머뭇거리는 그의 굽은 팔을 어루만지며 말했다.

"내가 처남 팔 고쳐줄게. 걱정하지 마."

누나네는 그의 집보다 더 가난했다. 변변한 직장도 없이 과일 행상을 하는 매형에게 그럴 돈은 없었다. 그래도 그렇게 말해주는 매형이 눈물겹게 고마웠다. 자꾸 눈물이 나려고 했다. 이즈음, 그는 툭하면 눈물이 났다.

아버지가 수위장의 집을 찾아간 덕분인지 면접도 지각했는데 그는 오리엔트에 합격했다. 그에게 그것은 대학의 완전한 포기를 의미했다.

그는 돌아보지도 않을 거라고 큰소리쳤던 오리엔트에 머리를 숙이고 다시 들어갔다. 그가 일했던 도금실의 직장과 반장은 그에게 도금실로 복귀하라고 했다. 그는 고개를 저었다.

"락카 뿌리게 하려고요? 전 그거 안 해요."

그는 가더라도 도장 뿌리는 일은 않겠다고 했다. 밀폐된 도장실과 락카실에서 도장을 뿌리며 검정고시를 하느라 그의 한쪽 코는 기능을 잃었다. 그의 고등학교 졸업 자격증은 그의 코 하나와 바꾼 것이었다. 그는 남은 한쪽 콧구멍마저 잃고 싶지는 않았다.

"와서 저석해라."

돌로 시계의 판을 깎고 다듬는 저석 작업은 쇳가루와 돌가루를 마셨지만 밀폐된 락카실에서 락카를 뿌리는 것보다는 백 배 나았다.

도둑놈아,
은혜도 모르니?

　다시 돌아온 공장에서 그에게 가장 힘든 일은 아는 얼굴을 만나는 것이었다.

　"어, 다시 들어왔어?"

　그를 알았던 사람들의 인사는 한결같았다. 그들의 목소리와 눈빛은 공부해 대학에 갈 것처럼 나갔다가 6개월 만에 다시 돌아온 그를 멸시하는 것만 같았다. 그들이 던지는 다음 질문은 더 난처했다.

　"어, 이름이 왜 이래?"

　그의 가슴에 붙은 명찰에는 퇴사할 때의 이름 권영웅이 아닌 이재명이 새겨져 있었다. 아버지는 이전에 다녔던 권영웅의 이름으로 서류를 넣으라고 했다. 그렇게 하는 것이 들어가기 쉽다고 수위장이 말했다는 것이었다. 이재명은 싫다고 했다. 그도 이제 취업 가능 연령인 만 16세였다. 더는 이름도 없는 소년공으로 살고 싶지 않았다. 아무도 인정해주지 않는 시간을 살 만큼 세상에 미련이 남아 있지 않은 그였다. 아버지는 수위장에게 2천 원만 바쳐도 될 돈을 3천 원이나 바쳤다고 그의 뒤통수를 때렸다. 뒤통수 한 대로 이재명은 제 이름을 되찾은 것이었다.

사람들이 던지는 두 질문 모두 받고 싶지 않은 것이었다. 그는 어떻게든 아는 사람을 덜 만나려고 얼굴을 숙이고 다녔다. 그중에서도 그가 가장 피해 다닌 사람은 검사실의 단발머리 여공이었다.

공장을 그만두기 전부터 은근히 좋아했던 그녀 앞에 대학생이 되어 당당하게 나타나고 싶었던 그였다. 말단 관리자도 아닌 도금실의 신입 공원이 되어 그녀 앞에 다시 서는 것이 너무나 창피했다. 공장을 떠나 그가 받은 대입 검정고시 합격증은 아무런 면죄부가 되어주지 못했다. 식당에서 그녀가 보이면 이재명은 얼른 두 손으로 머리를 만지는 척하며 얼굴을 가리고 멀리 떨어져 앉았다.

그렇지만 검사실의 단발머리 여공을 향한 그의 마음은 자꾸만 깊어갔다.

점심시간이면 검사실 직원들이 앉은 자리로 자기도 모르게 눈길이 돌아갔다. 출퇴근 시간에 그녀를 만나면 가슴이 두근거렸다. 말 한 번 못 붙이고 혼자만 끙끙 앓던 이재명이 그녀와 마주친 곳은 쓰레기장 앞이었다. 두 손으로 쓰레기통을 들고 가던 이재명은 얼굴을 가릴 수도 피할 수도 없었다.

얼굴을 붉히며 인사하는 그에게 그녀는 살짝 웃으며 고개를 숙였다.

그가 뭐라고 말을 붙여보려고 우물쭈물하는 순간 그녀는 벌써 단발머리를 찰랑거리며 멀어져갔다. 젠장, 하필 쓰레기통을 들고 만날 것은 무엇인가. 쓰레기통은 부서의 가장 막내 담당이었다. 다시 들어왔으니 막내라고 그에게 쓰레기통을 담당시킨 반장에게 욕이 튀어나왔다. 그런데 그녀는 고참인데 왜 쓰레기통을 비우러 왔을까. 검사실의 막내에게 떠넘기지 않고 자기가 솔선수범하는 것일 터였다. 그렇게 생각하니 그녀가 더 사랑스러워 보였다.

그는 다음날 단발머리 여공의 출근 시간에 맞춰 정문 근처에서 얼쩡거리다가 우연인 것처럼 함께 공장 안으로 들어가며 그녀에게 말을 붙였다. 그녀는 스스럼없이 그의 말을 받아주었다. 들고 다니는 책이 뭔지 물어보았는데 그녀는 공부한다고 했다. 그는 더욱 그녀에게 끌렸다. 그날부터 틈만 나면 그녀 생각에 사로잡혔다.

그는 데이트 신청을 해보려고 마음을 먹었지만, 막상 그녀와 마주치면 한마디도 하지 못했다. 결국 그는 편지를 쓰기로 했다. 문방구에서 편지지를 사 정성 들여 편지를 썼다. 편지만 주기가 그래서 선물로 카세트 테이프도 하나 샀다. 베토벤의 운명교향곡이었다. 베토벤도 잘 모르고 교향곡도 낯설었지만, 장중한 곡조와 웅장한 음향이 어쩌면 그녀와의 운명적 만남을 가져다줄 것만 같았다.

어떻게 되었든지 그녀를 만나서 전해주고 실은것인 것이다
그녀도 이제면 날 좋아하고 있을지도 모른다는 생각속에서
인나라는 간쑥한 내용의 편지를 써서 Tape 속이 끼어넣었다
사랑?
나이게도 그런 감정이 있던가?

- 이재명의 일기 사본(1980.9.17.): 이날의 일기는 검사실 여공에게
편지를 쓰느라 그랬는지 지금까지 일기의 흘림체 글씨와 달리 아주 반듯
하고 정성스러웠다. 아마 검사실 여공에게 보낸 편지의 글씨체도 이랬을
것으로 민정현정은 짐작했다.

그러나 그것도 전해주지 못했다. 편지가 끼워진 카세트 테이프를 주머
니에 넣고 다니다 공장의 장난꾸러기들에게 들켜 얼른 숨겨야만 했다.
마음이 달아오른 이재명은 그날 퇴근 시간에 재빨리 정문 밖에 나가
서 그녀가 나오기를 기다렸다. 한쪽 손에 책을 들고 나오는 그녀에게
다가간 그는 울렁거리는 가슴을 진정시키며 그녀에게 말을 붙였다.
"오늘 시간 있어요?"
"없는데요."
단박에 거절하는 그녀 앞에서 그는 얼굴이 화끈거렸다.
"학원 가십니까?"
"네."

그가 더 말을 붙이기 전에 그녀는 고개를 까딱하고서 단발머리를 찰랑거리며 멀어졌다. 이재명이 '머리에 털 나고 처음'한 데이트 신청은 그렇게 퇴짜를 맞았다. 참담한 마음으로 집에 돌아와 그는 곰곰이 생각해보았다.

'숨이 막히고 가슴이 떨리는 것을 견디며 한 나의 고백을 그녀는 가벼운 장난쯤으로 여긴 것일까. 아니면 도장실의 새까만 막내에 불과한 내가 데이트 상대로 가당치도 않다고 여긴 것일까. 아니, 어쩌면 정말 학원 때문에 시간이 없다고 했을 뿐, 그녀도 나에게 호감이 있는 건 아닐까.'

그러나 거절은 분명한 거절이었다. 거절했는데 매달리는 것은 추한 일이었다.

그는 그녀와의 만남을 인생의 중요한 경험으로 받아들이기로 하고 일기장에 이렇게 적었다.

— 하나의 무지개 꿈으로 내 마음 깊이 사랑했던 여인을 내 마음에 고이 간직하겠다.

그러고 나서도 마음이 쉽게 정리되진 않았다. 멀리서 단발머리 여공이 보이면 가슴이 아렸다. 특히 다른 남자들과 어울려 다정하게 이야기를 나누는 모습을 보면 가슴이 쓰라렸다. 그래도 오리엔트 시계는 돌아갔고 월급날은 다가왔다.

그는 월급 5만3천 원을 받아 아버지에게 봉투째 가져다주었다. 아버지는 그에게 용돈으로 6천 원을 내줬다. 오리엔트에서 마지막 월급을 받았던 2월 이후로 용돈이라고는 단 한 번 3천 원밖에 주지 않았던 아버지였다. 공장에 나가지 않으면 용돈도 없었다. 그는 아버지가 준 용돈 6천 원에서 3천 원을 떼어 어머니에게 몰래 맡겼다. 어머니는 그동안 그가 용돈을 쓰지 않고 맡긴 돈이 5만 원이라고 알려주었다. 목돈이 된 5만 원을 어떻게 할 것인지 그는 고민했다.

그는 카메라를 하나 꼭 가지고 싶었다. 이 세상에서 이재명의 것은 없었다. 자전거도, 옷과 신발도 탐한 적이 없는 그였지만 카메라 한 대는 가지고 싶었다. 카메라는 아무도 기억해주지 않는 시간을 사로잡아주는 마술사였다. 아무도 인정해주지 않은 그의 소년공 4년을 기억해준 것은 찰나의 순간을 사로잡은 몇 장의 사진이었다. 그가 만난 아름다운 풍경, 그가 만난 아름다운 사람을 거기에 담아두고 싶었다. 그가 살았던 흔적 몇 장은 이 세상의 누군가에게 보여주고 싶기도 했다.

그러나 3천 원을 받아드는 어머니의 거친 손을 보니 차마 카메라를 사겠다는 말이 나오지 않았다. 어머니의 마른 손가락에는 남들이 다 끼는 금가락지 하나 없었다. 아버지 없이 혼자 키운 5형제를 먹이고 입히고 학교에 보내기 위해 손가락에 남았던 마지막 금붙이 하나마저 팔아치운 어머니였다.

출세해서 어머니를 호강시켜드리고야 말겠다던 결심도 지금에 와서는 신기루가 되고 만 그였다. 대학에 들어갈 길도 막막해진 그가 공부해서 어머니를 호강시켜주는 건 이미 틀려버린 것만 같았다. 설사 그렇게 된다 한들, 머나먼 미래를 위해 지금은 오직 고통뿐이라면 그것이 무슨 소용인가. 아버지가 집을 마련한다고 가족을 위해서 돈 한 푼 안 쓰는 것과 무엇이 다른가.

내 용돈을 아껴 모은 이 돈으로 평생 자식들을 위해 고생만 한 어머니에게 남들 다 하는 금가락지 하나라도 해드리자, 그런 생각이 퍼뜩 들었다.

그는 금방에 가서 금가락지 값을 물어보았다. 5만 원이면 가는 것 하나는 살 수 있다고 했다. 그런데 마음 한편에서 카메라를 사고 싶은 욕심이 자꾸 꿈틀거렸다. 지금 사지 않으면 언제 살 수 있을지 모를 카메라였다. 카메라를 포기하고 막상 어머니에게 반지를 사주려고 하니 아쉽고, 아까운 생각도 들었다.

엄마한테 맡겨놓은 돈 5만 원이다. 어떻게 5만 원 써야할지 모르겠다. 엄마 반지 해주면 최소는 하겠는데 약간 아까운 생각이 든다. 아까워? 에이! 도둑놈아 은혜도 모르니?

— 이재명 일기 (1980. 8. 30.)

이재명이 식구들 몰래 어머니에게 금반지를 해드린 것은 아버지에 대한 반발이기도 했다.

- 나는 아버지처럼 돈만 아는 사람이 되지 않겠다, 필요한 사람, 필요한 일에 쓰이지 않으면 그게 돈이냐, 나는 내가 번 돈을 소중한 사람과 소중한 일에 쓰겠다.

그에게, 그의 형제들에게 가장 소중한 사람은 어머니였으므로 그는 공장과 학원에 걸어 다니며 아낀 용돈 5만 원으로 어머니의 손에 금가락지를 끼워드렸다.

처음에는 엉뚱한 데 돈을 썼다고 펄펄 뛰던 어머니는 어느 날 이재명에게 말했다.

"재맹아, 내는 이 가락지를 끼고 있으며 세상에 부럽은 것도, 무섭은 것도 없데이."

어머니는 한동안 아버지가 알까, 반지를 숨겨두고 몰래 꺼내 끼었다. 가짜라며 내놓고 끼고 다닌 것은 나중이었다. 이재명의 어머니는 슬프고 힘든 일이 있으면 마른 손가락에 낀 금가락지를 오랫동안 매만지곤 했다.

그는 갈비뼈가 부러진 몸으로 출근을 하고,
학원엘 가고, 독서실에서 밤새껏 공부했다.
아프다고 쉬고, 졸린다고 잘 수가 없는 그였다.

이재명이 입학식을 한 1982년 3월 2일 중앙대
학교 진입로에 있는 조각상 앞에서 어머니와 함께
찍은 사진. 이재명의 셋째 형 이재선이 찍었다.

무수저 아들이
불의를 심판하는 법

공부에서 길을 잃은 그는 아주 평범한 소년공으로 돌아갔다.

쉬는 시간에 책을 보는 대신 동료들과 장난을 쳤다. 특근도 열심히 하지 않았다. 일주일에 하루 쉬는 일요일까지 특근을 하며 보내고 싶지 않았다.

재선 형도 방위 소집을 받아서 그의 집에는 공부하는 사람도, 공부하라는 사람도 없었다.

공장에서 돌아와 공부는 않고 TV를 보며 노는 이재명을 혼낸 것은 재영 형이었다.

"너, 왜 요새 공부 않고 놀기만 해?"

이재명은 기다렸다는 듯이 대답했다.

"공부하기 싫어."

"공장 다니는 것은 좋아?"

술을 한잔하고 들어온 재영 형은 그에게 잔소리를 늘어놓기 시작했다. 초등학교 졸업하고 공부할 기회 한 번 얻지 못한 채 시골에서 농사짓다 제일 먼저 아버지에게 올라와 여태 공장에 다니면서 번 돈을 고스란히 집안에 보태온 형이었다. 그러면서도 그는 아버지에게 동생들을 공부시키라고 하고, 동생들에게 공부하라고 채근했다. 고마운 형이었고, 고마운 잔소리였다.

"나처럼 평생 공돌이로 이렇게 썩으려면 공부하지 마라, 임마."

누구보다 대학 공부가 하고 싶었던 이재명이었다. 그 꿈을 가로막은 건 아버지만이 아니었다. 대학으로 들어가는 길을 막은 것은 아버지였지만, 대학에 합격하더라도 다닐 수 없게 만든 것은 전두환이 위원장으로 있는 국가보위비상대책위원회였다. 국보위의 〈교육정상화 및 과열과외 해소방안〉에 따른 과외 금지령은 그와 같이 과외를 해서 학비를 벌어야 하는 학생들이 대학에 다닐 수 있는 길을 막아버렸다. 과외를 하지 못하면 아버지 말대로 주경야독하는 야간 전문대학에 가야 했다. 그는 대학을 나오려면 좋은 대학을 나와야 한다고 믿었지만, 그렇게 할 방법이 없었다.

집에서 대학교 보내줄 리는 만무고 내가 천상 벌어서 가야 되는데 이제 어떻게 할 것인가. 공돌이 노릇을 평생 한다는 것은

있을 수 없고, 그렇다고 대학교 가는 것도 어렵다. 자! 그러니 어
찌해야 하는가를 재명아 결정해라! 아니 어렵다는 것은 가능성
이 있다는 것인지도 모른다.

– 이재명 일기(1980.3.20.)

없는 길 앞에 선 이재명은 성일학원으로 찾아갔다. 김창구 선생은 이
재명에게 전혀 다른 얘기를 해주었다. 국보위가 발표한 입시제도 개선
안이 그와 같은 검정고시 출신들에게 절대적으로 유리하다는 것이었다.

"국보위의 입시제도 개편안은 내년부터 본고사를 아예 없애고 예비
고사 성적만으로 학생들을 뽑는다는 게 핵심이야. 주관식 문제가 있는
본고사가 너 같은 검정고시 출신들한테 쥐약인데, 그걸 보지 않고 사
지선다형 예비고사 시험으로만 대학에 들어갈 수 있게 되는 거야."

"붙어도 과외를 못하면 학교에 다니질 못하잖아요?"

"조금 있어 봐. 군바리들이 인심 얻어보려고 난리니까, 뭔가 화끈한
후속대책을 반드시 내놓을 거야."

김창구 선생의 말대로만 된다면 그에게는 전화위복이었다. 그는 한
가닥 희망을 품고 한결 가벼운 발걸음으로 동생들이 지키고 있을 공중
화장실로 갔다.

화장실에 있어야 할 동생들은 보이지 않고 어머니만 지칠 대로 지친

모습으로 출입구 벽에 기대앉아 졸고 있었다. 어머니의 초라한 모습이 가슴을 아리게 했다.

"얘들은 어디 가고 엄마가 이러고 있어요?"

원래 저녁 시간에는 학교를 마친 재문이와 재옥이가 화장실을 지키고 어머니는 집에 들어가 저녁을 해결하고 나왔다.

"재문이가 온다겠는데 아직 안 오네."

어머니와 교대를 해줘야 할 재문이가 중간에 딴 데로 샌 것이었다. 어머니는 재문이가 오기만을 하염없이 기다린 것이다. 어머니를 보내고 그가 대신 화장실을 지켰다. 재문이는 끝내 화장실에 나타나지 않았다. 그는 밤이 되어서야 집으로 들어온 재문이에게 화를 냈다.

"너, 여태 뭐하다가 지금 들어오냐?"

"친구들이랑 놀다가 왔어."

"아무리 철딱서니가 없어도 그렇지, 네가 교대 안 해주면 엄마가 저녁도 못 드시는 거 몰라?"

동생 재문은 입을 삐쭉거리며 말대꾸를 했다.

"친구들 다 놀러 가는데 나만 어떻게 빠져?"

"야 임마, 형들은 다 일하러 다니는데, 편하게 학교에 다니는 니들이 엄마 화장실 지키는 것 정도는 해야지."

그가 다시 윽박지르자 녀석은 울음을 터뜨렸다.

"이씨, 그럼 나도 학교 안 다니고 공장 다닐게."

그는 말문이 막혔다. 아이들답게 한창 뛰놀 나이였다.

정말로 내 동생들이 불쌍한 애들 아니라고 말할 자신이 내겐
없다. 학생답게 학교나 다니면서 공부하며 열심히 뛰놀 나이에
직장 아닌 직장에 매달려 고생하는 그 애들을 볼 때마다 내 마음
은 아무리 철심장이라도 아픈 것이다.

— 이재명 일기(1980.9.25.)

재문이도 재문이지만 재옥이는 여자애인데, 여자애가 화장실을 지
키자면 창피할 때가 얼마나 많았을 것인가. 학교와 동네 친구들이 지
나다닐 텐데, 지금까지 아무 불평 없이 엄마를 지키러 나간 것만으로
도 얼마나 고맙고 기특한가. 이런 동생들 앞에서 형이고, 오빠인 그가
공장에서 돌아와 공부는 않고 TV나 보고 앉아 있었으니 얼마나 한심
한 노릇인가. 동생들이 뭘 배우고, 어떤 희망을 가질 수 있었을 것인가.

그는 동생들에게 미안했다, 동생들에게 보여주기 위해서라도 공부
를 다시 해야겠다는 생각을 했다. 대학의 등록금을 마련하고 못하고를
떠나서 그는 다시 공부하기로 했다. 그가 동생들에게 뭔가를 보여줄
수 있는 길은 그것뿐이었다.

그의 아버지는 처음으로 큰일을 해냈다.

전세 2백만 원짜리 집으로 이사를 한 것이다. 이재명이 성남에 와서
한 여덟 번째 이사였다. 바로 앞에 살았던 셋집보다 훨씬 형편없는 집

이었지만 월세를 내지 않아도 되는 첫 번째 집이었다. 월 4만 원이 굳은 것이다.

다음번 이사는 집을 사서 갈 것이라고 그의 아버지는 큰소리를 쳤다. 아마 이 집보다도 더 형편없는 집이겠지만 그래도 기대가 되었다. 6개월이 멀다고 이사 다니지 않아도 되는 것만도 어딘가. 전세로 옮겨서였는지 그의 아버지는 이전보다 식구들을 부드럽게 대했다. 이재명도 웃으면서 아버지를 대하려고 애썼다.

그가 공장에 다시 들어간 다음에도 아버지는 토요일 밤이면 그를 부려먹으려 들었다. 하지만 이재명은 흔쾌히 도우려 애썼다.

시장 경비가 행패를 부린 날도 TV 과외가 끝난 다음 아버지를 따라 시장통 쓰레기를 치우러 나간 토요일이었다. 즐겁게 일하려던 그의 마음을 엉망으로 만든 것은 시장의 야간 경비원이었다. 평소에도 야간 근무시간에 술을 먹고 헛소리를 늘어놓곤 했던 경비원은 아버지를 막 대했다. 아버지는 아들이 보는 앞에서 모욕을 당하면서도 못 들은 척했다. 집에서는 폭군처럼 굴면서 밖에서는 꼼짝도 못 하는 아버지를 지켜보는 그의 마음은 몹시 복잡했다. 아버지에게 불만이 많은 이재명이었지만 온당치 않게 아버지에게 행패를 부리는 경비원에게 그는 화가 났다. 이재명이 왜 근무시간에 술을 마시고 행패를 부리느냐고 경비원에게 따졌다. 아버지는 도리어 이재명을 야단치며 말렸다.

쓰레기를 다 치우고 집으로 돌아온 이재명은 연필 칼을 가지고 다시 시장으로 갔다.

행패를 부리던 경비는 곯아떨어져 있었다. 그는 연필 칼로 경비원이 있는 자리에서 제일 잘 보이는 시장의 포장을 길게 찢어 버렸다.

근무시간에 술을 마시고 경비 일은 내팽개친 채 행패를 부린 경비원의 책임을 그렇게라도 묻고 싶었다. 옳은 방법은 아니었지만 '경비원'이란 완장을 엉뚱한 곳에 사용하는 자가 경비를 해서는 안 된다고 그는 믿었다. 그것이 열일곱 살의 무수저가 불의를 심판할 수 있는 유일한 방법이었다.

피로 얼룩진
참고서

1981년, 이재명 인생의 봄날이 시작되었다.

국보위의 〈교육정상화 및 과열과외 해소방안〉 보완책에 따라 사립대학마다 가정 형편이 어려운 대학생을 위한 특별장학금 제도를 도입했다. 과외 금지로 대학에 다닐 수 없게 된 대학생들의 원성이 빗발치자 국보위는 성적이 우수한 입학생에게는 등록금 전액을 면제해줄 뿐만 아니라 재학하는 동안 과외수업비 이상의 생활보조금을 지급하는 파격적인 장학제도를 도입하라고 사립대학에 지시했다. 국보위는 졸업정원제를 통해 입학정원을 대폭 늘려줌으로써 사립대학이 쓴 파격적인 장학금보다 훨씬 많은 등록금 수입을 거둘 수 있도록 보장해주었다. 이재명과 같은 가난한 학생들은 쌍수를 들고 환영할 일이었다.

아버지도 그가 공장에 계속 다니는 조건으로 대학 입시학원의 등록을 허락했다.

비록 앞에서는 이재명을 야단쳤지만, 아버지는 자신의 편을 들어 경비원과 싸우는 그를 본 다음부터 이재명을 조금 다르게 대했다. 경비원이 찢어진 포장 값을 물어내고 톡톡히 질책을 당하도록 한 장본인이 이재명이란 것을 아버지가 눈치채지 못했을 리 없었다.

뜻하지 않게 그 나쁜 경비원 덕분에 얼어붙었던 아버지와 이재명 사이가 많이 풀렸다.

이재명은 삼영학원 종합반에 등록했다. 대학입시 종합반이 없는 성남에서 버스를 타고 한 번에 갈 수 있는 학원이 답십리의 신답극장 옆에 있는 삼영학원이었다.

삼영학원에 다니기로 했는데 학원비는 그렇다 치고 책값이 너무 비싸다. 학원비 2만3천 원, 입학금 5천 원, 반 편성료 2천 원. 책값 3만 원, 도합 6만 원이 들지만, 아버지에게 3만 원만 달라고 했다. 그리고 월급에서 2만 원만 가져다주기로 했다.

— 이재명 일기(1981.2.17.)

이재명의 아버지는 앞으로 그가 공장에서 받는 월급에서 2만 원만 집에 가져다주고 나머지는 그의 학원비와 책값, 차비로 사용해도 좋다고 허락했다.

그는 그동안 길게 길렀던 머리를 스포츠형으로 짧게 깎고 공장에 나갔다. 만나는 사람마다 박박 밀어버린 그의 머리를 보고 웬일이냐고 물었다. 이재명은 대답 대신 씩 웃고 말았다. 그가 머리를 깎은 이유가 차비 때문이라는 것을 동료들이 알 리 없었다. 답십리 학원까지 오가는 버스비를 학생요금으로 내려면 중고등학생들처럼 머리를 짧게 깎아야 했다.

삼영학원 대입종합반은 1981년 3월 2일에 개강했다. 이재명에게 주어진 시간은 오직 8개월이었다.

전두환이 이끄는 국보위는 대입 본고사를 폐지하고 대입 예비고사는 대입 학력고사로 바꿨다. 11월에 치르는 학력고사 한 번으로 모든 것이 결판나는 제도였다. 이재명이 장학금을 주는 대학에 들어가려면 8개월 뒤의 학력고사에서 260점은 받아야 했다.

이재명은 공장에서 퇴근하면 바로 시외버스를 타고 답십리 학원으로 달려갔다. 수업은 7시부터 10시까지 3시간이었다. 그는 수첩을 들고 다니며 학원으로 오가는 버스에서 영어 단어를 외웠다. 낮에 일하고 밤에 입시공부를 해야 하는 소년공은 그렇게 시간을 벌어야 했다.

이재명은 10시에 학원을 마치고 돌아오는 버스에서 단어장을 든 채 졸다가 성남의 사기막골 종점까지 간 게 한두 번이 아니었다. 차장이 깨워서 눈을 뜬 그는 통금시간에 걸리지 않으려고 동네까지 전력을 다해 질주했다. 심야의 단독 마라톤 결승점은 집이 아니라 집 근처의 독서실이었다. 공부방이 없었던 이재명은 통금이 해제될 때까지 독서실에서 공부했다.

쏟아지는 졸음을 참아가며 밤새 공부를 하고 새벽 4시에 통금이 해제되면 집으로 돌아가서 잠시 눈을 붙이고 아침을 먹었다. 그리고 오리엔트로 출근해 돌가루와 쇳가루를 마시며 저석실에 앉아 종일 시계판을 깎고 다듬었다. 퇴근시각을 알리는 벨이 울리면 그는 공장을 뛰쳐나와 시외버스를 타고 다시 학원으로 달려갔다.

공장에서 학원, 학원에서 독서실, 독서실에서 집, 집에서 공장, 이재명의 하루하루는 쳇바퀴처럼 돌아갔지만, 하루도 편안하게 돌아가는 날은 없었다. 매일 시간과 싸우고 졸음과 전투를 벌여야 했다. 멈추지 않고 계속되는 공장의 일상적인 폭력도 그를 가만히 놓아두지 않았다.

처음으로 학원에 빠진 것도 공장에서 맞아 갈비뼈에 금이 간 날이었다. 주먹으로 맞은 가슴이 너무나 아프고 숨을 쉬기조차도 어려워 학원에도 가지 못하고 집으로 온 이재명에게 아버지는 야단을 쳤다. 비싼 돈 내고 학원에 가지 않는다는 것이다. 아파서 죽겠다는 아들에게 얼마나 아프냐고 물어보지조차 않는 아버지가 너무나 야속했다.

다음날 그가 병원에 가겠다고 하자 아버지가 펄쩍 뛰었다. 타박상이니까 가만히 있으면 저절로 낫는다는 것이었다. 그가 애원해도 아버지는 막무가내였다. 어머니가 아버지 몰래 그의 손에 쥐여준 돈을 들고 병원에 갔다. X-레이를 찍어본 의사는 갈비뼈가 부러졌다고 했다.

의사는 가만히 누워 안정을 취하면서 통원 치료를 해야 한다는데, 그는 그럴 수 있는 처지가 아니었다. 공장에도 나가야 했고, 학원에도

144

나가야 했다. 더 큰 문제는 치료비였다. 의사는 폭행을 당해 다친 건 의료보험이 되지 않는다고 했다. 보험이 되지 않으면 치료비가 굉장했다. 그는 돈이 없어 치료를 받을 수 없으니 약만 주면 안 되느냐고 물었다. 그의 처지를 가련하게 여긴 의사는 어디에 부딪혀 다친 것으로 해서 의료보험 처리를 해주겠다고 했다. 고마웠다. 그래도 하루 치료비가 1천5백 원이었다. 치료비 때문에 그는 재영 형에게 맞은 얘기를 했다. 재영 형은 공장으로 찾아와 자기 동생 때린 놈을 죽여놓고야 말겠다고 으름장을 놓았다. 이재명은 재영 형 덕분에 사과를 받았다. 다시는 때리지 않겠다는 약속도 받았다. 치료비도 받았다. 고마웠다. 의사도 고마웠고, 재영 형도 고마웠다.

그때까지 나는 재명이가 그렇게 공장에서 맞고 다녔는지 까맣게 몰랐어요. 난 걔보다 먼저 공장에 들어갔지만, 나이가 좀 있어서 그렇게 맞지 않았어요. 재명이가 한 번도 집에서 그런 얘기를 안 하니까 그렇게 맞으면서 공장에 다녔는지 난 모르고 있었던 거예요.

— 이재영 인터뷰: 이재영은 민정현정과의 인터뷰에서 '자기 일은 자기가 하고 자기 문제는 자기가 알아서 해결하는 집안 분위기 때문이었을 것'이라고 덧붙였다.

그는 갈비뼈가 부러진 몸으로 출근을 하고, 학원엘 가고, 독서실에서 밤새껏 공부했다. 아프다고 쉬고, 졸린다고 잘 수가 없는 그였다. 8개월 동안 공부해서 3년을 꼬박 고등학교에서 공부만 한 아이들과 겨루려면 어쩔 수 없었다. 남들처럼 해서 무수저인 그가 살아남을 길은 어디에도 없었다. 그가 살고 가족들을 구하려면 그의 능력을 결과로 증명해야만 했다. 그것도 3년이 아닌 8개월 만에. 그와 그의 가족들이 이 지옥 같은 현실에서 탈출하는 길은 그것밖에 없었다. 힘들고, 아프고, 졸렸지만 그는 이를 악물었다. 어차피 죽을 작정을 하고 시작한 공부였다. 여기서 물러서면 그에게 내일은 없다는 것을 다른 누구보다 이재명 자신이 잘 알았다. 그는 학원에 등록하던 날 일기에 적어둔 문장을 떠올렸다.

이미 살은 시위를 떠났다. 떠난 바에야 정확하게 꽂히자.

— 이재명의 일기(1981.3.2.): 이날 일기에 남긴 이재명의 문장을 메모해두었던 민정이 시인이 될 자질이 보인다고 하자, 이재명은 그냥 그 당시 자기 심정이 그렇게 절박했다면서 손자병법에 나오는 '부득이즉투(不得已則鬪)' 같은 것이었다고 말했다. 부득이하면 싸운다, 어쩔 수 없게 되면 싸운다는 뜻이었다. 어째서 어쩔 수 없다고 생각했느냐는 현정의 이어진 질문에 그는 이렇게 대답했다. "죽으려고 했는데 그것도 안 되고, 팔은 불구가 되

었고, 해볼 수 있는 건 공부뿐이잖아요. 그것도 안 되면 정말 끝이라고 생각하니까 투지가 생겼어요. 죽을 힘을 다해서 한 번 해보자, 한 거죠. 공부하자, 공부해야 산다, 주문처럼 외우며 미친 듯이 공부했어요."

돈은 여전히 그를 괴롭혔다.

학원에서는 조잡하게 프린트한 문제집을 주고 교재비로 3만5천 원이나 받았다. 그는 돈을 내지 못하고 며칠을 미뤘다. 성남에서 답십리까지 오가는 버스비도 빠듯한 그였다. 학생이 아닌데 학생요금을 낸다며 일반요금을 내라고 요구하는 버스 안내양과 수시로 실랑이를 벌여야 했다.

저녁에 버스를 탔는데 차장이 학생증을 보여 달라기에 수강증을 보여줬더니 수강증은 안된다고 하기에 학생이 어디 교복 입어야 학생이냐고 대들었더니 아무 말도 하지 않았다. 이제 머리가 좀 길어서 차장들이 자꾸 그러는 것 같다. 학원에 돈이 너무 많이 든다.

— 이재명 일기(1981.3.27.)

결국 돈 때문에 학원을 그만두었다. 삼영학원에 다닌 지 두 달만이었다. 돈이 원수였다. 그의 아버지는 알다가도 모를 사람이었다. 집부터 마련해야 한다고 학원에 나가지 못하게 만들었다. 부러진 갈비뼈도 막지 못한 그의 학원행을 돈이 가로막았다.

5월분 수강료를 내지 못한 그는 학원에 더 나갈 수 없었다. 이재명도 이번만큼은 절대 물러서지 않았다. 공장에 다녀와서 KBS에서 하는 TV 과외를 보며 혼자 공부를 계속했다. 이제부터 자기가 번 돈은 자기 공부하는 데 쓰겠다고 선언하고 아버지에게 월급을 가져다주지 않았다.

3개월 월급을 모은 이재명은 두 달 만에 다시 삼영학원 종합반에 복귀했다. 학력고사는 이제 4개월 앞으로 다가왔다. 공장에 다니면서 남은 4개월 동안 공부해서 학력고사 260점을 받는 것은 불가능했다. 가난한 소년공에게 없는 것은 돈만이 아니었다. 돈보다 더 없는 것이 시간이었다. 그는 학원의 야간이 아닌 주간반에 등록했다. 오리엔트를 그만둔 그는 3개월 동안 모은 월급으로 4개월 동안 학원 주간반에 다니며 밤낮으로 공부했다.

한때 잠시 멀어졌던 친구 심정운도 마음을 다잡고 그와 함께 맹렬하게 학력고사 준비를 했다. 그들은 성남의 독서실에서 서로를 깨워가며 밤을 새웠다. 이재명의 시간표는 공장에 다닐 때와 다르지 않았다. 공장에서 일하는 시간이 공부하는 시간으로 바뀌었을 뿐이었다.

아침 7시~ 일어나서 아침 먹고 학원 가서 오전 수업

낮 12시~ 점심 먹고 오후 수업

오후 4시~ 학원에서 자습

오후 7시~ 점심 때 남겨둔 도시락 마저 먹고 자습

오후 10시~ 학원에서 나와 버스 타고 차에서 공부

오후 11시 30분~ 성남 독서실 도착해서 공부

새벽 4시~ 귀가해서 취침

아침 7시~ 일어나서 아침 먹고 학원 가서 오전 공부

학원에서 돌아오는 버스에서 손에 단어장을 든 채 잠들어 사기막골의 버스 종점까지 가곤 하는 것도 공장에 다닐 때와 다르지 않았다. 졸음을 참으려고 물수건을 짜서 머리에 동여매고 독서실에서 공부하는 것도 같았다. 여름의 독서실은 모기들의 향연이었다. 아무리 잠을 줄여도 공부할 시간은 늘 부족했고, 잠은 호시탐탐 그를 유혹했다. 이재명은 가을에 들어서면서 가져다 두었던 담요마저도 집으로 도로 가져다 뒀다. 자기도 모르게 등에 걸치고 있던 담요를 덮고 잠들곤 했기 때문이었다. 오들오들 떨면서 공부를 하고 통금이 풀리면 집에 와서 한숨 자고 아침 7시에 일어나 다시 학원으로 갔다.

우리는 같이 독서실에서 공부하며 입시학원에 다녔어요. 재명이는 책상에 볼펜을 곧추세워 둬서 졸면 이마가 찔리게 해두고 공부했는데, 볼펜에 이마가 찔리는 걸 여러 번 봤지요. 나중에는 가슴이 닿는 부분에다가 압정을 붙여둬서 졸면 가슴이 찔리게 해뒀는데, 거기에도 아마 많이 찔렸을 거예요. 재명이는 한번 한다고 하면 그렇게 지독하게 하는 친구였어요. 하여튼 재명이의 집중력과 끈기는 천하무적이었어요. 그런 그의 힘이 지금도 한번 결정한 일은 끝까지 밀어붙여서 반드시 성과를 이뤄내는 것이 아닐까 싶어요.

– 심정운 인터뷰: 민정은 심정운이 보았다는 압정에 대해 이재명에게 직접 물어보았다. 이재명은 이렇게 대답했다. "그때 압정에 참 많이 찔렸지요. 처음에는 찔리면 정신이 번쩍 드는데, 나중에는 압정에 찔린 채 그대로 자고 있는 자신을 발견할 때도 많았고요." 압정에 찔리고도 잠이 오느냐는 현정의 질문에 이재명은 가능하다면서 이렇게 덧붙였다. "참고서 곳곳이 핏자국이었어요." 이재명은 정말 공부와 말 그대로 '혈투'를 벌인 것이었다.

양은 도시락에 담긴 식은 밥을 학원에서 점심과 저녁에 나눠 먹고 독서실에서 밤을 새우면서도 그는 행복했다. 그렇게 여한 없이 공부해보기는 처음이었다.

이재명은 어머니에게 도시락을 두 개 싸지 못하게 했다. 배가 부르면 졸음이 빨리 왔다. 그런 아들이 애처로웠던 어머니는 도시락에 밥을 누르고 눌러 담아주었다. 그는 어머니가 준 차비로 학원에 가서 어머니가 싸준 그 도시락을 먹으며 11월 23일까지 공부했다.

마침내 대입 학력고사를 보는 1981년 11월 24일의 아침이 밝았다.

시험은 지난해까지 치른 대입 예비고사보다 훨씬 어려웠다고 했다. 재수, 삼수생이 많은 학원에서 가채점을 해본 수강생들의 탄식이 여기저기서 들렸다. 요즘 말로 하면 '불수능'이었다.

하지만 이재명은 모의고사 때보다 별로 어렵지 않았다. 전국 30만 등 밖에서 시작해 마지막 모의고사에서는 2천 등 안으로 약진한 이재명이었다. 목표했던 260점이 넘는 건 확실했다. 재수, 삼수를 한 학원 동료들 때문에 이재명은 표정을 관리해야 했다.

대입 학력고사 결과 발표가 나왔다.

이재명이 받은 점수는 285점이었다. 전국 2천5백 등에 들었다. 대한민국에서 그의 성적으로 가지 못할 대학은 없었다. 그러나 그에게 중요한 것은 합격 커트라인이 아니었다.

그해 봄날의
어머니

그는 중앙대 법과대학 단 한 곳에 입학원서를 냈고, 합격했다.

중앙대 선호장학생 A급이었다. 중앙대 선호장학생 A급은 3학년까지 등록금 면제에 매월 학자금으로 20만 원씩의 '특대 장학금'을 받을 수 있었다. 20만 원이면 이재명이 공장에서 받았던 마지막 월급의 세 배가 넘었다. 공짜로 공부하고 공장의 세 배도 더 되는 월급을 매달 받을 수 있다니, 꿈같은 일이었다.

이 장학제도는 과외 전면금지로 가정교사를 할 수 없게 된 가난한 학생들을 위해 국보위가 내놓은 후속대책이었다. 김창구 원장이 말한 대로 '군바리들이 내놓은 화끈한 장학금' 제도였다. 전두환이 이끄는 국보위는 가난하지만 우수한 학생들을 지원하는 파격적인 장학제도를 만들도록 사립대학에 지시했다. 대신 모든 대학의 입학정원을 대폭 늘려주었다. 대학으로서도 손해날 일이 없었다. 늘어난 정원에 따라 생겨나는 등록금 수입이 파격적인 장학금을 상쇄하고도 남아돌았다.

등록금 면제에 매월 20만원 지급 받기로 됐다. 이제 이 돈으로 자랑스럽게도 형의 학원비도 대고 둘이서 자취도 하게 된다.

— 이재명 일기(1982. 2. 16.)

장학금을 받는 법대 학생이 되었다는 소문이 퍼져 아는 사람을 만날 때마다 축하를 받았다. 그는 이번 여름방학에 고향 갈 생각을 하면 벌써 어깨가 으쓱했다.

이재명은 입학식을 보름도 더 남겨두고 미리 교복을 맞추고 모자도 샀다. 여태 한 번도 입어보지 못했던 교복을 입어보게 된 그는 벌써 가슴이 설렜다.

호사다마라고 했던가. 이재명은 성남에서 신나게 자전거를 타고 돌아다니다 사고를 당했다. 1월 17일이었다. 자전거를 타고 길을 건너가는데 택시가 와서 들이받았다. 공중으로 날아올랐던 그는 정신을 잃었다. 기절했던 그가 깨어난 곳은 병원이었다. 그는 두 군데 병원을 옮겨 다니며 입원치료를 받았다. 그런데도 형사처벌 대상이 아니란 걸 안 택시회사에서는 발걸음을 끊었다. 택시회사는 완전히 부서진 자전거만 고쳐주었다. 퇴원한 뒤 그가 받은 보상금은 보험회사에서 지급한 73,600원이 전부였다. 사과도 받지 못했다. 그는 이날의 억울함을 일기장에 두 줄로 적어두었다.

─법을 모르니 어떻게 해볼 도리가 없었다. 이것이 서민, 무식쟁이가 당하는 일이다.

이재명은 아버지에게 돈을 주지 않으려고 보험금 받았다는 얘기를 하지 않았다. 장학금이 미리 나오지 않아 전전긍긍하던 그는 그 돈으로 교복을 찾았다. 교련복도 샀다. 방위 근무를 마치고 다시 공부를 시작한 재선 형의 학원도 그 돈으로 우선 등록했다.

그가 법대에 지원한 것은 특별한 꿈이 있어서가 아니었다. 중앙대에서 입학성적이 제일 높은 학과가 의대와 법대였다. 추가비용 때문에 애초에 의대에 가는 것이 불가능했던 그는 가장 커트라인이 높은 법대를 선택한 것이었다. 그는 합격하고 나서야 법대에 행정학과와 법학과가 있다는 것을 알았다. 특대 장학생으로 법대에 들어갔다는 소문을 들은 친척과 이웃들은 마치 판·검사가 된 것처럼 받아들였다. 졸지에 사법고시를 반드시 보는 것이 당연한 것처럼 되고 말았다. 사법고시를 보려면 당연히 행정학과가 아닌 법학과로 가야 할 것 같았다.

삼영학원에서 사귄 친구 종권이한테 편지가 온 것은 이재명이 입학식을 앞두고 나름대로 미래를 설계하느라 분주하던 무렵이었다. 종권이는 삼영학원에서 줄곧 2등을 할 정도로 공부를 잘하던 재수생이었는데 학력고사를 망친 모양이었다. 늘 쾌활한 친구였다. 기초도 없이 학력고사에 도전하는 이재명에게 친절하게 이것저것 잘 가르쳐주던 좋은 친구였다. 종권이의 집도 넉넉하지 않아 그가 보던 지리책을 자기에게 부쳐달라고 부탁했는데, 이재명은 그러지 못해 미안하다는 답장을 썼다. 이미 그의 책을 모두 재선 형에게 넘겨줘 버렸기 때문이었다. 이재명은 운이 나빠 시험을 망치고 삼수를 하게 된 친구에게 지리책을 보내주지 못한 것이 두고두고 마음에 걸렸다. 자기 돈으로 한 권을 새로 사서 보낼 걸 하고 후회하기도 했지만 이미 뒤늦은 다음이었다.

그는 종권이에 대한 미안한 마음을 뒤로하고 입학할 대학교에도 가보고 찾아온 교복도 입어보았다. 태어나서 처음 입어보는 교복은 참 낯설고 어색했다. 마치 영화에서 보던 이수일 같았다. 이수일 같은 교복을 입어본 그는 자신의 결심을 일기장에 세 문장으로 적어두었다.

– 어차피 시작한 것, 사법고시에 합격하여 변호사로 개업하겠다. 그래서 약한 자, 나의 어린 시절처럼 약한 자를 돕겠다. 검은 그림자 속에서 고생하는 사람들에게 빛이 되어보겠다.

이재명이 대학에 합격한 다음에도 아버지는 여전히 자식들에게 인색했다. 중학교를 졸업한 재옥이를 고등학교에 보내주지 않았다. 공부를 잘하는 것도 아닌데 고등학교에 가서 뭐하냐는 것이었다. 그건 핑계일 뿐 사실은 돈 때문이란 걸 이재명은 너무나 잘 알았다. 그는 공부를 못해서 중학교에 보내주지 않았단 말인가. 이재명은 학교란 것이 꼭 성적을 잘 받으려고 다니는 것이 아니라 사람 사는 여러 가지 기초를 배우는 곳이니 재옥이를 고등학교에 보내자고 했지만, 아버지는 콧방귀도 뀌지 않았다.

아버지는 재옥이가 졸업식을 하자마자 기어코 공장에 데리고 가 취업을 시켰다. 그래서 이재명의 7형제는 아무도 고등학교 문턱을 밟아보지 못하게 되었다. 이재명은 어린 동생이 너무나 안됐고, 아버지가 너무나 원망스러웠다.

그렇게 재옥이를 공장에 데려다주고 온 아버지는 그가 받게 될 특대 장학금에 대한 얘기를 꺼냈다. 재선 형 학원비는 자기가 댈 테니까 이재명이 학교에서 받는 월 20만 원의 특대 장학금은 자기에게 맡기라는 것이었다. 그는 절대 그렇게 할 수 없다고 버텼다. 집은 공부할 조건이 전혀 되지 않기 때문에 그가 받은 특대 장학금으로 서울에 방을 얻어서 재선 형과 둘이서 공부할 것이고, 재선 형의 학비도 자기가 직접 주겠다고 우겼다.

지난해 겨우 8개월 동안 대학입시를 준비하는 동안에도 아버지가 돈을 주지 않아서 두 달을 학원에 다니지 못한 이재명이었다. 그가 지난해 한 것과 같은 코스로 8개월간 대학입시를 준비할 새선 형에게 아버지가 어떻게 할지 눈에 선했다. 재명은 재선 형이 자기처럼 가슴에 멍이 들도록 만들고 싶지 않았다. 단 8개월 동안은 돈 걱정 없이 맘껏 공부에 전념할 수 있게 확실하게 밀어주고 싶었다.

재선 형은 오늘 처음 학원에 가는 날인데 11시가 다 되어도 안 들어오는 것을 보니 아마 열심히 하는 것 같아 매우 기분이 좋다.

오늘 저녁에 아버지가 나보고 이런 말을 했다. 재선이 형 학원비는 아버지가 댈 테니까, 집에 있으면서 남는 돈은 아버지에게 맡기라고.

내가 재선이 형에게 학원비 대준다는 것은 꼭 돈으로만은 따질 수 없는 문제이다. 다만 형제간이라는 사실만으로 공짜로 생긴 돈이니까 나누어 쓰자는 것뿐이다. 집안 형편이 안 좋은 줄 알지만 난 집안일에 신경 쓰고 싶지 않다. 아버지가 내게 조금만 인간적으로 대해주었다면 나를 희생할 수도 있겠지만, 지금은 절대 그렇게 할 수 없다.

— 이재명 일기(1982. 2. 22)

이재명이 대학교에서 받은 학비 보조금을 가지고 재선 형과 함께 나가서 자취하며 공부하겠다고 끝까지 버티자 아버지도 어찌할 도리가 없었다. 대신 아버지는 그 화풀이를 다른 형제들과 어머니에게 했다. 동생 재문이는 이재명 대신 아버지에게 끌려다니며 쓰레기 치우는 일을 했다. 어머니는 아버지에게 온갖 자질구레하고 치사한 잔소리를 들었다. 이재명은 그것이 자기 때문인 것 같아 동생과 어머니에게 미안했고, 아버지가 더욱 원망스러웠다.

억눌러 오던 아버지에 대한 이재명의 원망이 폭발한 것은 며칠 뒤였다.

아버지가 어머니를 때린 것이다. 이불을 2단이 아닌 3단으로 갠다고 이불을 찢고 엄마를 때렸다. 이재명도 더는 참을 수가 없었다. 3년이나 식구를 버리고 가산을 다 탕진했으면서 뭘 잘했다고 온갖 고생을 하면서 5형제를 혼자 키운 엄마를 때린단 말인가. 다 참아도 엄마를 때리는 것을 보아 넘길 수는 없었다. 이재명은 처음으로 아버지에게 거칠게 대들었다. 아버지는 엄마보다 그를 먼저 죽여버리겠다고 칼을 찾아다녔다.

어머니는 어서 피하라고 대문 밖으로 그의 등을 떠밀어냈다.

밖으로 나돌던 이재명이 집으로 돌아왔을 때 어머니는 무얼 한 아름 껴안고 나왔다. 아버지에게 맞아 얼굴에 멍이 든 어머니의 손에 들린 건 지난밤에 붙인 봉투였다. 그걸 팔아보겠다고 안고 나오는 어머니를 본 그는 왈칵 눈물을 쏟고 말았다.

1982년 3월 2일, 어머니를 모시고 재선 형과 함께 입학식에 갔다. 그는 아버지에게 입학식에 같이 가자는 말을 하지 않았다. 어머니가 같이 가자고 했지만, 아버지는 입을 옷이 없다며 가지 않겠다고 했다. 그 말을 들으니 이재명의 마음 한쪽 구석이 아렸다.

재영 형의 카메라를 가지고 가서 사진을 52장이나 찍었다. 태어나서 처음으로 그렇게 많은 사진을 찍었다. 사진을 인화할 돈이 걱정되었지만, 아끼지 않고 찍었다. 그는 곧 나올 특대 장학금을 믿었다.

교복도 평생 처음이었고, 어머니와 함께 학교란 곳에서 사진을 찍어보는 것도 처음이었다. 낡고 색이 바랜 한복을 입고 온 어머니는 쑥스러워하면서도 기쁨을 감추지 못했다. 그와 사진을 찍으면서 어머니가 한 말을 이재명은 지금도 기억한다.

"재맹아, 내는 인자 죽어도 한이 없데이. 니는 크게 될끼라고 내가 그켔제?"

"그래, 엄마, 내 크게 될끼라. 그래가 엄마 억수로 호강시키 줄끼라."

그는 평생 고생만 한 어머니를 즐겁게 해드리려고 경상도 사투리를 써가며 재롱도 부리고 장난도 쳤다. 그와 어머니의 사진은 재선 형이 찍어주었고, 어머니와 재선 형의 사진은 그가 찍어주었다. 그에게도 봄날은 왔다. 이재명과 재선 형이 어머니와 함께 했던 최고의 봄날이었다.

자전거 여행이
가르쳐 준 것

입학식에 이재명처럼 교복을 입고 온 학생은 거의 없었다. 그것을 본 어머니는 그가 입을 옷 한 벌을 사주겠다며 시장에 데리고 갔다. 어머니는 변변한 외출복 한 벌 없는 아들이 못내 마음에 걸린 것이었다.

하지만 제가 벌어서 특대 장학생이 된 아리고도 기특한 아들에게 어머니는 끝내 옷 한 벌 사주지 못했다. 가진 돈이 모자란 어머니는 점퍼는 포기하고 바지만 하나 사주었다. 그렇게 산 바지도 어머니는 아버지 몰래 감추었다. 교복을 두고 새 옷을 산 것을 아버지가 알면 불벼락이 떨어질 걸 걱정한 어머니는 바지를 지하실에 감췄다.

이재명은 교복을 입고 첫 강의를 들으러 학교에 갔다. 박문옥 교수의 행정학은 재미가 있었다. 그날 수업은 그게 다였다.

대학의 수업은 하루에 한두 과목, 일주일에 열두 시간이 전부였다. 이렇게 공부해서 무슨 공부가 되나 싶었다. 늘 시간을 벌기 위해 조바심을 치며 공부했는데, 여기서는 시간이 주체할 수 없이 남아돌았다.

수업이 끝나고 교재를 사러 구내서점에 갔는데 너무 비쌌다. 그는 청계천에 가서 헌책을 샀다. 『경제학원론』은 5천 원, 『법학개론』은 3천5백 원이었다. 집에 돌아와서 『경제학원론』을 읽어보려는데 온통 한자투성이었다. 모르는 한자가 너무 많아 한 줄을 그냥 넘기지 못하고 옥편을 뒤져야 했다. 옆에서 지켜보던 아버지가 도와주겠다며 음과 뜻을 일러주었다. 이럴 땐 진짜 아버지 같았다. 아버지는 모르는 한자가 없었다.

피곤하다고 담배를 피우며 옆에 누웠던 아버지는 손가락 사이에 담배를 끼운 채 잠이 들었다. 주름진 얼굴에 고생한 흔적이 역력했다. 아버지가 돈을 모으려고 갖은 고생을 다 하는 것은 사실이었다. 그는 아버지의 손에 들린 담배를 빼내 재떨이에 비벼 껐다. 아버지도 참 불행한 사람이란 생각이 스쳤다.

이렇게 배운 것도 많은 아버지는 어쩌다 이런 사람이 되었을까, 이재명은 도무지 이해가 되지 않았다.

아버지는 효자에다 안동 양반이었어요. 대구에 있는 청구대학까지 다니셨는데 장남이니까 부모님 모셔야 한다고 고향에 돌아온 거예요, 효자지요. 그런데 농사일은 하나도 할 줄 몰랐어요. 어린 나보다도 더 못했어요. 같이 밭에 나가면 돌 주워내는 것만 했지요. 거기다 안동 양반이었어요. 안동 양반, 그게 뭐냐면 선공후사, 뭐 이런 거예요. 나보다 다른 사람을 먼저 생각한다, 남이 알아주기를 바라지 않고 사람의 도리를 다한다, 이런 거죠. 그래서 아버지는 집안일은 아무것도 안 하면서 온갖 동네 일은 공짜로 다 해주면서 곧이곧대로 산 거예요. 아버지만큼 배운 사람이 없었는데, 배운 바보였죠.

아버지는 성남에 자리 잡기 전까지 자기의 이익이란 걸 모르고 산 분이었어요. 자기가 가진 지식과 돈, 시간을 다 남을 위해서 썼던 거예요. 그런데 그 결과가 뭐예요? 성남에 와서 아버지는 체면과 명분, 공부, 이딴 거 아무 소용없다, 거지를 면하려면 악착같이 돈을 모아야 한다, 그렇게 결심한 것 같아요.

─ 이재영은 민정현정과 인터뷰에서 아버지가 지나쳤다고 말하면서도 자기는 아버지를 조금 이해했다며 이렇게 말했다. "옛날의 아버지를 모르는 동생들은 아버지를 돈만 아는 지독한 사람이라고 원망했지만 전 좀 달랐어요. 전 바보같이 우리 가족이 어떻게 되는지도 모르고 남 좋은 일만 하고 살던 옛날의 아버지보다는 차라리 이렇게 지독해진 아버지가 더 나았어요."

이재명은 헛되이 가산을 탕진하고 종국에는 지독한 수전노가 된 아버지처럼 불행하게 살지는 않으리라 생각하며 잠든 아버지 옆에서 다음날 있는『경제학원론』을 예습했다.

일일이 옥편을 찾아가며 한자를 읽어나가려니 더디고 답답했다. 검정고시로 시험자격을 얻어 8개월 만에 학력고사를 치르고 대학에 들어온 그의 한계였다. 경제학과 법학이 문제가 아니라 경제학과 법학 교재에 나와 있는 한자가 먼저 그의 앞을 가로막았다. 10점 만점인 중간고사 대체 리포트에서 그는 6점을 받았다.

법학 시간에 리포트 낸 것 도로 돌려주었는데 정말 한심하기 이를 데 없었다. 한자 4개 틀렸다고 4점 감점해서 6점이다. 실력도 없는 교수가 치사하게 한자만 가지고 따진다. 가만히 생각해보니 이것은 일종의 경고이며 충고인 듯하다. 한자 공부 열심히 하라는… 한자만 틀리지 않으면 8점, 적어도 7점인데 나만 6점이라니 정말 미칠 노릇이다.

— 이재명 일기(1982.4.26.)

이재명은 아예 옥편을 외워버릴 작정으로 한자 공부를 했다. 그렇게 한자와 씨름하며 그는 법학과 행정학, 경제학 강의를 듣고 혼자 공부하는 방법을 익혀나갔다.

문제는 한자만이 아니었다. 필수 교과인 교련의 총검술과 제식 훈련은 그에게 뜻밖의 난관이었다. 고등학교 3년 동안 교련수업을 받고 대학에 온 동기들은 모두 총검술을 척척 해냈는데, 난생처음인 그는 흉내 내기도 어려웠다. 그가 검정고시 출신인 줄 모르고 현역 장교인 교관은 그에게 분대장까지 맡겼다. 처음엔 우향 앞으로 가, 좌향 앞으로 가, 뒤로 돌아가, 할 때마다 발이 틀렸다. 공장에서 다쳐 구부정하게 굽은 팔을 흔들며 오와 열을 맞춰 걸으려면 진땀이 났다.

6년 동안 중·고등학교를 다닌 동료들이 다 아는 것을 이재명만 모르는 것이 한둘이 아니었다.

교련을 제일 못하면서 교련복은 혼자서 입고 다녔어요.(웃음) 처음에는 왜 그렇게 교련을 못하는지 몰랐는데, 검정고시 출신이라고 하더라고요. 재명이는 학교에 다닌 애들이면 당연히 아는 걸 잘 몰랐어요. 예를 들면 우린 작은 달과 큰 달을 구별하는 방법을 다 알잖아요. 이렇게(오른손 검지로 주먹 쥔 왼손 검지부터 짚어가며) 1,2,3,4,5,6,7, 이렇게 튀어나온 달은 31일까지 있는 큰 달이고 움푹 들어간 달은 30일까지 있는 작은달이란 걸 아는데, 재명이는 그걸 몰라서 통으로 외우고 다녔어요. 그래서 내가 외

울 필요 없다고 가르쳐줬더니 고등학교 책에 나오는 거냐고 묻더라고요.(웃음)

　ㅡ 이영진 인터뷰: 이재명의 중앙대 법대 동기인 이영진은 민정현정과의 인터뷰에서 이재명이 대학시절에 '내기 축구'와 '내기 족구'를 매우 싫어했다고 했다. 민정현정은 그게 공장에서 했던 '내기 권투'의 기억 때문이었을 것으로 짐작했다.

한자를 익히고 교련에 적응해가면서 이재명은 살살 한눈을 팔기 시작했다.

세상에는 공부보다 재미있고 흥미로운 것이 많았다. 미팅도 따라 나가고 고고장에도 따라 가봤다. 미팅은 시시하고 고고장은 너저분했다. 어떻게 해서 들어온 대학인데 이렇게 놀아서는 되겠나, 하는 자책에 시달리면서도 남들처럼 어엿한 데이트는 한번 해보고 싶었다.

성남의 독서실에서 함께 공부했던 여학생이 보고 싶을 때도 있었다. 매일 같은 독서실에서 공부했지만, 대학에 들어갈 때까지는 이성을 사귀지 않겠다는 굳은 각오로 말 한번 걸지 않았던 여학생이었다. 이젠 대학에도 들어갔으니 당당하게 만나지 못할 이유도 없었다. 그는 이름도 모르는 그 여학생과 우연한 만남을 기대하며 독서실 주변을 어슬렁거리기도 했다.

한때는 법대의 퀸카로 알려진 동기 여학생에게 마음을 빼앗겨 마주칠 때마다 가슴을 두근거린 적도 있었다. 그 여학생은 법대에서 만인의 연인일 정도로 인기가 좋아서 친구로 말을 트고 지내는 것만으로도 설레고 즐거웠다.

그러다 보니 수업시간에도 한눈을 팔고 도서관에서도 책이 눈에 들어오지 않았다. 집에서는 아예 공부를 않다시피 했다. 물론 핑계는 있었다.

그에게는 대학에 입학한 다음에도 공부방이 없었다.

이재명은 자기가 받는 월 20만 원의 특대 장학금으로 서울에 방을 얻어 재선 형과 함께 자취하며 공부하겠다고 했지만, 아버지는 끝내 용인하지 않았다. 아버지의 반대를 무릅쓰고 집에서 뛰쳐나가려고 작정했던 그가 마지막 순간에 포기한 것은 남은 식구들이 겪을 고초 때문이었다.

이재명은 집에서 나가 자취를 하지 않는 대신 아버지와 신사협정을 체결했다.

과거와 같은 '선 보관, 후 지급'이 아닌 '선 지급, 후 보관'으로 제도의 혁신을 단행한 것이다. 이재명이 공장에 다닐 때는 받은 월급을 일단 아버지에게 모두 맡겼다. '선 보관'이었다. 그러면 아버지는 나중에 필요한 돈을 지급했다. 아버지에게 '선 보관'하는 건 아주 간단했지만 '후 지급'을 받는 것은 너무나 어려웠다. 그래서 이재명은 그가 매월 받은 특대 장학금에서 재선 형 학원비와 책값, 자신의 책값과 용돈부터 떼고 나머지를 아버지에게 맡겼다. '선 지급, 후 보관'이었다. 이재명에게 '선 지급권'을 보장한 아버지는 '후 보관권'을 확보하는 것으로 타협했다.

이재명은 '선 지급권'을 확보하는 대가로 꿈에도 그리던 공부방을 포기해야 했다. 다음 이사는 집을 사서 간다던 아버지의 큰소리와는 달리 그의 가족은 지난겨울에 지하 단칸방으로 퇴각했다. 2백만 원 전셋집이 너무나 허술해서 도저히 겨울을 날 수가 없었다. 아버지와 어머니, 재영과 재선 형, 동생 재문과 재옥, 그리고 이재명까지 7명이 복닥거리는 그 단칸방에서 그는 〈법학개론〉과 〈경제학원론〉을 읽고, 〈교양국어〉 레포트 '캠퍼스의 봄'을 작문했다.

내일부터 좌석버스를 타고 다니기로 했다. 한 시간을 그냥 서서 소비하느니 40원 더 주고 한 시간을 번다면 큰 소득이라고 생각된다. 재선이 형도 시간이 중요한 사람이니 같이 타고 다니도록 해야겠다. 지금은 벌써 2시 30분이 넘었다. 오늘이 벌써 내일이 된 모양이다. 엄마, 아버지, 형, 형, 동생, 동생의 숨소리가 들린다. 잠에 깊이 빠진 모습들. 이렇게 한 방에서 고생하며 살지만 이렇게 살더라도 정만 있으면 되는 것 아니겠는가?

이렇게 살았기에 우리 형제는 우애가 있다고 생각된다. 비록

아버지와는 등지고 살아가는 듯하지만, 우리 가정에도 영원한
행복이 오기를 ~~

　－ 이재명 일기(1982.3.31.): 이재명의 후견으로 셋째 형 이재선은 노
량진에 있는 대입 학원에 다녔다. 노량진과 이재명이 다닌 중앙대는 버
스 두 정거장 거리였다. 입시생에게 시간이 얼마나 소중한지 누구보다
잘 알았던 이재명은 재선 형과 함께 40원씩을 더 내고 좌석버스를 타기
로 큰 결심을 한 것이었다.

　여섯 식구가 자는 머리맡에서 책장 넘기는 소리를 죽여가며 공부하려
면 집중이 되지 않았다. 아버지는 3시에, 어머니는 6시에, 형과 동생들은
7시에 일어나 일을 나가야 했다. 이런 환경에서는 도저히 공부할 수가
없다, 이재명은 그렇게 공부에 게으름을 피우는 자신을 합리화했다.
　공부에 꾀를 부릴 이유는 또 있었다. 사법고시 공고에 따르면 이재
명은 나이가 어려 3학년이 되기 전까지는 고시를 보려 해도 볼 수가
없었다. 그러니 그사이 나도 좀 놀아봐도 되지 않을까, 하는 생각이 고
개를 들었다.
　졸업정원제에 반영하는 성적도 1학년은 제외하고 2학년부터 적용된
다고 했다. 1학년 때는 청춘을 즐기면서 좀 놀라는 신호 같기도 했다.
　거기다가 최근에 보도된 이상한 통계 자료는 그를 더욱 흔들리게 했

다. 20세 미만 대학생의 70%가 키스의 경험이 있다는 잘 믿기지 않는 통계가 머릿속에 맴돌았다.

대충 보내버린 하루에 대한 자책과 내일부터는 마음을 다잡고 공부에 매진하자는 다짐을 반복하는 사이에 대학의 첫 학기가 끝났다.

여름방학을 맞은 이재명은 그동안 정말 하고 싶었지만, 감히 하지 못했던 여행이란 걸 한번 제대로 한 다음에 공부에 매진하기로 작정했다. 사면이 산으로 둘러싸인 도촌에서 자라며 그는 늘 저 산 너머에 무엇이 있는지 궁금했고, 가보고 싶었다. 이재명의 가장 오래된 꿈이었지만 그의 삶은 그에게 단 한 번도 여행의 기회를 주지 않았다. 이재명은 꼼짝달싹할 수 없는 가난에 사로잡혀 살아온 자신에게 가난 바깥으로 떠나는 여행을 선물해주고 싶었다.

언제나 죽이 척척 맞는 친구 심정운은 반색을 하며 이재명의 여행계획을 반겼다.

고입 검정고시부터 함께 해온 심정운도 중앙대 공대 입학에 성공했다. 가난한 소년공 출신의 두 친구는 책값을 아끼려고 국어와 영어 같은 교양 과목 교재는 한 권만 사서 둘이 돌려보았다. 그렇게 모아둔 돈을 몽땅 털어 둘은 강원도로 떠나기로 했다.

낚싯대와 배낭, 훈련화, 모자, 스타킹을 사는 데 무려 1만4천 원을 투자한 이재명은 여행을 떠나기 전날 잠을 설쳤다. 여행이라고는 초등학교 때 경주로 수학여행을 간 것이 전부인 이재명이었다.

붉은 스타킹에 흰 모자, 청바지, 흰 티셔츠, 붉은 배낭 위에 라
디오. 정말 여행을 떠나는 기분을 만끽할 수 있었으며 남들이 내
게로 관심의 눈길을 던져 줄 땐 마치 내가 야구장 우승팀의 4번
타자라도 된 듯한 망상, 아니 지 착각에 빠지기도 했다.

－이재명 일기(1982.6.29.)

그들은 성북역에서 경춘선을 타고 춘천으로 갔다. 여행 경비를 아끼
기 위해 춘천에서는 심정운의 큰집에 하룻밤 신세를 지기로 했다. 집
을 찾지 못해 몇 시간 동안 헤맨 끝에 찾아간 심정운의 큰집에서 다음
날 아침까지 얻어먹고 소양강으로 갔다.

소양강에서 양구행 배를 탔다. 소양강의 푸른 물을 가르고 달리는
뱃머리에 선 이재명은 가슴이 뻥 뚫리는 통쾌함을 맛보았다. 깊고 푸
른 호수는 금방이라도 배와 사람을 삼켜버릴 듯했다. 호수를 둘러싼
울창한 수림의 그림자는 검푸른 호수를 더욱 짙게 채색했다. 이재명은
이처럼 푸르고 통렬한 순간을 영원히 사로잡아두고 싶어 흔들리는 뱃
전에 서서 기념사진을 찍었다.

신이 나서 두 팔을 펼쳐 들고 마주 불어오는 바람을 만끽하는 이재
명과 심정운에게 대학생 하나가 사진을 찍어주었다. 자전거를 가지고
탄 대학생이 있었다. 자전거를 좋아하는 이재명은 배를 탈 때부터 그

170

를 보았었다.

서로 인사를 했는데, 뜻밖에 그도 중앙대 공대 1학년이었다. 배재영이라는 이름을 가진 이 친구는 자전거를 타고 혼자서 제주도까지 갈 거라고 했다. 멋있는 친구였다. 단박에 의기투합한 셋은 인제를 거쳐 한계령을 넘어 강릉까지 가기로 했다.

양구에서 인제로 가려면 광치령을 넘어야 했다. 광치령 기슭에 도착했을 때 이미 오후 6시가 지난 다음이었다. 초소를 지키는 군인들은 걸어서 광치령을 넘어가기는 이미 너무 늦었다며 만류했다. 하지만 지는 해 따위는 길 위의 세 청춘을 막을 수 없었다. 이재명과 심정운, 배재영은 호기롭게 광치령을 향해 걸어 올라갔다. 하지만 가까워 보이던 광치령은 하나의 고개가 아니었다. 이 고개만 넘으면 되겠거니 하고 넘어서면 또 다음 고개가 기다렸다. 걷고 또 걸었다.

광치령 정상에 도착했을 때는 밤 10시가 가까웠다. 지나온 길은 달빛 아래 아득했고, 가야 할 길 위로는 밤안개가 점령군처럼 밀려 올라오고 있었다.

내려가는 발걸음은 가벼웠다. 열 걸음 앞이 보이지 않는 밤안개를 헤치고 세 청춘은 노래를 부르며 걸었다. 인생도 또한 이러하리라, 이재명은 생각했다. 힘든 오르막을 오르면 내리막길 또한 있지 않겠는가. 이재명은 밤새 광치령을 넘은 이날의 심경을 1982년 6월 30일 일기에 두 문장으로 적어두었다.

– 여기서 인생의 한 단면을 실감할 수 있었던 것은 힘든 중에서 얻은 커다란 소득이었다. 산이 구름에 가리어지지 않고 완전히 노출되어 모든 그 깊은 골짜기를 드러냈더라면 과연 지금까지의 그 긴 고갯길을 내려올 수 있었겠는가.

그들은 그렇게 외설악을 지나 한계령을 넘었다. 발에 온통 물집이 생겨 걷기가 힘이 들었다. 여행 전날 산 농구화 때문이었다. 길이 들지 않는 시커먼 싸구려 농구화를 신고 걸을 수가 없어 맨발로 비선대와 소청봉을 올랐다. 여름인데도 밤이면 추워서 잠을 자기 어려웠다. 그는 양양에서 동해를 처음으로 보았다.

난 새로운 것에 관심이 많은 아이였어요. 시골에 자랄 때는 늘 궁금했어요. 저 산을 넘어가면 무엇이 있을까, 하고요. 전 그래서 도보여행과 자전거 여행을 무척 좋아해요. 차를 타고 다니면 빨리 많은 것을 볼 수는 있지만, 무언가를 깊이 보고 느끼기는 어렵잖아요. 하지만 도보여행과 자전거 여행은 달라요. 내 발바닥이 느끼고 내 근육이 기억하지요.

시골에서 매일 산길을 걸어서 6년 동안 초등학교에 다녔기 때문에 전 잘 알아요. 오르막을 올라가면 내리막이 기다린다는 것을, 내리막을 내려가면 오르막이 기다린다는 것을요. 내가 어려움을 두려워하지 않는 건 겁이 없어서가 아니라 올라가면 반드시 내려가고, 골이 깊어야 산이 높다는 걸 믿기 때문일 거예요.

— 이재명은 민정현정과의 인터뷰에서 대학교 1학년 때의 첫 도보여행을 매우 생생하게 기억했다. 신었던 농구화의 모양과 시커먼 색깔까지. 그의 자전거 여행은 대학 시절은 물론 사법고시에 합격하고 변호사로 활동하는 동안에도 오래 계속되었다.

그동안 고난의 행군을 함께 했던 배재영과 헤어져야 할 순간이 왔다. 양양에서 그는 부산을 향해 내려가고 이재명과 심정운은 속초를 향해 올라가야 했다. 짧은 만남이었지만 깊이 정이 든 그들은 독한 강릉 막걸리로 작별파티를 했다.

배재영을 떠나보내고 내린천에 텐트를 치고 밤새 낚싯대를 드리웠는데 입질조차 하지 않았다. 옆에 있던 낚시꾼에게 물었더니 은어 낚시는 그렇게 하는 게 아니라고 했다. 내린천은 은어의 서식지였다. 은어는 은어끼리 싸우기 때문에 그 습성을 이용하기 위해 은어의 꼬리지느러미 부분에 바늘을 꿴다는 것이었다. 은어들끼리 마구 싸우다가 어딘가 바늘에 걸리면 재빨리 끌어내면 되었다. 그것도 모르고 밤새 헛수고를 한 것이었다.

173

내린천의 은어 낚시꾼은 잘못된 방법으로는 아무리 열심히 해도 성공할 수 없다는 것을 이재명에게 가르쳐주었다.

이런 건 부잣집 애들이
좀 하면 안 되나

이재명이 방황하던 마음을 다잡고 다시 공부에 대들던 무렵이었다.

오전 수업을 마치고 점심 먹으러 식당으로 가는데 사이렌 소리가 들렸다. 소리가 나는 곳을 쳐다보니 식당 앞 도서관 난간이었다. 건물 밖 유리창 청소하는 사람처럼 밧줄을 타고 도서관 난간에 매달린 학생은 사이렌을 끄고 핸드마이크로 외쳤다.

"광주학살 원흉 전두환을 처단하고, 군부독재 타도하자!"

밧줄에 대롱대롱 매달린 학생은 가슴에서 유인물을 꺼내 아래로 뿌리면서 계속 외쳤다.

"학원사찰 중지하고, 경찰은 물러가라!"

학생식당으로 점심을 먹으러 가던 학생들이 도서관 난간 아래로 모여들었다. 공중에서 팔랑팔랑 떨어지던 유인물이 땅바닥에 닿은 즈음 난간 아래 모인 학생들 사이에서 어깨에 핸드마이크를 멘 학생 하나가 앞으로 나서며 시위를 주동했다.

"노동운동 탄압 중지하고, 노동삼권 보장하라!"

시위를 주동한 학생 주변에 모여든 학생들은 구호를 따라 외치고 노래를 불렀다.

"와서 모여 함께 하나가 되자. 와서 모여 함께 하나가 되자. 물가 심어진 나무같이 흔들리지 않게."

노래처럼 갑자기 꽤 많은 학생이 모여들며 스크럼을 짜고 도서관 옆 작은 광장을 돌았다. 그들은 와서 모여 하나가 되자고 했지만, 이재명은 가서 모이지 않았다. 멀찌감치 서서 데모하는 낯선 풍경을 지켜보았다. '군부독재 타도'도 낯설었지만 '노동삼권 보장'도 낯설었다. TV에서 보도하는 의식화된 일부 불순 학생들인가 싶었다. 자기들이 노동에 대해서 뭘 안다고 '노동삼권' 운운하나 싶기도 했다.

데모대 속에는 그가 아는 법대 친구도 몇 명 눈에 띄었다. 그는 식당으로 들어가지 못하고 도서관에 난간에 매달려 구호를 외치는 학생과 그 구호를 따라 외치는 학생들을 번갈아 쳐다보았다. 결과가 어떻게 되는지 궁금했다.

그의 궁금증은 20분도 되지 않아 풀렸다. 도서관 유리창을 깨고 난간으로 나온 사복형사들이 밧줄에 매달린 학생을 끌고 들어갔다. 동시에 사복형사 수십 명이 사과탄을 집어던지고 곤봉을 휘두르며 시위대에 뛰어들었다. 곧 시위대는 해산되었고 주동자들은 피투성이가 되어 사복형사들에게 개처럼 질질 끌려갔다. 이재명은 그날 점심 도시락을 먹지 못했다. 왠지 태연히 밥을 먹어서는 안 될 것 같았다.

다음날 학교에는 어제 시위를 주동한 학생이 문예창작과와 체육교육과 학생이라는 소문이 나돌았다. 대학본부와 형사들의 편에 곧잘 섰던 체교과 학생이 데모 주동자로 구속된 것은 처음이라고 했다.

며칠 뒤 같은 과 친구 이영진이 그를 보자고 했다. 이영진은 이재명과 시국에 대해 몇 차례 진지하게 토론을 한 적이 있는 친구였다. 두 사람이 가장 크게 부딪친 부분은 '광주'였다. 이태 전인 1980년에 일어난 그 일을 이재명은 '광주폭동'이라고 하고 이영진은 '광주학살'이라고 했다. 모든 신문과 방송은 1980년 5월 '광주'에서 일어난 일에 대해 처음에는 '광주사태'라고 했다가 나중에는 '광주폭동'이라고 했다. 공장에 다니던 이재명도 당연히 '광주폭동'으로 알고 있었다.

이재명은 군인들이 정치에 개입한 건 잘못이지만 그렇다고 해서 민간인들이 무기를 탈취해서 군대에 대항한 것 또한 잘못이라고 했고, 이영진은 비무장의 시민을 계엄군이 먼저 무참히 학살했기 때문에 광주시민들이 자위를 위해 어쩔 수 없이 무장한 정당방위라고 주장했다. 닭이 먼저냐 달걀이 먼저냐를 놓고 입씨름을 하다 결국 이견을 좁히지 못하고 서먹서먹하게 돌아섰던 이영진이었다. 이재명은 며칠 전 시위대 속에 있던 이영진을 보았었다.

이영진이 그를 데리고 간 곳은 학생회관 안에 있는 동아리 방이었다. 이영진은 전통예술반, 전반이라고 줄여 부르는 동아리의 회원이었다. 거기서 이영진은 이재명에게 광주학살 현장을 담은 비디오를 보여주었다. 비무장의 시민을 대낮에 잔인하게 학살하는 장면이 생생하게 담긴 그 비디오는 이영진의 주장이 100% 사실이라는 것을 증명해주었다. 폭도는 광주시민이 아니고 군부독재 정권이었다. 이재명은 굳어 있던 의식의 껍데기가 갈라지며 깨지는 소리가 들리는 것 같았다.

너무 잔인해서 고개를 돌려야 했던 장면이 며칠 동안 눈앞에 어른거리며 이재명을 괴롭혔다. 그동안 전두환 정권과 언론에 속아온 것이 창피하고 분했다.

이영진은 이재명에게 부당한 현실과 불의한 정권에 맞서 싸우는 동아리 전반에 들어와서 함께 활동하지 않겠느냐고 물었다. 이재명은 이영진에게 되물었다.

"넌 노동자들의 한 달 월급이 얼마인지 알아?"

대학교에 다니는 너희들이 노동자들이 당하는 '부당한 현실'이 어떤 것인지 알기나 하고 '노동삼권' 운운하느냐는 반문이었다.

"공장에 따라 다르긴 하지만 한 6~7만 원 할 걸."

의외로 이영진은 그걸 알아맞혔다.

"좀, 아네."

그러면서 이재명은 이영진에게 물었다.

"노동자들 월급이 얼마인지 어떻게 알았어?"

"내 고향 친구들도 공장에 다녀."

이재명은 공장에 다니는 재옥이가 떠올랐다. 착잡한 표정을 짓는 이재명에게 이영진이 되물었다.

"우리집도 가난해. 안 그랬으면 내가 여기 왔겠어?"

이영진도 선호장학생 B급이었다. 선호장학생 B급만 되어도 대한민국에서 가지 못할 대학이 없었다. 선호장학생 B급은 선호장학생 A급과 마찬가지로 3학년까지 등록금을 전액 면제받았지만, 특대 장학금은 선호장학생 A급보다 5만 원이 적은 월 15만 원이었다. 학력고사 석차 전국 2천 등 대인 이재명은 선호장학생 A급이었고 전국석차 5천 등 대였던 이영진은 선호장학생 B급이었다.

"집안 형편이 그러면 데모하면 안 되지 않아?"

"죽은 사람들도 많은데 뭐."

두 해 전에 광주에서 학살당한 사람들을 말하는 것이었다.

"야, 넌 공부하고, 운동 같은 건 부잣집 애들이 좀 하면 안 되냐?"

학력고사 성적 전국 5천 등 대로 특대 장학생이 된 이영진도 얼마든지 사법고시를 노려볼 수 있었다. 전라도 출신인 이영진은 씩 웃으며 덧붙였다.

"특대 장학금 받아서 매달 부모님 생활비로 5만 원씩은 보내."

재명이는 명석한 데다가 공장 노동자 출신이라는 소문이 돌아서 계속 주목했지요. 내가 운동을 같이하자고 했을 때, 재명이는 지금은 같이하기 어렵다고 대답했어요. 미안하다면서, 자기는 사법고시 붙은 다음에 판검사 안 하고 변호사로 우리와 함께 하겠다고 했어요. 다른 사람이 그렇게 얘기했으면 내가 안 믿었을 텐데 재명이는 정말 그럴 거라고 믿었어요. 재명이가 빈말하고 약속 안 지키는 친구들을 아주 경멸한다는 걸 난 알고 있었어요. 안 할 것이었으면 난 못해, 난 안 해, 틀림없이 이렇게 얘기했을 친구거든요. 재명이는 술자리에서 한, 안 지켜도 될 약속도 자기가 했으면 손해를 무릅쓰고 지키고 마는 친구니까요.

　－ 이영진 인터뷰: 이영진은 현정민정에게 "제가 사람 보는 눈이 좀 있어요."하고 자신만만하게 말했지만, 인터뷰가 끝난 다음 밥을 먹으면서는 이렇게 말을 바꿨다. "사실 그때 재명이가 나한테 한 약속을 정말 지킬까, 하는 의구심이 아주 없지는 않았어요. 그런데 정말 자기가 한 말을 지키더라고요."

이재명은 미안했지만, 이영진의 포섭에 응하지 않았다. 그러나 약속을 지키기 위해서 노력했다. 변호사가 되어 어려운 사람을 위해 함께 일하겠다는 약속을 지키려면 우선 변호사가 되어야 했다. 변호사가 되려면 열심히 공부해서 사법고시에 합격해야만 했다.

　그의 친구 이영진은 전두환 정권에 맞서 열심히 싸웠고 그는 열심히 공부했다.

만 20세가 된 이재명은 사법고시 응시 자격을 얻었다.

그는 첫 번째 사법고시에 도전해 1차 시험에 합격했다. 그가 대학 3학년이던 1984년 5월이었다. 이재명의 나이 만 스무 살의 봄날이었다.

고시 공부는 돛단배를 타고 망망대해를 항해하는 일과 같아서
잠시 방황하면 항로를 잃기 마련이었다.
시험과목과 범위는 망망대해만큼이나 방대했고,
앞길은 아득했다.

아내, 아이와 함께

지금부터
전쟁이다

이재명은 사법고시 1차에 합격했다는 소식을 대구에서 들었다.

1차 사법고시를 본 다음 재선 형과 함께 자전거로 전국 일주에 나섰던 이재명이었다. 서해안과 남해안을 돌아 대구에 도착한 두 형제의 얼굴은 완전히 새까맣게 탔다. 두 형제는 대구에서 축배를 들고 서울로 올라왔다.

그해 봄은 그의 집도 봄이 봄 같았다.

이재명은 사법고시를 보았고, 재선 형은 공인회계사 시험을 보았다. 아버지는 필생의 과업이었던 집을 장만한 다음 다른 사람처럼 변했다. 예전보다 돈 얘기를 덜 하는 대신 자식들에게 자주 웃어주었다. 어머니에게 함부로 하지도 않았다. 사람이 바뀐다는 것이 신기했다.

이재명은 재영 형이 그에게 자주 했던 말이 떠올랐다.

"아버지가 원래부터 그랬던 사람은 아니야."

이재명이 아버지에 대한 불만을 토로할 때마다 재영 형은 이재명에게 그렇게 말했었다. 형이 말한 그 '원래 아버지'의 모습이 저런 것이었을까, 이재명은 비로소 형의 말을 조금은 믿을 수 있을 것도 같았다. 집이 집 같았고 아버지가 아버지 같았다. 가족들의 입가에도 자주 웃음꽃이 피었다. 사람 사는 것 같았다.

그러나 이재명은 이 평화가 더 큰 부담감으로 다가왔다. 자신이 실패하면 이 평화가 깨져버릴 것만 같은 불안감이 그를 압박했다.

사법고시 1차 합격은 시작에 불과했다. 2차 시험의 관문이 그의 앞에 버티고 있었다.

올해 1차 시험에 집중하느라고 2차 시험은 한 과목을 준비하는 데 그친 이재명이었다. 내년에 남은 2차 시험을 모두 통과하지 못하면 내후년에 1차 시험부터 다시 쳐야 했다.

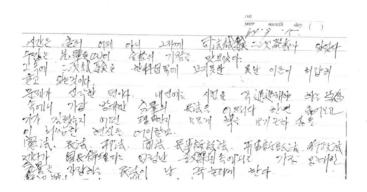

185

시간은 흘러 어제 아니 그저께 사법시험 2차 발표가 있었다. 수많은 선배들(12)이 합격의 기쁨을 맛보았다. 그 속에 2차 시험은 한 과목밖에 보지 못한 못난 이 몸이 처량히 울고 있는 것이다. 문제가 심각한 편이다. 내년에는 시험을 꼭 통과해야 하는 당위 속에서 가장 방대한 분량의 민법을 어쩌다 한번 훑어보고 기가 질렸는지 어떤 이유인지 모르게 책을 보기조차 싫은 이 처참한 현실을 어이할꼬. 헌법, 민법, 형법, 상법, 민사소송법, 형사소송법, 행정법, 게다가 국민윤리라는 엄청난 교과목 속에서도 가장 방대한 분량을 자랑하는 민법이 날 꾹 눌리게 한다

– 이재명 일기(1984.9.15.): 당시 심경을 담은 이날의 일기에서 민정현정의 눈길을 끈 것은 필체였다. 대학 3학년이 된 이재명의 필체는 달필에 가까웠다. 특히 대입 학력고사에서 거의 포기했던 한자도 거침없었다.

이재명이 그나마 자신 있는 과목은 민사소송법이었다. 상법도 그가 좋아하는 과목이어서 겁나지 않았다. 가장 큰 문제는 민법이었다. 재미가 없는 데다 방대하기까지 했다. 하루 150페이지씩 보아나가도 꼬박 20일이 걸리는 분량이었다.

아무리 궁리해봐도 공부에 왕도는 없었다. 하루에 150페이지씩 떼어나가기로 작정하고 그는 최강의 상대인 민법에 달려들었다.

공부란 의식 없는 황소처럼 아둔하게 하는 것이다.

결코, 한 숟가락에 배부를 생각일랑 말고 한 숟가락 떠서 꼭꼭

씹어 소화시키고 천천히 내실을 기해가는 것이 현명하리라.

세상에 무슨 일이 하루 아침에 이루어지더냐.

끝임없는 노력과 인내 속에 씨는 발아하고 그것이 풍상에 흔

들리며 많은 시간이 흐른 후에 열매는 열리는 것이다.

— 이재명 일기(1984.9.15.)

그는 내년에 있을 2차 시험을 준비하기 위해 신림동에 있는 관악고
시원에 들어갔다.

학교 수업은 잘 나가지 않았다. 교수들은 고시를 보는 학생들의 결
석에 관대했다. 심지어 어떤 교수는 공부하지 않고 왜 수업에 들어왔
느냐고 나무라기까지 했다. 법대에서 결석하는 학생들은 두 부류였다.
이재명처럼 고시를 준비하는 학생들과 운동권 학생들은 성적에 개의
치 않았다.

학교에 나가면 한 주가 멀다고 시위가 벌어졌고 최루탄과 돌멩이가
난무했다. '군사독재 타도'와 '민주 쟁취', '학원 민주화'를 외치는
시위대열에는 그의 친구 이영진과 박정추, 윤석용이 보였다. 이영진은
이재명을 운동권 동아리인 전반에 가입시키려고 한 동기였고, 박정추

와 윤석용은 행정학과와 법학과의 학생회장을 맡은 동기였다. 선배인 강도구와 강진웅도 빠지지 않는 얼굴이었다. 교내 방송국인 UBS에 나가는 추왕훈은 취재하는 척하다가 어느 틈엔가는 시위대 안에 들어가 있곤 했다.

이재명은 시위에는 참여하지 않았다. 무서워서가 아니었다. 고시 공부만 하는 그가 감옥에 갈 각오를 하고 불의와 싸우는 친구들 옆에 서서 구호를 따라 외치는 것을 차마 양심이 허락하지 않았다. 하지만 경찰이 최루탄을 퍼부으며 진압에 나서고, 여기에 맞서 학생들이 보도블록을 깨트려 투석전에 나서기 시작하면 이재명도 뛰어들었다. 그는 페퍼포그 차량이 뿜어낸 자욱한 최루가스를 뚫고 달려나가며 깨트린 보도블록 조각을 맹렬하게 집어 던졌다. 손수건으로 입을 가렸지만 구부정한 왼쪽 팔을 본 법대 친구들은 그것이 이재명이라는 것을 금방 알아보았다.

싸움이 끝나고 최루 연기가 걷힌 다음 정문 진입로에는 최루탄 파편과 깨진 보도블록만 어지러웠다. 이재명은 최루가스가 다 걷히기 전에 조용히 돌아서서 신림동의 고시원으로 향했다. 최루가스에 절은 점퍼를 벗어두고 〈헌법〉을 펼쳐 들면 마음이 심란했다. 공부의 생명은 집중력인데, 집중이 되지 않았다.

고시 공부는 돛단배를 타고 망망대해를 항해하는 일과 같아서 잠시 방황하면 항로를 잃기 마련이었다. 시험과목과 범위는 망망대해만큼이나 방대했고, 앞길은 아득했다. 특히 2차는 누구도 합격을 장담할 수 없는 시험이었다. 수석합격자조차도 결과 발표가 나기 전까지는 합격을 자신하기 어려운 것이 사법고시 2차 시험이었다. 갈 길은 너무나 먼데 제 앞날의 영예를 내버리고 뛰어다니는 친구들의 모습이 그의 발목을 잡아당겼다.

가을이 절정이던 10월 초, 학교에서는 축제가 벌어졌다. 축제의 마지막 날 풍경은 참으로 기묘했다.

대운동장에서는 학도호국단이 주최하는 '쌍쌍파티'가 열렸다. 대운동장 관중석은 파트너와 함께 연예인들의 공연을 보려고 대기 중인 잘 차려입은 학생들로 빼곡했다. 반면에 진입로 옆 잔디밭에는 '쌍쌍파티'를 주최한 학도호국단의 폐지와 총학생회의 부활을 요구하는 '총학생회부활준비위원회'가 개최한 집회에 참석한 학생들로 가득했다. 이재명의 친구 박정추는 총학생회부활준비위원회의 법대 대표였다.

'의혈 중앙'의 깃발을 앞세우고 '군부정권 퇴진'과 '어용 학도호국단 폐지', '민주 총학생회 부활'을 외치는 학생들은 정문과 후문을 사이에 두고 경찰과 치열하게 대치했다. 페퍼포그와 돌멩이, 최루탄과 화염병이 난무했다. 특강을 들으러 학교에 갔던 이재명은 이날도 집회에는 참여하지 않고 투석전에만 참전했다. 경찰은 무슨 생각에서였는지 돌을 던지는 학생들에게만이 아니라 쌍쌍파티가 열리는 대운동장에도 최루탄을 시원하게 퍼부어주었다.

아수라장이 된 학교를 빠져나온 그는 법대 동기이자 총학생회부활준비위원회 법대 대표인 박정추와 같이 막걸리를 마셨다. 박정추도 이영진과 마찬가지로 선호장학생으로 들어와 특대 장학금을 받고 학교에 다니는 수재였다. 지난봄까지만 해도 열심히 행정고시를 준비하던 박정추는 어용 학도호국단을 없애고 총학생회를 다시 만들 때까지만 잠시 고시책을 옆으로 밀어두겠노라고 했다. 이재명은 그를 말릴 수도 격려할 수도 없었다. 취하도록 마신 그는 버스에서 내려 신림동 고시원으로 걸어 올라가다 책이 든 가방을 벗어 길바닥에 내팽개치고야 말았다.

재명이하고 같은 관악고시원에서 내가 공부할 때였어요, 밤에 고시원 앞에 나와서 담배를 피우고 있는데, 누가 잔뜩 취해서 가방을 발로 툭툭 차면서 올라오길래 별놈이 다 있다 싶어서 보니까, 재명이었어요. 너무 안됐더라구요. 어린 나이에 얼마나 공부하는 게 힘들면 저러겠나, 싶은 생각이 들어 마음이 짠했어요… 고시 공부가 얼마나 외롭고 힘들고 부담스러운 일인지 해보지 않은 사람은 잘 몰라요. 1차가 되면 된 대로, 안 되면 안 된대로 어렵고, 나이가 어리면 어린 대로, 나이가 들면 든 대로 힘든 게 고시 공부예요.

　– 최원준 인터뷰: 성균관대를 졸업하고 고시 공부를 하던 최원준(경상국립대 교수)은 이상하게 이날 보았던 이재명의 모습이 오랫동안 눈에 밟

혔다며, 그를 더 눈여겨보고 동생처럼 아끼게 되었다고 현정에게 회고했다. 이재명도 신림동의 고시원 세 곳을 따라다니며 같이 공부한 최원준이 자기가 형처럼 따른 고시원 선배였다고 민정에게 회고했다.

이재명은 마음을 다잡고 최원준의 조언을 참고해서 2차 시험 계획을 다시 정리해서 1984년 11월 16일 일기장에 이렇게 적어두었다.

① 민소법(민사소송법) 하는 것 조금 더 열심히 하고
② 상법은 틈틈이 보고
③ 민법은 여유가 생기면 한 번씩 살펴보고
④ 형소법은 쉽다니까 통과
⑤ 헌법도 그렇고
⑥ 형법도 잠깐 보면 되고
⑦ 행정법도 그리 어렵지 않으니까 괜찮고
⑧ 윤리도 몇 번만 보면 될 것 같고, 너무 걱정하지 말자!

그래도 걱정이 되었다.

이재명은 4학년이 되었고, 올해 2차에 합격하지 못하면 고시를 계속하는 것이 불가능했다. 학교에서 지급하는 특대 장학금도 3학년으로 끝이 났다. 다행히 학교에서는 졸업할 때까지 월 10만 원은 준다고 해서, 올해 시험까지는 버틸 수 있게 되었다. 하지만 내년부터는 돈 나올 곳이 없었다.

돈만 문제가 아니었다. 가족과 친척은 물론 법대의 교수님들도 대부분 그가 올해는 2차에 합격할 것으로 믿었다. 만약 떨어진다면, 사법고시 합격해서 어려운 사람들과 함께하겠다고 한 친구들과의 약속은 또 뭐가 되는가. 이재명은 일기장에 대고 외쳤다.

– 한번 떨어져 볼래? 정신 차려라, 재명아.
– 재명씨 제발 정신 차립시다.

떨어지더라도 최선을 다해야 후회는 없을 것이 아닌가. 이재명은 불규칙해진 생활습관부터 바꾸었다. 밤에 자고 낮에 공부했다.

사법고시 2차 시험 날짜가 100일 앞으로 다가왔다. 과목당 공부할 수 있는 시간은 10일 정도였다. 열심히, 하나도 열심히, 둘도 열심히, 셋도 열심히. 처음부터 끝까지 무조건 열심히 하자고 이재명은 자신을 다잡았다. 올해 떨어지면 문제가 심각해도 이만저만이 아니었다. 지금도 학교에서 주는 10만 원으로 겨우 고시원 하숙비 내고 용돈은 재영 형에게 신세를 지고 있는 처지였다.

지금부터 전쟁이다. 처절히 싸우겠다. 오직 할 수 있다는 신념
이다. 비록 지더라도 후회는 없어야 한다. 처절히 하리라.

— 이재명 일기(1985. 5. 20)

1985년 7월 12일, 사법고시 2차 시험이 끝났다.

잘 본 것 같았다. 특히 걱정했던 민법도 무난하게 답을 썼다. 홀가분
했다.

이재명은 자전거를 타고 다시 전국 일주를 떠났다. 이번에는 혼자였
다. 작년에는 서해안을 타고 내려갔는데, 올해는 동해안을 타고 내려
갔다. 남해와 서해를 돌아 18일 만에 집으로 돌아왔다. 고시원 선배인
최원준 형의 삼천포 고향집에서 사흘을 맛있게 얻어먹으며 쉰 것을 빼
고는 매일 쉬지 않고 달린 강행군이었다.

시험 결과 발표를 기다리는 이재명에게 아버지는 공인중개사 시험
을 보라고 권했다. 폐의 이상으로 병원에 입원했던 아버지는 마음이
매우 약해져 있었다. 그에게 사법고시 낙방에 대비하라는 것인지, 그
가 딴 공인중개사 자격증을 걸어두고 아버지가 중개사 사무실을 열겠
다는 것인지 알 수 없었다. 공인중개사 시험이 어렵진 않겠지만 그것
도 공부였다. 이재명은 웃어넘겼다. 공부라면 진절머리가 났다.

사법고시 2차 시험 합격자발표가 났다.

이재명, 그의 이름은 없었다. 그는 자신의 눈을 믿을 수 없었다. 시험을 잘 보았고, 내심 합격할 것이라고 자신하고 있었던 이재명이었다. 충격이었다.

믿을 수 없었던
실패

이재명이 시험에서 떨어진 것은 처음이었다.

대체 무엇이 잘못되었단 말인가?

상법에서 오답을 쓴 사실을 그는 뒤늦게야 깨달았다.

상법 시험시간에도 다른 시간과 마찬가지로 감독관이 들어와 두루마리처럼 된 시험문제지를 펼쳐서 칠판 앞에다 걸어두었다. 규정상으로는 10분 동안 걸어두게 되어 있었지만 대부분 끝날 때까지 그대로 걸어두었다. 이재명은 문제 전체를 쓱 훑어보고 첫 번째 문제부터 답을 썼는데, 하필 이 시간에는 앞 문제의 답을 쓰는 사이에 감독관이 문제를 치워버린 것이다. 마지막 문제를 '수표 지급보증'으로 기억한 이재명은 어렵지 않게 답을 썼다. 그런데 그 문제가 '수표 지급보증'이 아니라 '수표보증'이었던 것이다. 아마 문제가 무엇이었는지 물어보았으면 감독관이 알려주었을 텐데, 이재명은 자신의 기억만을 믿고 의

심 없이 그대로 답을 쓴 것이었다.

39.66점, 과락이었다. 과락 기준인 40점에서 0.34점 부족이었다. 다른 모든 과목의 점수가 좋았고 평균점수도 월등했는데 상법, 한 과목의 과락으로 인해 그는 사법고시 2차 시험에 실패한 것이다. 땅을 칠 노릇이었다.

처음엔 미칠 것 같았죠. 대학 3학년 때 응시한 첫 번째 시험에서 바로 1차 합격한 것이 독이었어요. 사실, 그때 정말 열심히 한 건 아닌데 아주 좋은 성적으로 합격을 했거든요. 그래서 자만했고, 그래서 경솔했던 거죠.

하지만 그 실패가 내 인생에 큰 도움이 되었어요. 그때 바로 붙었으면 제가 어떻게 살게 되었을까… 그 당시에는 운이 참 나빴다고 생각했는데 시간이 흐를수록 내가 참 운이 좋았다는 걸 점점 분명하게 깨닫게 되었어요.

– 이재명 인터뷰: 2차 시험 낙방이 도저히 믿기지 않아 술을 마시고 울었다는 이재명에게 현정은 물어보았다. "그때 바로 붙었으면 어떻게 되었을 것 같아요?" 이재명은 장시간 인터뷰로 흘러내린 안경을 바로 잡으며 이렇게 대답했다. "내가 잘난 줄 알고 건방지게 살았을 거 같아요, 아찔하지요." 그러면서 되물었다. "성공이 아닌 실패를 통해서 더 중요

한 것을 얻기도 하는 것이 인생 아니에요?" 대답은 민정이 했다. "사람 나름이지요." 우리는 함께 웃었다. 이재명은 실패로부터 배울 줄 아는, 진짜 학습력이 뛰어난 사람 같았다.

낙방의 충격으로 술을 마신 이재명은 책가방까지 잃어버렸다. 주눅이 들어 집안에 틀어박혀 밖에 나가지 않았다.

자신이 원하는 시험에서 떨어지기는 처음이었다. 이제 1차 시험부터 다시 보아야 했다. 창피하고 한심했다. 그가 처한 곤란은 추상적인 것이 아니고 아주 현실적인 것이었다. 단 1년이라 한들, 무슨 돈으로 고시 공부를 계속할 것인가.

식구들의 눈치를 보며 구겨져 있는 그에게 여행을 가라고 권한 건 뜻밖에도 아버지였다. 자기 귀를 의심하며 쳐다보는 이재명에게 아버지는 덧붙였다.

"이왕이면 고향에 한번 다녀와라."

그렇게 말하는 사람은 틀림없이 아버지였다. 이재명은 하마터면 자기 허벅지를 꼬집어볼 뻔했다.

그리운 고향 도촌에 내려간 이재명은 옛친구들을 만나 즐겁게 시간을 보냈다. 초등학교를 같이 다닌 성규, 종욱, 재문, 복락, 원희… 오랜만에 만났는데도 모두 초등학교 시절로 돌아간 듯 서로 말을 놓고 이

머스마, 저 가스나 하면서 허물없이 놀았다. 어린 시절 친구란 이렇게 좋은 것이었다. 친구 중에는 성남에 올라온 이재명이 어렵게 공장에 다니던 시절에 편지를 보내준 경숙이도 있었다. 공장에 다니는 친구를 걱정하고 격려해준 경숙이의 마음 씀씀이에 늘 고마워했던 이재명이었다. 경숙이를 향한 그의 마음 한편에는 이성으로서 그녀에게 다가가고 싶은 그리움이 감춰져 있었다. 한 번도 그 마음을 제대로 내보이지 못했던 소심한 이재명은 이번에도 경숙이와 어깨를 감싸고 찍은 사진 한 장만을 간직한 채 집으로 돌아오고 말았다.

고향 친구들과 보낸 시간은 몇 장의 사진으로 남아 이재명의 마음을 안정시켜주었다. 그런 시간을 마련해준 아버지도 고마웠고, 그에게 부담을 주지 않으려고 애써 고시 이야기를 피하는 형제들의 배려도 고마웠다. 2학기 들어서 시위를 주동하고 도망 다니는 법대 동기 이영진도 이재명에게 하던 공부 잘 끝내라고 등을 두드려주었다.

빨리 고시에 합격해야 한다는 부담감과 정의를 위해 싸우는 친구들을 외면한다는 부채감 사이에서 끊임없이 갈등하고 동요했던 이재명은 그들의 응원과 배려 덕분에 조금씩 자기중심을 잡아나가기 시작했다. 눈앞의 현실과 미래의 과제를 완전히 대립시키지 않고 자기 안에서 통일시켜나가는 방법을 그는 어렵게 찾아 나갔다. 정의를 위해 자신을 내던진 친구들을 보며 죄책감에 시달리는 대신 사회복지학과 학생회가 주최한 '복지사회의 허실과 실상'이란 특강을 듣고, 고시원으로 돌아가서는 더 집중해서 〈행정법〉과 〈윤리〉를 공부했다.

4학년 2학기가 끝나가는 10월 29일은 그가 처음으로 총학생회가 주최한 집회의 1부에 참여한 날이었다. 돌을 던지는 2부의 투석전에는 여러 번 참전했지만 집회의 1부에 참여하기는 처음이었다. 4학년이, 그것도 고시 공부를 하는 법대 4학년이 집회에 참여하는 것이 어색하고 두렵기도 했지만 그는 망설이지 않았다. 그의 방식으로 싸우고 공부하며 살아가겠다는 결의의 표시였고, 그의 방식으로 사랑할 것을 사랑하며 살아가겠다는 다짐이었다.

이날의 집회는 서울캠퍼스 총학생회 집행부가 아닌 안성캠퍼스 집행부가 이끌었다. 홍경표를 비롯한 서울캠퍼스 총학생회 집행부는 벌써 다 구속되고 아직 잡혀가지 않은 방재석을 비롯한 안성캠퍼스 총학생회 집행부가 서울로 올라와 집회를 진행했다. 서울캠퍼스와 안성캠퍼스를 차별하지 않고 같이 하는 것이 민주주의를 한다는 총학생회다워서 그는 마음에 들었다. 물론 이날의 집회도 총학생회는 판을 깔았을 뿐이고 2부의 투석전을 이끈 것은 도망을 다니는 이영진과 그의 친구들이었다.

모든 싸움이 끝났을 때 격렬한 투석전을 이끌었던 이영진은 바람같이 사라지고 없었다. 이재명과 텅 빈 대운동장에서 막걸리를 마시던 박정추는 이재명에게 지난 5개월 동안 307명이 구속 기소되고 107명이 불구속 기소되었으며 1천여 명이 구류처분을 받고 유치장에 들어갔다고 말했다. 이영진도 머잖아 구속 기소자에 이름을 올릴 터였다. 막걸리 통을 다 비운 그는 신림동의 고시원으로, 박정추는 안성의 고시원으로 향했다.

이튿날 오전, 이재명이 어제 밀린 진도까지 빼느라고 시간에 쫓기며 공부를 하고 있는데 쿵쿵거리며 시끄럽게 창문 밖을 오르내리는 사람이 있었다. 나중에는 창문을 치고 지나가기까지 해서 이재명은 짜증을 내며 창문을 확 열었다. 고시원 옆 건축현장에서 일하는 한 아주머니가 무거운 벽돌을 머리에 이고 가설 계단을 밟으며 올라가고 있었다. 그와 눈이 마주쳤다. 그는 얼른 눈길을 피하며 창문을 닫았다. 지금 이시간에도 저 아주머니처럼 일하고 있을 어머니와 형, 동생들이 떠올랐다. 가슴이 아리고 아팠다.

이재명은 저 아주머니가 받을 임금을 생각해보았다. 그의 여동생이 하루 12시간 일하고 공장에서 받는 월급이 자신의 하숙비에도 못 미쳤다. 저 아주머니도 다르지 않을 것이다. 이것이 과연 정당한가.

재명이는 약자에 대한 차별과 횡포, 불의를 보면 참지 못해요. 한번은 재명이 옆 방에서 공부하던 나이 많은 고시생이 시끄럽다고 거칠게 화를 낸 적이 있어요. 재명이는 이성삼이라는 친구와 함께 고시방을 같이 썼기 때문에 공부하다가 쉬는 틈에 서로 얘기도 하게 되거든요. 큰 소리로 얘기한 것도 아닌데 예민해진 옆방 고시생이 성질을 내다가 이렇게 말했어요.

'공돌이 새끼들처럼 시끄럽게 한다.'

처음에는 미안하다고 하던 재명이가 갑자기 발끈하며 '공돌이 새끼들이 당신한테 피해 준 게 뭐냐'며 막 대들며 따졌어요. 내가 생맥주 한 잔씩 사주겠다고 재명이와 성삼이를 데리고 내려가서 그랬죠.

'그 사람, 나이 서른여섯이 되도록 공부하려면 얼마나 초조하겠냐, 너희가 이해해라.'

그랬더니 재명이가 그래요. 자기들이 큰 소리로 떠든 것도 아니고, 설사 큰 소리로 떠들었더라도 자기들한테 욕해야지 왜 아무 상관도 없는 공돌이를 욕하냐고, 그건 못 참는다는 거예요. 그래서 내가 '넌 이제 공돌이도 아니고, 이 사회에서 손해 볼 것도 없는데 왜 그러냐'고 했더니 재명이가 내게 이렇게 대답했어요.

'사람들이 다 나 같아요?'

할 말이 없더라고요.

– 최원준 인터뷰: 최원준은 민정현정에게 '재명이가 성남시장 시절에 기업에 무슨 특혜를 줬다는 보도를 듣는 순간 바로 말도 안 된다고 생각했다'며 '이재명이란 인간을 몰라도 너무 모르고 하는 소리'라고 단언했다.

어느새 4학년 2학기가 끝났다.

마지막 학기의 종강과 함께 법대생들은 운명이 갈렸다. 집안 형편이 괜찮은 동기들은 고시 공부를 계속하거나 대학원에 진학했다. 돈 있고 빽 있는 사람들은 재주 좋게 군대를 잘도 면제받았다. 하지만 돈도 빽도 없는 동기들은 졸업하기 무섭게 군대에 가야 했다.

이재명의 법대 동기 111명 중에서 88명이 그와 같은 특대 장학생이었다. 가난했기 때문에 특대 장학생을 선택했던 동기들은 끝내 그 가난 때문에 하던 고시 공부를 작파하고 군대로 향했다.

입대 날짜가 내년 하반기인 동기들은 내년 사법고시를 볼 수 있었다. 하지만 그들마저도 하숙비가 없어서 귀향했다. 가난 때문에 뛰어난 능력과 의지를 펼쳐보지 못하고 낙향하는 친구들이 이재명은 너무나 안타까웠다. 이재명의 가까웠던 친구인 규대와 성홍이, 정추도 종강하자마자 짐을 꾸려 낙향을 준비했다. 돈 없고 빽 없는 서러움을 안고 낙향하는 친구들을 위해 이재명도 하루는 공부를 멈췄다.

돈도, 배경도, 아무것도 가지지 못한 벗들이라 고시를 거의 멈추다시피 하는 길을 간 것입니다. 능력도 있고 의지도 있는 벗들이 돈이 없다는 이유로 군대에 일찍 가게 되는 것입니다. 대학원이나 가면 오죽 좋겠습니까. 하고 싶은 공부도 더 할 수 있고 말입니다.

내년 시험까지는 몇 달 되지도 않는데 집에 가면 뻔히 공부 못

할 줄 알면서도 그놈의 하숙비가 없어서 귀향합니다. 4년간 정

들었던 벗들을 떠나보내니 섭섭하기 그지없습니다.

—이재명 일기(1985.11.29.)

이재명은 4년 동안 함께 공부한 정든 동기들을 떠나보내고 신림동 고시원으로 돌아왔다.

겨울이 깊어갔다. 고시원의 빈방이 모두 찼다.

찬바람이 불기 시작하면 신림동을 떠났던 고시 낭인들이 다시 돌아왔다. 사법고시 시험일 6개월 전인 12월이 되면 방황하던 고시생들이 모두 신림동으로 모여들었다. 그들은 사법고시라는 망망대해에 돛단배 한 척씩을 띄우고 외로운 항해를 하는 동지들인 동시에 물리쳐야 할 경쟁자들이기도 했다.

그렇다고 신림동이 인간미와 낭만이 없는 곳도 아니었다. 지치고 방황할 때마다 서로에게 손을 내밀어 주고, 넘어진 친구를 일으켜 세워 주려고 눈 덮인 관악산에 올라가 소주병을 함께 비우기도 했다.

이재명이 공부한 청운고시원의 좌장은 이재명보다 네 살이 많은 최원준이었다. 최원준은 고시원에서 나이가 많은 편은 아니었지만, 정의

203

감이 강하고 매사에 공평무사했기 때문에 고시원에서 아주 신망이 높았다. 품이 넓었던 최원준은 출신학교를 가리지 않고 자기보다 어린 후배들에게 공부하는 방법을 조언해주고, 맥주를 사주며 인생 상담도 해주었다. 그런 정의파 최원준을 이재명도 좋아하고 따랐다.

1985년 크리스마스 무렵에 이재명을 이태원에 데리고 간 것도 최원준이었다. 하루 정도는 바람도 쐬고 사람들 노는 것 구경도 하자며 놀러 간 이태원에서 그들은 곤경에 처한 여성을 만났다.

한국 여성을 희롱하며 추행하는 미군을 보고 모두 머뭇거리며 주저할 때 나선 것이 이재명이었다.

재명이는 하여튼 불의를 보면 참지를 못해요. 그날도 한국 여성을 희롱하던 미군 병사 하나가 그 여성의 팔을 잡아끌며 추태를 부리는 거예요. 모른 척 할 수도 없고, 그렇다고 어떻게 해야 할지 알 수도 없어서 우리가 어어, 하고 있는데 재명이가 다가가서 미군에게 영어로 욕을 하면서 그 아가씨를 떼어냈어요. 재명이가 정의파인 건 익히 알고 있었던 우리가 놀란 건 그의 영어였어요. 중학교 때부터 영어공부하고, 고시에서도 영어시험이 있지만 우리 땐 회화는 전혀 못했거든요. 그런데 어떻게 검정고시로 대학에 온 애가 그렇게 영어를 하는지 다들 신기해 했어요.

– 최원준 인터뷰: 최원준은 정의파 형님인 그가 왜 이재명이 나설 때까지 가만히 있었느냐는 민정의 질문에 '영어 회화가 안 되니까.'라고 변명했다. 현정은 이재명에게 정말 영어를 그렇게 잘했느냐고 물어보았다. 이재명은 이렇게 대답했다. "잘하긴 뭘 잘해요. 그냥 막 한 거지. 대학에 들어가서 어학원에서 회화를 좀 배우기 전까지 '바이블'을 '비블'이라고 읽었었는데."

1986년 2월 21일, 해가 바뀌고 졸업식이 열렸다.

그의 인생에서 두 번째 졸업식이었다. 그는 부모님과 형제 모두를 초대했다. 입학식 때 오지 않았던 아버지도 참석했다. 가족들과 함께 꽃을 들고 함께 사진을 찍었다. 처음으로 아버지와 함께 활짝 웃으며 사진을 찍었다.

하지만 졸업식이 마냥 즐겁지만은 않았다.

낙향했다가 올라온 동기들의 어깨는 처져 있었다. 총명하고 정의감이 넘치던 동기들의 처진 어깨를 바라보는 그의 가슴은 시렸다. 이번 사법고시 시험도 보지 못한 채 군대에 가야 하는 동기들은 애써 태연한 척 올해 시험에서 꼭 합격하라고 그의 어깨를 두드려주었다.

이재명은 졸업식이 진행되는 내내 졸업식장에 없는 동기를 생각했다. 영등포구치소의 차가운 감방에 갇혀 있을 이영진이었다. 4학년 2

학기 내내 피신해 다니며 집회가 있는 날만 학교에 나타나 시위를 이끌던 이영진은 경찰에 붙잡혀 구속되었다. 학교는 그를 제적했다.

전국 5천 등으로 대학에 들어온 녀석이 사법고시에 붙어 집안을 일으켜주기를 기대했을 그의 가족들을 생각할수록 마음이 아렸다. 공장에 다닌다던 그의 친구들도 이재명의 여동생처럼 여전히 몇 푼 되지 않는 월급을 받으며 공장에 다니고 있을 터였다.

기뻐할 수만 없는 졸업식을 마치고 고시원으로 돌아온 이재명은 편지 한 통을 썼다. 오늘 졸업하지 못한 이영진의 집으로 보낼 편지였다.

내가 감옥에서 나와서 집에 내려갔더니 아버지가 편지 한 장을 꺼내서 보여줬어요. 재명이가 보낸 거였어요. '의로운 일을 하다가 고초를 겪고 있는 영진이를 우리 동기들은 모두 자랑스럽게 여기고 있습니다. 영진이가 앞으로 우리보다 반드시 더 훌륭하게 큰일을 할 것으로 우리는 믿고 있습니다. 부모님께서도 너무 상심하지 않으시기를 바랍니다.' 이런 내용이었어요.

우리 부모님은 감옥에 있는 내가 걱정되고 보고 싶을 때마다 그 편지를 꺼내보았다고 하더라고요. 재명이는 장난기가 참 많기도 했지만 그렇게 마음이 따뜻한 친구였어요.

– 이영진 인터뷰: 민정은 성적이 좋았던 그가 고시 공부를 하지 않고 운동을 하는데 부모님이 말리지 않는지를 이영진에게 물었다. 이영진은 이렇게 대답했다.

"부모님은 내가 운동하는 줄 알면서도, 내가 오히려 특대 장학금의 일부를 집안 생활비로 보내줬기 때문에 다른 부모님들처럼 나에게 뭐라고 말도 하지 못했어요. 저는 그게 더 부모님에게 죄송하고 동생에게 미안했어요. 재명이 편지 한 장이 우리 부모님에게는 큰 위로가 되었던 것 같아요."

세상이 아주 불공평하지만은 않았다.

그가 결코 원한 것은 아니었지만 그의 굽은 팔은 대단한 빽이 있어야 빠질 수 있다는 군대를 면제시켜주었다.

징병검사를 하던 군의관이 방사선 사진을 보고 기가 찬다는 표정으로 이재명에게 이렇게 말했다.

– 이 새끼, 이거 완전 개판이구만.

프레스기에 치여 으깨진 그의 손목과 굽은 팔은 군대 걱정은 않고 공부할 수 있게 해주었다.

이재명이 아버지의 입원 소식을 받은 것은 3월 말이었다. 사법고시를 눈앞에 두고 있던 이재명은 고시원에서 바로 병원으로 달려갔다. 처음으로 아버지의 눈물을 보았다.

이제는 자식들 다 자라 장성한 모습 속에 행복을 누릴 만해진 세상을 떠나려 하신다니. 내 세상에 나서 생전 처음 본 아버님의 눈물. 그것은 결코 한많은 세상을 한탄함도 아니오, 이승을 하직하시는 괴로움이나 미련도 아니요, 오직 하나 '이제 꽃봉오리는 맺었는데 피는 것을 보지 못함이 한스럽다' 하신 말씀에서 보이는 그러한 슬픔과 아픔의 표현이었다.

자식으로 다섯의 장정과 둘의 여식이 있음에도 그 암 같지도 않은 위암 하나 빨리 발견하여 완치시켜드리지 못하니 있으나 마나한 자식이다.

이 몸의 원천은 부모님께 있고 세상에 나서도 이날 이때껏 아버님 은혜가 미치지 아니하는 것이 없었건만 이놈이 그것을 여지껏 깨닫지 못하고 마치 나 혼자 나서 자라온 것 같은 착각을 하였으니, 그리고 그 결과로 아버님께 효도 비슷한 것도 못할 뿐 아니라 막심한 걱정만 끼쳐드렸으니 자식된 자로 너무나 할 말이 없다.

무엇이 어찌되건 아버님만은 살아야 할 권리와 의무가 있는
분이다.

　－이재명 일기(1986.3.31.): 이재명의 이날 일기를 보면서 민정현정이
놀란 것은 이재명의 필체였다. 대학교 3학년이 되면서 완전히 달필에 가까
웠던 그의 글씨체가 일기를 처음 썼던 8년 전으로 돌아가 있었다. 민정현
정은 암으로 쓰러진 아버지가 그에게 엄청난 충격을 준 결과로 해석했다.

　이재명은 투병 중인 아버지를 위해서라도 이번 시험에 반드시 붙어
야 했다.

　사법고시 1차 시험은 5월 18일이었다. 남은 시간은 겨우 한 달 반이
었다. 이재명은 한눈 팔지 않고 무섭게 공부에 집중했다.

　1차 시험을 잘 쳤다. 자신이 있었다. 이재명은 잠시도 쉬지 않고 바
로 2차 시험준비에 돌입했다.

　1차 시험 결과 발표가 났다.

　합격이었다. 점수가 좋았다.

　재명이의 1차 시험 점수를 보고 서울대 애들도 깜짝 놀랐어

요. 1차 시험을 두 번 봤는데 두 번 다 90점 이상을 받은 거예요. 저는 그런 앨 본 적이 없어요. 1차는 영어와 국사, 문화사 같은 과목까지 있어서 정규 중등교육을 받지 않은 수험생들이 굉장히 어려워하거든요. 그런데 정규교육을 받은 애들도 받지 못하는 점수를 두 번 내리 받았으니까, 괴물 같은 거죠.

— 최원준 인터뷰: 최원준은 이재명이 그렇게 시험을 잘 본 이유가 무엇이냐고 물은 민정에게 이렇게 대답했다. "집중력이 엄청나게 뛰어나요. 그리고 출제 의도, 핵심을 파악하는 능력이 탁월했지요."

2차 시험은 7월 8일이었다.

이재명은 지난해와 같은 어이없는 실수를 하지 않았다. 이재명의 사전에 두 번 실수는 있을 수 없었다.

사법고시 2차 합격자 발표가 났다.

이재명의 이름이 있었다.

전투적인
직진을 선택하다

이재명이 사법고시에 최종 합격한 겨울, 그의 아버지는 세상을 떠났다.

1986년 음력 10월 23일이었다. 그날은 이재명의 생일이었다. 아버지가 숨을 멈춘 시각도 그가 태어난 시각과 똑같았다. 아버지는 공교롭게도 그가 태어난 그날, 그 시각에 맞춰 세상을 떠난 것이다.

"아버지, 저 사법고시에 합격했습니다."

이재명이 병상에 누운 아버지에게 그렇게 말했을 때, 아버지는 아무 말도 하지 못하고 눈시울을 적셨다. 그의 손을 잡은 아버지는 곧 눈물로 볼을 흠뻑 적셨다.

아버지는 병문안을 온 친척들에게 자기가 이재명을 법대에 보내 사법고시에 합격시켰다고 자랑했다. 이재명은 맞는 말이라고 고개를 끄덕였다. 아버지와 어머니가 없었다면 자신이 어떻게 세상에 나왔겠으며, 법대에 들어가 고시를 볼 수 있었겠는가.

강철은 불에 달궈 두드리고, 물에 담궈 식히기를 반복하는 대장장이의 망치질을 거쳐서 단단해지는 것이다. 아버지는 이재명을 강철같이 단련시킨 대장장이였다.

이재명은 아버지의 백일상을 며칠 앞둔 1987년 3월 2일 사법연수원에 입소했다. 연수원 18기였다. 연수원생들에게는 월급이 나왔다. 나라에서 주는 첫 월급이었다. 이재명은 첫 월급으로 아버지가 좋아하던 술과 담배를 사서 아버지의 산소에 인사를 드리러 갔다. 마침 한식이어서 선산을 찾은 고향 사람들이 과거에 급제했으니 이보다 더한 효도가 어딨겠냐며 그를 칭찬했다. 아버지의 산소에는 어느새 파릇파릇 잔디가 돋아나고 있었다. 두 번 절을 올리고 술도 듬뿍 따라드렸다. 담배에 불도 붙여 놓아 드렸다.

참으로 야속하고 원망스러웠던 적도 많았지만, 아버지는 아버지 대로 최선을 다한 삶이었다. 아버지는 그처럼 지독하게 일하고 수전노처럼 모은 돈으로 그의 가족들에게 성남 상대원 비탈에 집 한 채를 마련해주고 떠났다. 물론 그 집에는 아버지뿐만 아니라 어머니와 7형제 모두의 땀과 눈물이 스며있었다.

쓸쓸한 곳 암흑만이 가득한 그 대시, 그러나 엉면과 안녕과 포근함이 있는 그곳에 아버님의 육신은 누워 계셨다.

어머님이 많이 외로우시겠지. 그러나 세상사 그러려니 하고 일찍 망각의 세계에 아버님에 대한 기억을 묻어 두었으면 좋겠다.

– 이재명 일기(1987. 4. 28): 아버지와 어떻게 화해할 수 있었느냐는 현정의 질문에 이재명은 '어떤 아버지가 자식이 잘못되기를 바랐겠어요?'라고 되물으며 이렇게 덧붙였다. "위기의 순간에 처하면 문득 아버지 얼굴이 떠올라요. 시민운동하다 수배당하며 수난당할 때, 정적들이 나를 함부로 겁박하고 모욕할 때, 셋째 형 문제로 온 집안이 창피를 당할 때, 억울하고 마음이 피폐해질 때면 아버지의 얼굴이 떠올랐어요. 그러면 거짓말처럼 내 안에서 오기와 투지가 솟아났습니다. 아버님이 생의 마지막 순간에 내게 보여준 그 눈물이 언제나 나를 일으켜 세우는 용기의 원천이었어요."

산소에 다녀온 이재명은 남은 연수원 월급을 떼어 어머니에게 드렸다. 어머니는 그 지폐를 쓰지 않고 부적처럼 오래 지니고 다녔다.

이재명은 매일 성남에서 사법연수원으로 출퇴근했다. 연수원의 교육 내용은 실망스러웠다. 교육제도는 경직되었고 강의 내용은 부실했다. 판결문과 공소장을 쓰는 기계를 만드려는 것 같은 기능 위주의 교육이 반복되었다.

연수생들의 태도도 그는 편치가 않았다. 사법고시에 합격할 정도면 최고의 지적 능력과 소양을 갖춘 사람들일 줄 알았는데, 아니었다. 무엇이 더 부족한지 지연과 학연, 집안을 은근히 자랑하는 연수생이 많았다. 몇몇은 아주 노골적으로 그와 같은 무수저를 무시했다. 고시 합격생이라고 다 같은 고시 합격생이 아니었다. 고시 합격자를 많이 내지 못한 학교 출신에다 개인적으로 내세울 것도 없는 연수생은 낄 자리가 마땅치 않았다.

그는 모든 것이 변변치 않았지만, 기죽지 않으려고 쓸데없는 말을 더하곤 했다. 그렇게 말하고 나면 자신이 더 공허한 빈껍데기가 되어버린 것 같아 마음이 힘들었다. 그는 상대를 함부로 멸시하는 일부 동료들을 보며 자신은 저런 사람이 되지 않겠다고 다짐했다. 이재명은 1987년 4월 28일 일기에 자신의 다짐을 이렇게 적어두었다.

— 사회적 위치가 높은 사람보다는 인간적인 사람이 되어야겠다는 생각이 많이 든다.
사람이 되어야지, 명사나 권력자가 되어서는 안 된다.

이재명이 연수원에 들어간 1987년 한국사회는 민주화 대투쟁의 물결에 휩싸였다. 연수원을 마치고 공부하러 들른 흑석동 캠퍼스는 '독재 타도'와 '민주 쟁취'를 외치는 후배들의 외침으로 가득했다. 도서관에 앉아 공부하는 그에게 들려오는 후배 학생들의 우렁찬 함성은 한국사회의 밝은 미래를 예고하는 서곡처럼 들렸다. 그는 도서관에서 나와 서로 툭탁거리는 열혈파 안희만과 온건파 남광우를 비롯한 후배들을 함께 불러 막걸리를 사주었다.

사법연수원에서 교육을 받던 이재명의 삶에 커다란 충격을 준 사건이 일어난 것은 1987년 연초였다. 서울대 학생 박종철이 치안본부 남영동 대공분실에서 고문을 당하다 숨진 것이다. 이재명은 책상을 '탁' 치니까 '억' 하고 죽었다는 치안본부의 발표를 들으며 온몸이 떨리고 소름이 돋았다.

광주시민을 학살하고 정권을 탈취한 전두환 정권은 불법 연행한 대학생을 고문으로 죽이고도 '책상을 탁 치니까 억하고 죽었다'고 우겼다. 그날부터 이재명은 연수원에서 퇴근하고 곧장 시위장소로 직행했다.

격렬한 봄이 지나갔다. 그리고 6월, 민주화 대항쟁이 시작되었다. 6월 항쟁의 한가운데서 또 한 명의 대학생이 처참하게 희생되었다.

6월 9일이었다. '6·10대회 출정을 위한 범연세인 총궐기대회'에 참여했던 연세대 학생 이한열은 경찰이 수평으로 직격한 최루탄에 뒷머리를 맞고 피투성이가 되어 쓰러졌다. 그가 의식을 잃기 전에 마지막 남긴 말은 "머리가 아파, 내일 시청에 나가야 하는데…"였다. 쓰러진 이한열이 가지 못한 다음날의 '6·10'대회가 시청 앞에서 열렸다. 이재명은 친구들과 함께 참석해 '독재 타도'와 '직선 쟁취'를 외쳤다. 사법연수원생 절반 이상이 시위에 참여할 만큼 박종철과 이한열을 죽인 군사독재 정권에 대한 분노는 드높았다.

이재명은 사법연수원의 뜻 맞는 연수생들과 함께 〈노동법학회〉란 모임을 만들고 공부를 하며 상담봉사활동도 나갔다. 현직이라고 불리는 판사나 검사로 나가고 싶어지는 자신에게 쐐기를 박기 위해 공개적으로 노동자들과 함께 하는 인권변호사가 되겠다고 밝히기도 했다. 그와 함께 한 정성호, 문무일, 최원식, 문병호 등도 연수원을 마치고 지역으로 내려가 낮은 곳에서 힘없는 사람들과 함께하는 변호사가 되자는 다짐을 했다.

이재명은 노동법학회 동기들과 함께 광주에 내려가 망월동 5·18 묘역을 찾았다. 진입로는 비포장이었고 비석조차 없는 무덤도 많았다. 5·18묘역을 참배하는 내내 이재명의 뺨에서는 눈물이 그치지 않고 흘러내렸다. 거의 공동묘지 수준으로 방치된 5·18 영웅들의 무덤 앞에서 이재명은 가슴 밑바닥에서부터 치솟아 오르는 슬픔과 분노를 억누르기 어려웠다. 이 부끄러움과 미안함, 참담함을 잊지 않고 살아가리라, 이재명은 다짐했다.

6월 민주화 항쟁의 승리로 대통령직선제를 쟁취하고 대학교 캠퍼스에서도 정보요원들이 철수했는데 대한민국의 검찰청과 법원에는 여전히 국가안전기획부 요원들이 상주하며 수사와 재판에 개입했다. 그것이 부끄러운 대한민국 법조계의 민낯이었다. 이재명은 그런 검찰청의 검사와 그런 법원의 판사가 되지 말자고 의기투합한 동기생들과 어울렸다.

이재명은 고향인 안동지청 검사시보로 실무연수를 받았다. 시보인데도 일을 잘해서 칭찬을 듣고 사랑도 받았다. 그를 무척 아껴준 이동근 지청장은 시보를 마치던 날 이재명의 등을 두드리며 이렇게 말했다.

"이 시보야, 넌 검사해라. 딱 검사 체질이다."

그도 검사를 하면 잘할 자신이 있었다. 그는 다시 현직의 유혹에 흔들리는 자신을 다잡으며 서울로 돌아와 변호사 시보를 했다.

이재명이 연수원생 185명의 서명을 받아 〈사법부 독립에 관한 우리의 견해〉란 성명을 발표한 것은 1988년 7월 1일이었다.

전두환에 이어 대통령이 된 노태우는 전두환이 임명했던 김용철 대법원장의 유임을 추진했다. 서울민사지방법원 판사 37명이 시작한 항의 성명에 전국의 판사 430명이 가세했다.

그러자 노태우는 김용철의 후임으로 정기승을 대법원장으로 지명했다. 정기승은 전임 김용철 대법원장보다 하나도 나을 것이 없는 인물이었다. 정기승은 군사정권과 야합해 '새끼 정치판사'들의 소굴로 불리는 서울형사지방법원장에서 대법원 판사로 직행하면서 출세 가도를 달린 대표적인 인물이었다. 전국의 모든 법원에서 김용철 대법원장의 유임 반대성명을 낼 때 빠진 유일한 법원이 바로 서울형사지방법원이었다.

이재명은 안기부 직원이 법원에 상주하며 재판에 개입하는 일에 가장 앞장서온 판사가 대법원장이 되는 것을 두고 볼 수 없었다. 봉천동에 여관을 잡고 연수원 18기 동기들을 모았다. 20여만 원에 달하는 여관비도 총대를 멘 이재명이 냈다. 뒷날 검찰총장을 지낸 문무일과 최원식이 함께 거사에 나서기로 했다.

처음에는 연수생 자치회 차원에서 집단서명으로 반대의견을 밝히려고 했지만, 연수원 측에서 막았어요. 그래서 그날 저녁 봉천동 여관에 문무일과 최원식 등이 다시 모여 밤새 토의 끝에 성명서를 내기로 결의했지요. 동기인 민태식하고 내가 성남의 우리 집으로 가 2벌식 타자기로 성명서를 친 다음에 여러 장 복사했어요. 우리는 이걸 나눠 들고 전국의 법원과 검찰에 나가 실무연수를 받는 연수생들의 서명을 받기 위해 흩어졌어요. 그래서 사법연수생 185명의 반대성명서가 발표되고 일선 법원의 판사들까지 참여하면서 2차 사법파동이 일어난 거예요. 그래서 결국 정기승 대법원장 지명은 철회됐지요.

– 이재명 인터뷰: 민정은 이 무렵의 일기가 담긴 이재명의 일기장 제6권 표지에 붙은 두 장의 사진이 인상적이었다. 한 장은 박종철이었고, 또 한 장은 박종철의 어머니와 누나가 울면서 절에서 타종하는 사진이었다. 이 사진과 '2차 사법파동'에 그가 앞장선 것과 관계를 묻는 민정에게 이재명은 이렇게 대답했다. "박종철 고문타살 기사를 보고 정말 몸이 부들부들 떨렸어요. 이건 정말 용서할 수 없다. 절대 잊지 않겠다, 그래서

그때 신문에 난 박종철 사진과 울면서 타종하는 어머니 사진을 오려서 내 일기장 맨 앞에 붙여뒀어요. 그런데 이한열까지 또 죽인 거예요. 참을 수가 없었죠." 연수생 자격을 박탈당하면 어쩌려고 2차 사법파동에 앞장섰느냐는 현정의 질문에 이재명은 이렇게 대답했다. "두렵지 않았다면 거짓말이고, 내가 여기까지 온 것도 많이 온 것이다, 지금부터 얻은 것은 덤이니까 다 잃어도 괜찮다, 이렇게 생각했어요. 당시 분위기로는 최소 중징계에서 형사처벌까지 각오했었는데 다행히 민주화 바람이 워낙 세게 불어서 처벌을 면한 거죠."

이재명을 비롯한 사법연수원생 185명이 참여한 정기승 대법원장 임명 반대 투쟁은 대한민국 사상 두 번째로 벌어진 법조계의 반독재 투쟁이었다.

제1차 사법파동은 1971년에 일어났다. 시국사건으로 기소된 피고인에게 잇따라 무죄판결을 내린 이범렬 부장판사와 최공웅 판사에 대해 서울지검 공안부가 구속영장을 청구하자 서울형사지법 판사 37명이 일괄 사표를 내며 반발한 사건이었다. 이 파동은 뒤이어 전국의 415명 판사 중에서 153명의 판사가 사표를 내면서 '사법권 수호'를 주장하고 나서자, 박정희가 수사를 백지화시키면서 마무리 되었다.

이재명은 뜻하지 않게 17년 만에 벌어진 제2차 사법파동의 주역이

된 것이다. 법조계에서는 17년 간격을 두고 벌어진 이 두 사건을 혁명에 버금가는 엄청난 일로 받아들이며 '제1차 사법파동'과 '제2차 사법파동'이라고 이름 붙였다.

이재명의 연수원 성적은 상위권이었다.

사법고시 성적과 합산해도 현직으로 나가기 충분한 성적이었다. 연수원에서 최종 성적을 확인한 이재명은 다시 흔들렸다. 자기가 가질 수 있는 걸 포기하는 게 얼마나 어려운 일인지를 실감했다. 차라리 성적이 나빴으면 아무 미련이 없을 텐데, 남들은 하고 싶은데도 성적이 안 돼 못하는 걸 포기하는 게 아까웠다. 판사라면 엄마가 가장 좋아할 테고, 검사라면 그가 아주 뛰어나게 할 수 있을 것 같았다.

특히 연수원 동기가 소개해준 사회학과 여학생한테 차인 게 자신의 진로 때문인 것만 같아 자꾸 마음에 걸렸다.

연수원 동기가 소개해준 아가씨는 지적이고 아름다웠다. 더구나 사회학 전공에 전라도 출신이었다. 세 번 만나면서 호의적이던 그 아가씨가 갑자기 이재명에게 딱지를 놓은 이유는 아무리 생각해봐도 노동인권 변호사를 하겠다는 그의 '험한 인생 설계' 때문인 것 같았다. 짧은 만남이었지만 어느새 그녀의 달콤한 전라도 사투리에 매혹당한 그는 지금이라도 '인생 설계'에 약간의 여지가 있다고 바꾸어 말할까, 하는 엉뚱한 생각까지 했다.

대학교 2학년 때 동기 이영진으로부터 시작해서 지금까지 여러 친구에게 노동인권 변호사가 되겠다고 약속한 자신의 마음 한구석에서 자꾸만 판검사 되고 싶은 생각이 고개를 들었다. 그는 자신이 이렇게 기회주의적이고 소시민적이었나 싶은 생각이 들어 괴로웠다.

이재명은 차가운 감옥에 가 있는 친구들과 경찰에 쫓겨 다니는 후배들을 생각하며 흔들리는 마음을 다잡았다. 그리고 일기장을 펼치고 볼펜을 꾹꾹 눌러가며 자신에 물었다.

– 나의 개인적 행복만을 위해 살 것인가. 아니면 세상의 탄압받고 억눌리는 사람들을 위해 나의 행복을 조금 포기할 것인가, 돼지와 사람의 차이가 무엇인가.

이재명의 흔들리는 마음을 다잡아준 것은 뜻하지 않은 한 변호사의 특강이었다.

연수원에서 한 변호사님이 특강을 했는데, 정말 말을 시원시원하면서도 구수하게 잘 했어요. 그분이 내가 하려는 바로 노동 인권 변호사였으니까, 내가 귀를 쫑긋 세우고 한 마디도 빠뜨리지 않고 들었어요. 스펀지가 물을 빨아들이듯이 그분의 말을 그대로 다 빨아들였죠. 그중에서도 마지막에 한 말씀이 나를 확 사로잡았어요. 변호사는 뭘 해도 밥은 안 굶는다, 그러는 거예요.

그 말이 그렇게 가슴에 와닿으면서 안심이 되더라구요.

— 이재명 인터뷰: 그 특강 강사가 노무현 변호사였다고 하는 이재명에게 민정은 그래도 변호사인데 '밥은 안 굶는다'가 무슨 안심이 될 말이었느냐고 물었다. 이재명은 이렇게 대답했다. "내가 연수원생 290명 중에 제일 가난했을 거예요." 그런 이재명이 자기 돈으로 봉천동 여관을 잡고 문무일과 최원식 등을 모아 18기 연수원생들이 일으킨 '2차 사법 파동' 사건을 모의했다.

주변에서는 다들 1년, 아니 하다못해 6개월 만이라도 현직에 나가라고 권했다.

6개월만 판검사를 해도 전관예우가 있던 시절이었다. 그러면 사무실 열 비용은 마련할 수 있다며 그를 걱정해주었다. 고마웠지만 그는 따르지 않았다.

전관예우를 받으면 전투력이 떨어진다는 선배 인권변호사들의 충고 때문은 아니었다. 판검사로 들어가 단맛을 보고 난 뒤 다시 빠져나오기는 지금 포기하는 것보다 훨씬 어려울 거라는 것을 누구보다 자신이 잘 알았다. 한 번의 타협이 결코 한 번으로 끝나지 않을 것이란 것을 직감한 그는 군사정권 아래서 임명장을 받고 안기부의 하수인 노릇을 하는 판검사를 시원하게 거부해보고 싶었다. 이재명은 타협하지 않고 직진하기로 결심했다.

어디서 어떤 방식으로 시작할 것인가.

지역은 성남이었다. 성남에 그가 변호사로 개업할 만한 연고가 있는
것은 아니었다. 그에게 비빌 연고가 없기는 제주도나 성남이나 마찬가
지였다. 그래도 그는 결코 성남을 떠나지 않겠다고 다짐했다. 성남은
소년공 이재명의 피와 눈물과 땀이 스민 제2의 고향이었다.

대상은 노동자와 빈민들이었다. 변호사가 된 그의 상대는 다른 누구
도 아닌 어제의 그였다. 성남에는 수많은 어제의 이재명이 여전히 피
와 눈물과 땀을 흘리며 일하고 있었다. 사무실을 얻을 돈도 경험도 없
었던 그는 법률구조공단에서 일하며 개업 비용을 마련하기로 했다.

그렇다고 성남에서 일하는 것을 하루도 늦추지는 않기로 했다.

법률구조공단에서 일하는 시간을 제외하고는 성남노동상담소에 무
급 상담역으로 일하기로 했다. 이재명은 이 결심을 스스로가 잊지 않
도록 일기장에 두 문장으로 새겨두었다.

— 나의 욕심 일부를 할애하면 억압받고 부당하게 착취당하는 얼마
나 많은 사람이 인간답게 살 수 있게 될 것인가. 소아를 버리고 대아를
취해야 하는 때이다.

이재명은 자식이 판검사 되기를 간절히 바라는 어머니에게 거짓말
을 했다.

"에이 판검사는 아무나 하나요? 전 성적이 안 좋아서 변호사밖에 못해요."

어머니는 아쉬운 듯이 고개를 끄덕이기만 했다. 그의 말을 믿어서가 아니었다. 나중에 안 일이지만 어머니는 벌써 그의 성적이 판검사가 되기에 충분하다는 것을 알고 있었다.

다른 집 부모들이었으면 왜 판검사를 안 하느냐고 야단쳤을 텐데, 그의 어머니는 그러지 못했다. 자식들에게 해준 것이 아무것도 없다고 여겨서였다. 그래서 '나는 네가 판검사 되는 것 보고 싶다'는 말조차 차마 그에게 더 하지 못한 어머니였다.

인간을 변호하자, 인간을

연수원 동기들은 이재명을 이해하지 못했다.

판검사로 현직에서 6개월만 있다 나오면 전관예우 받으며 개업할 수 있는데, 그걸 마다하고 개업자금을 마련하기 위해 법률구조공단에 월급 직원으로 들어가는 이재명은 이해 불가한 별종이었다.

용감하게 현직을 포기하고도 가고 싶은 성남의 노동자들 곁으로 가지 못한 이재명을 안타깝게 여긴 두 사람이 있었다.

한 사람은 조영래 변호사였다. 이재명이 눈물을 쏟으며 읽었던 '어느 청년 노동자의 삶과 죽음'이란 전태일 평전을 익명으로 썼던 조영래를 이재명은 무한히 존경했다. 경기고와 서울대를 최우등으로 나온 수재였지만 노동자와 민주주의를 위해 이름을 감추고 헌신한 조영래였다. 이재명은 연수원 변호사 시보를 조영래 변호사 사무실로 나갔다. 그는 조영래 변호사가 맡은 망원동 수재민 집단 소송을 보조했다.

이재명이 우러러보던 조영래 변호사가 이재명을 불러서 변호사 사무실 열라며 금융기관에서 5백만 원을 빌려주었다. 판검사 임용을 포기한 25세 변호사의 무모한 용기와 딱한 사정을 가상하게 여긴 조영래 변호사의 배려였다. 이재명은 거금 5백만 원이란 돈도 돈이었지만 우러러보던 조영래 변호사가 자신을 믿고 인정해주었다는 사실이 너무나 가슴 뿌듯하고 고마웠다. 모든 기득권을 다 포기하고 독재 정권과 맞서 싸우며 노동자와 민주주의를 위해 헌신해온 대선배의 기대에 절대 어긋나지 않는 변호사가 되리라 다짐하며 이재명은 5백만 원의 '군자금'을 받았다.

조영래 변호사가 빌려준 5백만 원의 군자금을 가지고 성남에서 진지를 물색하던 이재명에게 또 한 명의 원군이 나타났다. 돈이 없어 검정고시 준비를 포기하려고 하던 그에게 공짜로 학원에 다니게 해준 성일학원의 김창구 원장이었다. 김창구 원장은 제대로 해보라며 5백만 원을 빌려주었다.

무어라 말할 수 없이 고마운 두 분으로부터 이재명은 돈을 어떻게 써야 하는지를 배웠다. 그도 능력이 생기면 두 사람처럼 하고 싶었다.

참으로 고마운 두 분이었다.

이재명은 두 사람이 빌려준 1천만 원의 군자금을 가지고 연수원 동기인 임상대 변호사와 함께 성남에 변호사 사무실을 열었다. 스물다섯 살의 변호사 이재명은 사무실을 열면서 두 가지 결심을 했다.

– 돈을 변호하지 않고 사람을 변호하겠다.

– 이익을 변호하지 않고 정의를 변호하겠다.

그는 '변호사 이재명'이란 명패와 나란히 '민생 변론'이라는 네 글자가 적힌 액자를 올려 두었다. 변호사를 하며 그 네 글자를 한시도 잊지 않으리라 다짐했다.

전관예우도, 비빌 연고도 없이 새파란 나이에 개업한 그의 변호사 사무실은 한적했다.

그러나 그 한적함은 오래 가지 않았다. 성남공단의 노동 사건이 하나둘 그에게 밀려들었다. 인근에 있는 경원대와 한국외대, 경희대 등에서 구속된 학생들의 변호도 도맡았다. 그보다 더 상황을 정확히 이해하고 명쾌하게 법리를 전개하는 변호사는 없었다.

변호사들이 기피하는 돈 안 되고 골치 아픈 사건은 다 그에게로 왔다. 그는 모든 상담을 무료로 해주었고, 한 번 상담을 받아본 의뢰인들은 그를 신뢰했다. 이재명은 그가 입고 온 옷과 신발, 학력을 따지지 않고, 아니 허술하면 할수록 더 성실히 상담에 임했다. 그의 앞에 앉은 사람은 다른 누구도 아닌 프레스에 손목을 치이고도 도움받을 곳 하나 찾지 못한 채 붕대를 감고 일했던 어제의 이재명이었다. 잔뜩 위축되어 찾아온 사람들을 편안하게 해주기 위해 그는 농담을 섞어가며 상담을 해주고, 가능하면 소송을 하지 않고 해결하는 방법을 찾아 주었다.

변호사 사무실이 자리를 잡자마자 이재명은 노동상담소를 만드는 일에 뛰어들었다. 때마침 노동상담소를 열려고 준비하던 안양로 선생이 도와달라는 제안을 했다. 안양로는 성남보다 훨씬 불모지인 광주·여주·이천에 노동상담소를 열려고 사무실까지 얻어두었는데 거기까지 와 상담을 맡아줄 변호사가 없다며 같이하자는 것이었다. 이재명은 1초도 망설이지 않고 동의했다.

광주·여주·이천노동상담소의 법률상담을 맡은 이재명은 매주 2회 이천으로 가서 상담활동을 했다. 수요일에는 오후 공판을 마치고 가서 4시부터 무료상담을 했다. 토요일에는 일찍 가서 상담소 간사들과 함께 점심을 먹고 1시부터 시작했다. 끝나면 지역의 노동자들과 막걸리를 나눠 마시고 항상 9시 30분 시외버스 막차를 타고 성남으로 돌아왔다.

상담소의 월세 20만 원과 세 명 간사의 활동비도 이재명이 댔다. 이천의 청천파출소 앞 지하에 있던 사무실에서 쫓겨나게 되었을 때 새 사무실의 보증금을 댄 것도 이재명이었다.

노동상담소가 세 들었던 건물주인이 미안하다며 사무실을 비워달라고 했어요. 자기도 버텨봤는데 형사들의 압력이 너무 심해서 어쩔 수 없다면서 두 달 월세는 받지 않겠다고 했지요. 그래서 알아봤는데 다른 곳에선 다 거질을 당하고, 이천 분수대 로

터리에 있는 5층짜리 건물 4층을 겨우 구했는데 너무 넓고 비쌌어요. 거기 아니면 갈 데는 없고, 난감했지요. 그 상황에서 이 변호사가 선뜻 보증금 2천만 원을 대줬어요. 곰팡이가 피는 지하에서 넓은 지상으로 옮기니까 우린 너무 좋았죠. 그땐, 그래도 변호사니까 그 정도 여유는 있나 보다 했죠.

우리와 처음 한 달을 같이 일하고 나서 간사들에게 삼겹살과 소주를 사주었어요. 거나하게 취해서 헤어질 때 택시비 주듯이 봉투 하나를 내밀면서 '나눠 쓰십시오.' 그랬어요. 헤어지고 나서 보니까 100만 원이 들어 있었어요. 그러면 월세를 내고 우리 상근자들 세 명의 한 달 활동비가 됐어요. 처음이니까 그런가 보다 했는데, 내가 이천을 떠날 때까지 3년 넘게 매달 꼬박꼬박 봉투를 줬어요. 어떨 때는 성남으로 우리 상근자들 다 불러서 변호사 사무실 식구들과 함께 삼겹살 파티를 열어주고, 돌아갈 땐 봉투를 챙겨줬어요.

— 김재기 전 광주·여주·이천노동상담소 간사 인터뷰: 김재기씨는 민정현정에게 '이 변호사가 자기 변호사 사무실 낼 돈도 없어 조영래 변호사에게 빌려 썼다는 사실을 상담소를 떠날 때까지도 까맣게 몰랐다'며 '10년도 더 지나서 어느 북 콘서트에서 그 얘길 처음 듣고 너무 놀라고 미안했다.'고 했다. 그러면서 그는 덧붙였다. "우리 실무자들 생활비

지원해주면서도 혹시 우리의 자존심이 상할까, 늘 조심했었고, 그러한 지원 사실을 그때는 물론이고 지금까지 이 변호사가 한 번도 자기 입 밖에 내는 걸 보지 못했어요. 이 변호사가 말을 거침없이 하는 사람 같지만 자기의 선행은 그렇게 감추는 사람이에요. 촌놈이지요."

돈을 벌진 못해도 이재명 변호사 사무실에 들어오는 사건은 많았다. 가슴 아픈 사건도 많았다. 에프코아코리아 사건은 특히 그랬다. 성남 3공단에 있던 에프코아코리아는 전자부품을 제조하는 일본기업이었다.

에프코아코리아 사측이 갑자기 공장 문을 닫아버린 건 1989년 7월이었다. 수주 물량이 감소했다는 것은 구실에 불과했고 노조 활동을 원천봉쇄하기 위한 것이었다. 이 회사는 향후 3년간의 생산 물량을 수주해둔 상태였다. 노조 꼴을 보니 공장을 닫아버리고 물량을 다른 곳으로 돌려버리는 신종 탄압 기법이 '위장폐업'이었다.

위장폐업은 노조 간부를 선별적으로 탄압하는 것이 아니라 그 일터의 노동자를 모조리 내쫓아버리는 가장 비열하고 과격한 노조탄압이었다. 이 무렵 '위장폐업'을 통한 노조탄압이 유행처럼 전국적으로 번졌다. 인천에서는 세창물산이, 구로에서는 슈어프로덕츠가, 광주에서는 우리데이타가, 성남에서는 에프코아코리아가 그랬다. 졸지에 일터를 잃은 에프코아코리아의 2백 명도 넘는 노동자들이 이재명에게 도움을 청해왔다.

머리띠를 두르고 한여름 땡볕 아래에서 싸우는 노동자 대부분은 스무 살 안팎의 여성들이었다. 성남공단의 봉제공장에서 일하는 이재명의 여동생 재옥이 또래의 여공들이었다. 이들을 변론하면서 이재명은 시도 때도 없이 눈시울이 달아오르고 목이 메어 혼이 났다. 이재명은 6개월 넘게 이 사건에 매달렸고, 에프코아코리아 노동자들이 전원 복직하면서 체불 임금을 받아내는 모습을 지켜보았다. 인천의 세창물산과 구로의 슈어프로덕츠와 더불어 위장폐업에 맞서 싸운 여성 노동자들의 눈물겹고 빛나는 승리였다.

지금의 이재명이 조금 더 열심히 뛰면 어제의 이재명이 조금 덜 외로웠다. 성남과 광주, 여주, 이천의 노동자들은 모두 어제의 이재명이었다. 이재명은 '민생 변론'으로 들어온 수임료를 더 많은 '민생 변론'에 사용하기로 마음먹었다.

이재명은 변호사 사무실을 성남의 법원 앞으로 옮기면서 부설 노동상담소를 열었다. 대학 동기인 이영진에게 노동상담소장을 부탁했다. 운동권 동아리에 들어가자는 이영진의 제안을 거절하며 변호사가 되어 함께 하겠다고 했던 약속을 이재명은 7년 만에 지킨 것이다.

이영진은 노동상담소장 이상의 역할을 해주었다. 이영진은 법원으로, 경찰서로, 노동현장으로, 여주 광주 이천으로 바쁘게 뛰어다니는 이재명을 대신해서 변호사 사무실의 안살림을 빈틈없이 챙겨주었다.

다행히 수임료 수입이 짭짤한 민사 사건도 더러 들어왔다.

재미있게도 이재명과 재판정에서 맞붙었던 회사와 기업주들이 그에게 다른 사건을 의뢰하고 소개해주었다. 비록 변호사 이재명 때문에 수모를 당하고, 패소했지만 이재명이 자기 변호사였으면 싶은 생각이 들었다는 것이다. 그런 기업들이 노사문제가 아닌 민사 사건을 이재명에게 가지고 왔다.

이재명은 맡은 사건을 치밀하게 분석하고 법리는 물론, 최신 판례까지 샅샅이 뒤져 변론을 준비했다. 승률이 아주 높았다.

지금은 인터넷으로 최신 판례를 손쉽게 확인할 수 있지만, 그 당시에는 책자로 만들어 전국의 변호사 사무실로 팔러 다니는 사람들이 있었다. 성남에서 최신 판례집을 빠짐없이 구입해 탐독하는 변호사는 이재명 하나였다.

이재명이 모르는 법리와 판례는 성남의 어떤 변호사도 알지 못했다.

재명이는 시국사건이 아닌 법률상담도 정말 열심히 했어요. 답을 찾지 못하면 며칠 뒤에 다시 오라고 하고 책 사서 공부하고, 판례 분석해서 답을 찾아냈어요. 돈도 안 받는 무료상담을 왜 그렇게 열심히 하느냐고 내가 물었더니 재명이가 그러는 거예요. 내가 답을 찾아 주지 않으면 저 사람은 성남 어디서도 답을 찾지 못할 거다, 그러니까 성남의 변호사인 내가 해야지, 그러면서 재명이는 늘 공부를 계속해나갔어요. 보통, 변호사 되고 나면 공부 안 하거든요. 그래서 머리가 굳고 생각도 굳는데, 재명이는 안 그래요. 아마 그래서 젊은 친구들과도 아주 잘 통하는 거 같아요.

― 이영진 회고: 이영진은 이재명의 재판 승률이 높았던 다른 이유를 묻는 민정에게 이렇게 대답했다. "간단해요. 질 사건은 안 하는 거죠. (웃음) 질 게 분명한 걸 가지고 소송하려고 하면 하지 마라, 해도 진다, 시간과 돈만 날린다, 그렇게 얘기했어요. 그런데도 우리 말 안 듣고 기분 나빠하며 다른 사무실 찾아가서 소송한 사람들, 어떻게 되었겠어요? 지고 나서야 후회하며 우리한테 와서 그때 변호사님 말 들을 걸 그랬다고 했죠. 시장, 도지사로 공약 이행률이 압도적으로 높은 것도 그 때문일 거예요. 되지 않을 일은 공약을 안 하거든요."

이재명은 그렇게 성남에서 '우리 변호사'가 되었다.

그러나 이재명은 성남과 광주·여주·이천만의 '우리 변호사'는 아니었다. 돈을 벌러 이역만리에 와서 험한 일을 하고 임금을 받지 못한 외국인 노동자들을 그는 외면하지 않았다. 특히 공장에서 다치고도 온전한 치료와 보상을 받지 못한 채 고국으로 쫓겨가는 노동자들을 위해 이재명은 시간과 노력을 아끼지 않았다.

필리핀에서 온 에리엘 갈락이란 노동자가 있었다. 그는 1992년 성남의 공장에서 일하다 오른쪽 팔이 절단당했다. 많은 이주노동자가 그렇듯이 그도 불법체류자였다. 12세에서 16세까지 소년공 이재명의 시간을 아무도 인정해주지 않았듯이 에리엘 갈락 역시 산재를 인정받지 못했다. 그뿐 아니었다. 에리엘 갈락을 기다리는 것은 보상이 아니라 강제 출국이었다. 가족을 부양하고 동생들을 학교에 보내기 위해 낯선 한국에 와서 밤낮으로 일해온 그였다. 왼팔도 아닌 오른팔을 잃은 채 빈손으로 그는 고향으로 돌아가야 했다.

이것이 과연 옳은 일인가?

에리엘 갈락의 펄럭거리는 오른쪽 옷자락을 바라보던 이재명은 자신의 굽은 왼팔이 시리고 아파서 견딜 수가 없었다.

이재명은 전례가 없는 불법체류자의 산업재해 요양승인을 받아내기 위해 분투했다. 노동부와 공단, 출입국관리사무소의 입장은 완강했다. 전례가 없다는 것이었다. 이재명은 결심했다. 전례가 없으면 전례를 만들자.

이재명은 강제 출국을 당할 위기에 놓인 에리엘 갈락을 구출하기 위해 온갖 자료와 증거, 법리, 세계노동기구의 권고 조항까지 동원하며 노동부에 요양신청서를 냈다. 하지만 노동부는 산업재해보상법상의 요양신청을 끝내 불승인 처리했다. 에리엘 갈락은 오른팔을 한국에 남겨두고 필리핀으로 돌아가야 했다.

에리엘 갈락은 필리핀으로 돌아갔지만, 이재명은 싸움을 멈추지 않았다. 이건 정말 옳지 않았기 때문이다. 이건 정의가 아니었다. 사람이 사람에게 이래서는 안 되는 일이었다. 이재명은 멈출 수 없었다.

기나긴 재심 절차를 거쳐 이재명은 기어코 엘리엘 갈락의 요양 인정을 받아냈다. 1년의 집요한 투쟁으로 거둔 값진 승리였다. 필리핀으로 간 에리엘 갈락은 요양을 받을 수도 한국으로 돌아올 수도 없었지만 산재보상금은 받게 된 것이다.

그렇게 받아낸 산재보상금을 필리핀으로 송금한 저녁 이재명의 변호사 사무실과 노동상담소 식구들은 함께 생맥주 파티를 열었다. 참으로 기쁘고 너무나 슬픈 파티였다. 그 자리에 모인 사람들은 그들이 거둔 이 작은 승리가 대한민국에서 오른팔을 잃고 돌이킬 수 없는 마음의 상처를 입은 채 필리핀으로 돌아간 에리엘 갈락에게 작은 위로와 사과가 될 수 있기를 간절히 바랐다.

이재명은 그날 몸이 휘청거리도록 많이 마셨다.

그날 밤 취한 이재명은 친구 이영진에게 말했다.

"야, 우리 이제부터 인간을 변호하자, 인간을. 인간을 지켜야지, 인간을."

변호사 사무실과 노동상담소 식구들은 이재명이 그렇게 취해 흔들리는 것을 본 적이 없었다. 하지만 아무도 그날 그의 굽은 팔이 얼마나 아팠는지는 알지 못했다.

이재명을 시민으로
만든 여인

이재명은 시민을 만나 사귀기 전까지 시민이 아니었다.

공장에서 나와 대학을 거쳐 변호사가 된 다음에도 그는 여전히 노동자였다. 그의 생각과 생활, 관심은 노동자의 그것에서 벗어난 적이 없었다.

이재명이 변호사로 활동하던 1990년대 초까지도 노동자들에게는 시민권이 없었다. 시민으로서 누려야 할 당연한 권리가 노동자들에게는 허용되지 않았다. 노동자들이 인간으로서 최소한의 존엄을 유지하기 위한 기본권리인 노동3권은 법전 깊숙한 곳에 잠들어 있었다. 87년 6월항쟁에 이은 7·8월 노동자 대투쟁을 통해 노동운동이 불타올랐지만, 근로기준법은 여전히 지켜지지 않았고 노동조합 결성과 파업의 자유는 번번이 유린당했다.

시민의 기본권인 집회와 시위, 언론·출판, 결사의 자유로부터 제척

된 노동자는 대한민국의 시민일 수 없었다. 이재명이 성남과 이천에 법률사무소와 노동상담소를 연 것도 시민권이 없는 노동자로서의 자구 활동이었다. 성남에서 펼친 이재명의 모든 활동은 비록 자신은 빠져나왔지만, 여전히 시민으로서의 기본권을 박탈당하고 살아가는 노동자의 기본권을 쟁취하기 위한 분투였다. 프로메테우스처럼 신으로부터 불을 훔쳐 인류에게 선사하지는 못해도 법전 속에 잠들어 있는 단결권과 쟁의권만큼은 기어코 끄집어내 노동자들의 손에 돌려주고 싶어 한 이재명이었다.

이재명이 노동자도 특권층도 아닌 시민이란 이름을 가진 인간의 실체를 처음으로 만난 것은 1991년 여름이었다.

오직 열정 하나로 버티며 노동자들과 어울려 살아가던 그는 이 무렵 결혼을 결심했다. 누군가를 사랑하고 싶고, 누군가로부터 사랑받고 싶었다. 그 사랑과 더불어 무계획한 자신의 삶을 다듬으며 불규칙한 일상을 안정시키고도 싶었다.

변론과 접견, 상담, 최신 판례분석으로 종일 정신없이 뛰어다니고 밤이면 지역의 활동가들과 허름한 술집에서 소주잔을 기울이며 토론을 벌이는 것이 이재명의 일상이었다. 울분에 찬 이야기는 끝이 없었고, 단골 술집 주인은 이재명 일행을 남겨두고 아예 퇴근해버릴 지경이었다. 이재명은 새벽에 집에 들어와 잠시 눈을 붙이고 바로 출근해서 다시 하루를 시작하기 일쑤였다.

이런 피폐한 일상을 끝내기로 한 이재명은 지체하지 않았다. 자신과 함께 꿈을 꾸고 미래를 설계하며 더불어 앞으로 나아갈 수 있는 사람을 찾아 나섰다. 8월이 가기 전에 결혼 상대를 정하겠다고 떠들고 다니며 마땅한 사람을 소개해달라고 부탁했다. 그러면서 다섯 명을 만나본 다음, 그중 한 사람에게 반드시 청혼하겠다고 주변에 공언했다.

이재명이 그의 사랑을 만난 것은 그해 8월 15일 잠실 롯데호텔 커피숍이었다. 이재명은 커피숍 직원에게 소개받기로 한 아가씨의 이름을 적어줬다. 셋째 형수가 소개해준 아가씨의 이름은 김혜경이었다. 커피숍 직원은 '김혜경'이란 이름이 적힌 팻말을 들고 객장을 한 바퀴 돌았다. 딸랑딸랑 하는 종이 매달린 팻말을 보고 손을 드는 한 아가씨를 향해 이재명은 다가갔다.

말 그대로, 이재명은 한눈에 반했다.

이재명은 그날부터 매일 저녁 그를 찾는 성남의 친구들을 뿌리치고 이 아가씨를 만나 데이트를 했다.

만난 지 4일째, 네 번째 데이트에서 이재명은 그 아가씨에게 청혼했다. 이재명의 매력은 역시 과감하고 빠른 결정, 거침없는 실행력에 있었다.

김혜경에게는 갑작스럽고 당황스러운 일이었겠지만 이재명에게는 절대 갑작스럽거나 성급한 일이 아니었다. 이재명의 인생에서 네 번이나 데이트를 한 상대는 일찍이 없었다.

저하고 같이 살아주지 않겠습니까, 하고 제가 네 번째 만났을 청혼을 했죠. 그랬더니 좀 어이없어하면서 웃었어요. 웃는 것을 보니 차인 것은 아니구나 싶었지요. 그런데 몇 번 더 만났는데도 대답을 하지 않는 거예요. 저는 고민 끝에 최후의 비상수단으로 일기장을 몽땅 가져다주며 그랬지요. 난 이렇게 살아온 놈이다, 이걸 보고 같이 살아줄 만하다고 생각하면 나하고 결혼해달라.

　－ 이재명 인터뷰: 이렇게 회고하는 이재명에게 현정은 이렇게 말했다. '동정심을 기대한 거군요.' 이재명의 대답은 이랬다. '뭐 그런 셈이기도 하고,(웃음) 난 이렇게 남루하고 험하게 살아왔고, 이걸 감추지 않고 살아갈 것이니까, 나란 인간을 있는 그대로 받아들여 주었으며 좋겠다, 그런 거였어요.' 이어서 이재명의 일기를 모두 읽어본 민정이 물었다. '일기장에서 몇 장이 뜯겨나갔던데, 그때 찢은 거군요?' 이재명은 인정했다. '역시 매의 눈이시네. 너무 창피한 부분 두 장은 내가 찢은 거 맞아요. 하지만 맨 앞에 몇 장 뜯겨나간 건 여동생 재옥이가 찢어서 낙서장으로 써버린 거예요.'

이재명이 그녀에게 보여준 일기장 여섯 권은 열다섯 살부터 스물네 살까지, 10년의 기록이었다.

이재명이 김혜경의 동정심에 기대한 것이라면 완전한 실패였다. 김혜경은 일기장을 가득 채운, 쓰라리고 고단했던 이재명의 일상에 주목

하지 않았다. 다만, 그 일기장의 행간 행간에 스며있는 따뜻한 인간의 마음에서 눈을 떼지 못했다.

김혜경은 낯설고 두려웠지만 없는 길을 만들어온 한 인간의 분투를 접수했다.

숙명여대 피아노과를 졸업하고 주일이면 교회에 나가는 김혜경은 부드럽고 따뜻했으며, 밝고 유쾌했다. 그녀의 그 모든 것이 낯설었지만 이재명은 그 모든 것이 좋았다. 머릿결에서 풍기는 옅은 샴푸 냄새마저도 미치게 좋았다.

김혜경은 이재명이 세 번째 소개팅에서 만난 아가씨였다. 이재명은 두 번의 소개팅이 남아 있다고 자백하고 김혜경에게 어떻게 할지를 물었다. 김혜경의 윤허를 받은 그는 소개해준 사람들의 체면을 생각해서 두 아가씨를 딱 한 번씩 만났다. 마지막, 다섯 번째 소개팅에서 만난 아가씨가 괜찮았다고 까불었다가 이재명은 김혜경에게 혼났다.

김혜경의 부모님께 인사를 드리러 간 곳은 송파의 올림픽훼미리 아파트였다. 이재명은 거기서 피아노가 있는 집을 처음으로 보았다. 바깥에서만 보았던 아파트에 들어가 본 것조차 처음인 그였다. 따뜻하고 평화로운 가정이었다. 이재명은 김혜경의 가족들이 나누는 이야기를 들으며 어쩌면 이런 것이 평범한 시민의 관심사고 시민의 일상일 것이란 생각을 했다. 김혜경이 한없이 좋으면서도 자주 자기와 다르다는 느낌을 떨쳐버릴 수 없었던 이유를 그는 비로소 알 것도 같았다.

김혜경은 여유와 교양을 갖춘 가정에서 성장한 반듯한 시민이었다.

그녀에게는 화전민의 집에서 태어나 소년공으로 자란 그에게는 없는 여유와 교양이 체화되어 있었다. 이재명은 그녀와 만나면서 그러한 차이에 대해 많이 생각했다. 그에게는 아무렇지도 않은 것이 그녀에게는 아주 이상한 것이 많았다.

이재명이 결혼 준비를 하면서 그녀에게 전세 보증금 일부를 빌리려고 한 적이 있었다.

"5백만 원만 빌려줄 수 있어요?"

성남에 신혼살림을 차릴 전셋집을 구하던 이재명은 모자라는 보증금 5백만 원을 빌려줄 수 있느냐고 물었는데, 김혜경은 아주 이상한 눈으로 쳐다보았다. 물론 빌려주지도 않았다.

그때 정말 5백만 원이 없었느냐고, 나중에 내가 집사람한테 물어봤어요. 그랬더니 있었다고 그러면서, 세상에 결혼도 하기 전에 그런 부탁을 하는 사람이 어딨냐고 하더라고요. 자기가 집에 그 얘기를 했더니 식구들이 그 사람 진짜 변호사 맞는지 사무실에 한번 가서 확인해보라고 했다는 거예요.

우리 집에서는 돈이 필요하면 누구든지 능력이 닿는 대로 만들어서 함께 해결하는 것이 당연했단 말이에요. 더구나 내가 안 갚아 줄 것도 아니고, 아파트에서 살던 사람이니 아파트에서 살게 해주려고 한 건데, 하마터면 그것 때문에 차일 뻔했어요.

　－이재명의 말을 듣던 민정이 물었다. '그래서 사모님이 변호사 사무실에 찾아왔었어요?' 이재명은 의미심장하게 웃으며 되물었다. '안 왔었다고 하는데, 처가에서 사람 보내서 확인하고 가지 않았을까요?' 민정현정은 확인하고 갔을 것이다, 아니 확인하는 것이 당연하다는 의견일치를 보았다.

　만난 지 7개월 만에 김혜경과 혼례를 치른 이재명은 성남의 은행주공아파트에 신혼살림을 차렸다. 이재명의 단골 술집 주인은 단골을 잃었다. 그는 일이 끝나면 쪼르르 집으로 달려갔다.

　낮에 있었던 일을 아내와 이야기하는 저녁이 이재명에게는 가장 즐거운 시간이었다. 이재명은 안동 출신이었지만 '아는?' '밥은?' '자자.' 세 마디만 한다는 경상도 남자들과는 아주 달랐다. 소년공 시절에도 공장에서 일을 마치고 집으로 돌아오면 '엄마'를 외치며 달려가 품에 안기는, 애교와 장난기가 늘 넘쳐났던 이재명이었다.

　노동자인 이재명은 노동자들의 관심사를 얘기했고, 시민인 김혜경은 시민들의 관심사를 얘기했다. 노동자와 시민이 함께 보내는 저녁이 늘어가면서 두 사람의 이야기가 점점 섞이고, 어느 순간에는 서로의 관심사가 뒤바뀌기도 했다.

1990년대 중반에 접어들면서 성남에서도 시민운동에 대한 관심이 높아졌다. 노동·인권변호사로 활동하면서 성남의 '우리 변호사'가 된 이재명의 역할도 자연스럽게 시민사회 영역으로 확장되었고, 〈성남시민모임〉의 참여로 이어졌다.

하지만 노동현장보다 훨씬 덜 험할 줄 알았던 시민운동이 이재명을 만신창이로 만들 줄은 이재명 자신도 몰랐었다.

〈성남시민모임〉의 실무책임자로 분당 '파크뷰 특혜사건'에 처음 달려들 때만 해도 이재명은 겁이 없었다. '파크뷰 특혜사건'은 분당의 백궁·정자지구의 상업·업무용 토지를 주상복합아파트를 지을 수 있는 주거용으로 용도를 변경하고, 정·관계의 유력인사들에게 특혜분양한 권력형 비리였다.

'파크뷰 특혜사건'은 아파트를 지을 수 없어 포스코개발이 281억 원의 위약금을 물면서 포기한 땅을 소규모 건설업자 홍모씨가 100억 원의 계약금을 내고 매입한 다음 용도 변경을 추진하면서 시작되었다. 누가 보아도 수상한 일이었다.

백궁·정자지구의 상업·업무용 토지는 말 그대로 분당 주민들의 생활 편익을 지원하기 위한 상업시설과 일자리를 창출할 수 있는 업무시설이 들어설 자리였다. 그런 토지에 주상복합 아파트를 짓는다는 것은 주민들에게 필요한 편익시설을 없애고, 분당을 일자리 없는 완전한 베드타운으로 전락시키는 짓이었다. 도시를 망가뜨리는 대신 주상복합아파트를 짓는 건설업자에게 엄청난 차익을 안겨주는 범죄행위였다.

성남시민모임의 집행위원장인 이재명은 1999년 말부터 백궁·정자 지구 용도 변경의 부당성을 지적하며 반대 운동에 나섰다.

하지만 성남시는 성남시민모임과 분당 주민들의 강력한 반대에도 불구하고 백궁·정자지구의 상업·업무용 토지를 주거용으로 용도 변경했다. 이 땅의 가치는 천정부지가 되었다. 이 땅을 매입한 홍모씨는 ㈜SK의 보증으로 1천1백억을 확보하고 1조 원 규모의 업청난 이권 사업을 독식했다. 용도변경의 최종 인가권한은 김병량 성남시장에게 있었지만 이런 어머어마한 특혜성 용도 변경은 누가 보아도 권력의 비호 없이는 불가능한 비리였다.

이 사건을 파헤쳐 들어가던 이재명은 곧 이 사건의 배후에 토건업자와 정관계, 검찰, 언론으로 이어지는 막강한 커넥션이 버티고 있다는 사실을 알게 되었다. 지역의 변호사 하나와 시민단체가 맞서 싸우기에는 너무나 거대한 상대였다. 주변에서도 이재명에게 크게 다친다며 물러서라고 권유했다. 모두 골리앗과 다윗의 싸움보다 더 무모하다고 했다.

이재명이라고 두렵지 않은 것은 아니었다. 그러나 그는 물러서지 않기로 했다.

예상은 했지만 역시 상대는 대단했다.

모든 기득권세력이 어디서나 그렇게 하듯이 순서는 똑같았다.

1단계. 회유.

2단계. 협박.

3단계. 음해와 공격.

이재명에게 다가온 1단계의 회유는 20억이었다. 이재명이 지역의 노동자와 시민들을 위한 정직한 언론을 만들고 싶어한다는 사실을 알아낸 토건자본은 20억을 투자해주겠다고 제안했다. 이런 제안에 솔깃할 이재명이 아니었다.

이재명은 동료들에게 이런 제안이 들어왔다는 사실을 공개하며 이렇게 농담을 던졌다.

'우리가 양심을 팔려면 얼마를 받아야 할까?'

서로 농담을 주고받던 끝에 이재명은 한 5천억은 받아야 하지 않겠어, 했다. 성남시민모임과 같은 단체를 전국에 2~3백개 만들어서 맘껏 운영할 수 있게 지원하려면 한 5천억 정도 들지 않겠느냐는 농담이었다.

파크뷰에 특혜사건에 연루된 세력들은 이날의 농담을 왜곡해서 이재명이 20억이 적다며 5천억을 달라고 했다는 소문을 퍼뜨렸다. 그렇게 해서 이재명의 양심은 20억에서 공시가 5천억으로 뛰었다.

이재명에게 다가온 2단계의 협박은 죽이겠다는 것이었다. 눈 깜빡할 이재명이 아니었다. 그들이 선생님에게 뺨 27대를 맞고도 고개를 숙이지 않은 초딩 이재명을 알 리 없었다. 이재명을 향한 협박이 먹히지 않자 이번에는 비수를 가족들에게 들이댔다. 가족을 해치겠다는 협박에는 이재명도 좀 힘이 들었다.

사무실뿐만 아니라 집으로도 협박 전화를 해댔어요. 내가 받으면 괜찮은데, 심지어 새벽 2시에 집으로 전화해서 집사람에게 우리 애가 다니는 초등학교 이름과 반까지 대면서 좋지 않을 거라며, 조심하라고 협박을 하니까 집사람이 정말 고통스러워했어요. 경찰에 신고해도 아무 소용도 없고, 나중에 보니까 그 경찰서 간부도 그 사건에 연루된 한패더라구요. 그래서 내가 6연발 가스총을 사서 주머니에 넣고 다녔지요.

    – 이재명 인터뷰: 이재명은 6연발 가스총은 허가를 받아서 소지한 것이었다고 민정현정에게 말했다.

이재명에게는 회유와 협박이 통하지 않았다. 끝까지 싸웠고, 결국 비리의 실체가 드러나기 시작했다.

이 비리 사건의 실체 일부가 드러난 것은 김은성 전 국정원 2차장의 폭로를 통해서였다. 백궁·정자지구에 지은 파크뷰를 고위공무원과 국정원 간부, 판사, 검사 등 130여 명에게 특혜분양했다는 김은성의 폭로는 검찰 조사 결과 모두 사실로 밝혀졌다. 무려 449세대를 정관계, 법조계, 언론계의 유력자들에게 사전 분양한 사실이 드러났고, 용도변경을 받은 홍모 회장과 경기도, 성남시 관계자들이 줄줄이 구속되었다.

그러나 이재명은 누구보다 잘 알았다. 지어진 파크뷰 주상복합아파트의 특혜분양은 곁가지일 뿐 몸통은 백궁·정자지구의 용도 변경 특혜였다.

이재명은 잘라낸 꼬리에 만족하고 물러서지 않았다. 그러려고 판검사를 거부하고 성남에 돌아온 그가 아니었다. 그는 끝까지 갔고, 대가는 혹독했다. 아니 참으로 치사하고 야비했다. 그들은 이재명에게 전과 1범의 딱지를 붙여주며 무수저 따위가 강고한 기득권 카르텔에 덤비면 어떻게 되는지 보여주었다.

이재명은 파크뷰 특혜분양 사건의 몸통을 추적하는 KBS '추적 60분'팀의 취재와 인터뷰에 응했다.

이재명과 인터뷰를 하던 도중에 KBS 피디에게 전화 한 통이 걸려왔다. 파크뷰 토지를 용도변경해준 성남시장이었다. 피디가 이재명을 인터뷰하러 오는 도중에 성남시장에게 전화를 했는데 통화중이거나 부재중이었던 모양이었다. 전화를 받은 KBS 피디는 자기가 파크뷰 담당 검사라고 하며 솔직하게 대답을 해야 잘 처리해줄 수 있다며 파크뷰 사건에 대해 물었다. 피디를 진짜 검사로 여긴 성남시장은 파크뷰 사건의 내막을 털어놓았다. 이재명은 기자나 피디들이 사실을 캐내기 위해 취재 상대에게 저런 속임수를 쓰나보다 하고 옆에서 지켜보았다.

얼마 지나지 않아 파크뷰 특혜분양 사건을 다룬 〈추적 60분〉이 방송되었다. 녹취된 성남시장의 음성도 방송되었다. 이재명은 KBS 피디에게 녹취파일 원본을 받아다가 기자회견장에서 확 틀어버렸다. 기득권 마피아들이 발칵 뒤집혔다.

파크뷰 대상 토지 3만9천 평의 용도를 변경해주고 건축허가까지 내주었던 성남시장은 자신과 통화한 KBS 피디와 함께 이재명을 고소했다. 이재명도 맞고소했다. 검찰은 KBS 피디가 검사를 사칭하고 전화하는 것을 옆에서 지켜보았다는 이유로 이재명을 검사사칭 공동정범으로 기소했다. 따라서 이재명이 검사사칭을 하지 않았다며 성남시장을 맞고소한 것도 무고가 된다고 검찰은 주장했다. 검찰은 KBS 피디와 이재명에게 벌금 150만 원을 내라며 약식 기소했다.

몇 년간에 걸쳐 이재명과 성남시민모임이 토건업자와 정관계, 법조계, 언론계가 망라된 토건 마피아들과 싸운 대가 앞에서 이재명은 또 한번 어금니를 깨물어야 했다. 파크뷰 특혜분양 사건의 몸통을 끝까지 파고들지 않았다면 이재명은 회유와 협박을 당하지 않았을 것이다. 음해와 공격을 당하지도 않았을 것이다. 전과자가 되지도 않았을 것이다.

그러나 그가 전과자가 되지 않았으면 토건 마피아의 실체는 영원히 수면 위에 드러나지 않았을 것이다.

이재명이 20억을 주겠다는 회유와 가족을 해치겠다는 협박에 굴하지 않고 끝까지 싸워낼 수 있었던 것은 평범한 시민으로서 견디기 어려운 시간을 견뎌낸 그의 아내, 시민 김혜경이 있었기 때문에 가능한 일이었다.

이재명에게 되치기를 당하고 이권을 빼앗긴 세력이
가만히 있을 리 없었다.
없는 죄도 만들어 이재명의 전과를 만든 그들이었다.
하지만 이재명은 자멸하지 않았다.

2004년 3월 24일 성남시 의원들이 〈성남시립병원 설립
주민발의 조례안〉을 단 47초만에 폐기처리하고
도망친 다음 시민들과 함께 울고 있는 이재명

시민을 돼지로 여기는
정치와 싸우다

토건 마피아와의 긴 전쟁을 치른 이재명은 조금 쉬고 싶었다.

그도 강철은 아니었다.

하지만 늘 그랬듯이 성남에는 '우리 변호사'를 찾는 사람들이 끊이지 않았다. 그를 찾는 사람들은 다 억울하고 다급했다. 지금은 곤란하니 조금만 기다려달라고 할 수 없는 사람들이었다.

성남에서 가장 규모가 큰 성남병원과 인하병원이 잇따라 폐업한다는 것이었다. 50만 명이 넘는 성남의 구도심 지역주민이 이용하는 응급의료기관이기도 한 두 병원의 폐업은 성남시민들에게 중대 사태였다. 중증 위급환자가 발생하면 서울이나 분당까지 이송해야 하는데도 성남시청과 시의회는 팔짱을 끼고 수수방관했다. 두 병원을 이용해온 구도심 주민들만 발을 동동 굴렀다.

성남 구도심의 유일한 대학병원인 인하병원의 폐업을 철회하라는 여론이 드높았지만, 소용없었다. 폐업을 확정한 병원은 아파트부지로 바뀌고 시청과 시의회의 무관심은 계속됐다. 시민들은 스스로 성남시립병원 설립추진에 나섰다. 성남시립병원설립 범시민추진위원회가 만들어졌다. 성남시민모임이 그 중심에 설 수밖에 없었고 '우리 변호사' 이재명은 빠져나갈 길이 없었다.

일단 시작하면 대충이란 게 없는 이재명이었다.

법리 검토와 조직, 홍보, 청구인 모집에 이르기까지 일은 산더미였다. 그가 대표로 있는 성남시민모임뿐만 아니라 변호사 사무실과 노동상담소 상근자들까지 모두 달라붙었다. 시립병원을 만들려면 시의회에서 근거 조례를 제정해야 했다.

50만이 넘는 시민이 의료공백 상태에 빠졌는데도 예산 타령만 하고 앉은 시장과 시의원들이 시립병원설립 조례를 만들 리 만무했다. 이재명은 대한민국 최초로 주민발의 조례제정에 나서기로 했다. 그는 대한민국 지방자치법 법령집에만 존재할 뿐인 '주민발의 조례제정' 조항을 꺼내 들었다. 그런 조항이 있는지도 몰랐던 시장과 지역정치인들은 코웃음을 치거나 쓴웃음을 짓거나, 둘 중 하나였다.

심지어 시립병원 설립추진위회에 참여한 사람들조차 '주민발의'를 시장과 시의원에게 압력을 행사하기 위한 퍼포먼스 정도로 여기는 이가 많았다. 이재명은 아니었다.

이재명이 법이 보장하는 절차에 따라 시민의 힘으로 정말 시립병원을 만들려고 한다는 사실을 가장 먼저 알아차린 사람은 시민 김혜경이었다. 남편 이재명이 한다면 하는 사람이어서만은 아니었다. 김혜경은 이재명이 시립병원 설립추진위원회의 대표를 맡게 되었다고 했을 때 제일 먼저 그가 보여주었던 일기장의 한 대목을 먼저 떠올렸다.

병원에 가서 진단하는데 우선 1천 원 들여서 접수했다. 진찰하더니 진단서비 2만 원 외에도 X-선비 1만8천 원을 따로 지불하라고 했다. 그래서 확 집어 던져버리고 나와버렸다. 다른 병원에도 전화를 걸어봤지만, 거기는 취급하지 않는다고 해서 단념했다.

　－ 이재명 일기(1982.5.12.): 대학 1학년이던 이재명은 1주일간의 군사학교 입소훈련을 앞두고 교련 교관이 떼어오라는 진단서를 떼러 성남의 가장 큰 병원에 갔다. 진단비가 2만 원이라고 해, 돈이 모자란 이재명은 진단서를 떼지 못하고 다음 날 2만 원을 마련해서 다시 갔다. 그런데 2만 원 외에 접수비 1천 원을 따로 받고, X-선비 1만8천 원을 더 내라고 했다. 3만9천 원이면 당시 봉제 공장에 다니던 여동생 재옥이의 두 달 월급이었다. 이재명은 진단서를 포기하고 팔이 정상적인 친구들과 똑같이 1주일간 굽은 팔로 군사훈련을 받았다.

이재명과 추진위원들은 눈보라가 날리는 한겨울의 노상에서 핸드

마이크를 들고 주민발의 참여자를 모집했다. 성남시민모임과 변호사 사무실 직원들도 밤늦게까지 남아 행정지원을 했다. 이재명은 매일 새벽 2시까지 사무실에 남아 일했다.

이재명이 대표를 맡은 시립병원 설립추진위원회는 단 3주 만에 주민발의자 18,595명을 모아 '주민발의 조례'를 성남시에 접수했다. 주민발의자는 자신의 거주지와 신원을 증명하는 서류를 첨부한 사람들이었다. 시립병원 설립 지지 서명에는 무려 20만 명이 훨씬 넘는 성남시민이 참여했다. 구도심 지역 성남시민 50만의 절반 가까운 숫자였다.

이재명도 깜짝 놀랄 만큼 뜨거운 반응이었다. 그만큼 시립병원의 설립은 성남시민들에게 절박한 일이었다.

2004년 2월 5일, 마침내 성남시립병원 조례안이 입법 예고되었다.

시민들은 수정구와 중원구의 24개 동별로 시립병원설립추진단을 구성했다. 평범한 시민들이 이렇게 팔을 걷어붙이고 나선 것은 유례없는 일이었다. 공공의 이익을 위해 어깨띠를 두르고 돌아다니며 시립병원 설립의 중요성을 설명하는 시민들을 보며 이재명은 새삼 시민의 위대함을 실감했다.

공장에서 나온 제가 약국에서 아르바이트할 때였어요. 그냥
전화해서 사무실로 불러도 될 텐데 변호사님이 직접 그 약국으

로 찾아왔었어요. 일이 끝나지 않아서 바로 나가지 못했는데, 끝나고 나가니까 한 시간 넘게 밖에서 기다리고 있었어요. 내가 너무 미안한데, 도리어 고생한다면서 이왕에 고생하는 것 시민모임에 와서 시립병원 설립하는 일을 같이해보지 않겠느냐고 물었어요.

저야 당연히 좋았죠. 노조 대의원 나가려다 전출 당하고, 회사와 재판에도 진 우리한테 보람 있는 일거리를 주려는 변호사님의 마음을 우리가 왜 몰랐겠어요. 그래서 시립병원 설립하는 일을 변호사님과 같이하게 됐어요.

경로당 같은 데 동네 주민들이 모이면 변호사님이 직접 찾아다니면서 열정적으로 시립병원의 필요성에 대해 설명했어요. 나이가 많은 분들도 알아듣기 쉽게 얘기하셨던 게 지금도 기억나요.

— 성남시민모임에서 시립병원 설립추진 실무를 맡았던 현대전자 노동자 출신 강현숙의 회고: 아르바이트를 그만두고 성남시민모임에서 일하며 생활비는 어떻게 해결했느냐는 현정의 질문에 강현숙은 이렇게 대답했다. "변호사님이 후원회를 잘 조직해서 상근자들은 모두 정확하게 급여를 받았고, 모자라는 경비는 변호사님이 부담을 해주셨어요. 그 당시에 우리처럼 4대 보험까지 다 받는 시민단체 실무자는 전국에서 드물었을 거예요. 변호사님은 고맙다고 하는 우리에게 전혀 고마운 것 아니

고, 당연한 권리라면서 노동운동과 시민운동을 하는 우리가 노동법을 안 지키면 누가 지키느냐고, 했었어요."

이 조례제정 운동이 성남시민의 전폭적인 호응을 얻으면서 미심쩍어하던 사람들도 실현 가능할지 모른다고 생각하기 시작했다.

2003년과 2004년으로 이어지는 성남의 겨울을 뜨겁게 달구었던 시립병원 설립을 위한 '주민발의 조례'가 성남시의회에 상정되었다. 시의회에서는 참관인을 30명으로 제한해 달라고 이재명에게 요구했고, 이재명은 수용했다. 시장과 시의원들을 자극하지 않기 위해서였다.

2004년 3월 24일 오후, 마침내 '지방공사 성남의료원 설립 및 운영 조례안'이 성남시의회에 상정되었다. 시의원들이 입장할 때까지만 해도 참관인석에 자리 잡은 시민대표들은 성남시민들의 압도적인 여론을 시장과 시의원들이 쉽게 무시하지는 못할 것으로 믿었다.

하지만 잠시 후 시민대표들의 눈앞에서는 믿을 수 없는 장면이 펼쳐졌다.

단 47초 만에 '심의 보류'를 선포한 것이다. 말이 '심의 보류'지 조례안 부결이었다. 최소한 찬반을 둘러싸고 격론은 벌어질 줄 알았는데 단 47초 만에 부결 처리한 것이다.

참관석에서 지켜보던 시민대표들은 경악했다. 한파가 몰아치는 겨우내 뛰어다닌 시민들의 노고가 47초 만에 짓밟힌 것이다. 기명으로 조례안을 발의한 18,595의 시민과 지지 서명에 동참한 20만 성남시민을 개돼지로 취급하는 처사였다. 분노한 시민들은 회의장으로 들어가 항의했고, 시의원들은 모두 도망가버렸다.

시민들은 너무나 분하고 원통해서 텅 빈 회의장 바닥에 주저앉아 엉엉 울었다. 이재명도 울며 항의했다.

회의장에서 도망간 시의원들은 조례안의 날치기 폐기에 항의한 시민들과 이재명을 곧장 특수공무집행방해로 고발했다. 이재명은 그렇게 특수공무집행방해 혐의로 벌금 500만 원을 내고 전과 2범이 되는 길에 들어섰다. 시민의 이익과 생명을 무참하게 짓밟은 시의회의 '특수한 공무집행'을 방해한 대가였다.

이재명은 체포를 피해 시청 앞의 주민교회 지하실에 숨었다. 체포가 두려워서가 아니라 고발당한 시민들의 대책을 마련할 시간이 필요했기 때문이었다.

1평 남짓한 어두운 기도실에 앉은 이재명의 눈앞으로 낮에 보았던 장면이 떠올랐다. 처참한 지역 정치판의 민낯이었다. 상업·업무용 토지를 불법적으로 용도 변경해 시민에게 돌아가야 할 수천억 원의 개발이익을 토건 마피아에게 넘겨주고, 해마다 멀쩡한 보도블록과 가로등을 갈아치우는 데다 시민의 세금을 탕진하는 자들이었다. 예산 타령을 하며 50만 시민의 생명과 직결된 시립병원 발의안을 간단하게 짓밟아버린 그들의 오장육부에 도사린 시커먼 생각을 이재명은 너무나 잘 알았다.

– 이걸 들어주면 시민들의 버릇이 나빠져서 또 다른 주민발의를 할 것이다. 절대 들어줘선 안 된다.

기득권세력은 자신이 시민의 상전인 줄 아는 자들이었다. 자신들에게 애걸하며 간청해도 모자랄 판에, 이것들이 감히 시의원들의 권한인 조례제정권을 넘봐? 철썩. 뺨을 후려친 것이었다. 그들이 심의하는 흉내조차 내지 않은 것은 그렇게 호되게 뺨을 후려쳐야 시민들의 버릇이 더 나빠지지 않을 것이라고 믿었기 때문이었다. 그자들은 아랫것들에게 상전의 위세를 보여주는 데는 확실히 성공했다. 이재명과 시민대표들은 모두 뺨이 얼얼했다. 시의회는 뺨을 얻어맞고도 버릇을 못 고치는 자가 있을까, 특수공무집행방해란 몽둥이로 뒤통수를 후려갈겼다.

초밥을 사들고 이재명을 찾아온 인하병원 노조부위원장 정해선이 이재명에게 울면서 물었다.

"변호사님, 우리는 이제 어떻게 해야 합니까?"

여자 이름을 가진 인하병원의 남자 부위원장 정해선의 손을 마주 잡고 울며 이재명은 말했다.

"우리가 만듭시다."

썩을 대로 썩은 기득권 카르텔이 장악하고 있는 시와 시의회에 공익과 정의를 기대하는 것은 돼지에게 사슴 낳기를 기대하는 것과 같았다.

"어떻게요?"

"우리가 시장 합시다. 저 쓰레기 같은 놈들 싹 몰아내고, 병원 만듭시다."

이재명이 정치참여를 결심하는 순간이었다. 하지만 이재명이 직접 정치를 하겠다는 것은 아니었다. 정치를 '우리'가 하자는 것이지 '이재명'이 하겠다는 것은 아니었다.

이재명은 정치할 생각을 한 번도 해본 적이 없었다. '인간극장'이란 TV 프로그램의 섭외를 받고도 거절했던 것은 유명인이 되지 않기로 작정했기 때문이었다. 전국적인 명망가가 아닌 지역에 튼튼하게 뿌리내린 풀뿌리 시민운동가의 역할을 다하겠다는 각오가 확고했던 이재명이었다.

시민단체를 처음 만들 때 '성남시민모임'이라는 이름 앞에 '정의'나 '미래', 하다못해 '참여' 같은 거룩한 단어 하나도 붙이지 않은 것은 스스로 도덕적 우월성이나 부여받지 않은 대표성을 내세우고 싶지 않았기 때문이었다. 명칭의 마지막을 '연합'이나 '연대'가 아닌 '모임'이라고 한 것은 경직성과 구태의연함을 경계하면서 항상 소박하고 창의적인 활동을 해나가겠다는 의지의 표현이었다. 이재명은 그 '모임'의 대표 자리를 한사코 사양하고 무려 10여 년 동안 사무국 '차장'을 맡았다. 그는 어떤 단체에서도 대표가 아닌 총무의 자리를 고집했다. 그의 관심은 언제나 행세하는 자리가 아니라 일하는 역할에 있었다.

지방 권력을 감시하는 것만으로는 도저히 현실을 바꿀 수 없다는 사실을 절감하고 정치참여를 결심한 이재명이 가장 먼저 한 것은 공부였다. 공부라면 이재명을 따라올 자가 없었다. 그는 지방자치에 관한 책을 모조리 읽었다. 석·박사 논문까지 섭렵했다. 그런데도 지방자치단체에 만연한 부정부패의 원인과 해결책을 시원하게 제시한 연구는 없었다. 스스로 연구해서 대안을 찾기 위해 가까이 있는 가천대학교 행정대학원에 들어갔다. 낮에는 변호사와 시민단체 활동을 하고 야간강의를 들었다. 5학기 동안 지방자치제도와 부정부패에 대해서 확실하게 공부한 이재명은 석사학위 논문으로 〈지방정부 부정부패 극복방안에 대한 연구〉를 썼다.

하지만 이재명에게는 공부도 죄가 되었다. 2014년 성남시장선거에 불법 개입한 정보기관이 이재명의 뒷조사를 하다 꼬투리 잡을 것이 없자 '부정부패 극복방안' 논문 한 손바닥의 인용표기를 빠트렸다고 시비를 걸었다. 가천대학교에서는 이재명의 논문이 석사 논문으로 충분한 자격이 있다고 공식 발표했지만, 이재명은 학위를 깨끗하게 반납했다. 공부하려고 다닌 대학원이었지 학위를 받으려고 다닌 대학원이 아니었다. 공부한 내용은 이미 그의 것이 되었고, 시장과 도지사로 일하며 부정부패를 척결하는 탄탄한 자산이 되어주었다.

이재명이 주민교회 지하실에서 울분을 삼키며 정치참여를 결심했다고 하는 사람들의 말은 절반만 맞고 절반은 틀린 것이다. 그날 이재명이 결심한 것은 그의 정치참여가 아니라 시민의 정치참여였다. 그 순간까지도 이재명은 자신이 직접 정치에 참여할 생각이 조금도 없었다. 겸손해서거나 결백주의자여서가 아니었다.

이재명은 정치참여가 개인적으로 망하는 길이라고 확신하고 있었다.

어든 야든, 좌든 우든 기득권세력이 독점하고 있는 정치판에 들어가서 살아남으려면 두 가지가 있어야 합니다. '패거리'와 '자금'이에요. 어느 패거리엔가 줄을 서서 '충성맹세'를 하고 '돈'을 뿌려야 살아남는 거예요. 공천받고 선거 치르려면 돈이 얼마나 많이 들어요? 그러니 멀쩡하던 사람도 정치에 발을 들여 놓기만 하면 이상해지는 거예요. 논리고 소신이고 체면이고 다 집어던지고 패거리에 맹목적인 충성을 하는 거잖아요. 인간이 망하는 거예요. '돈'도 뿌려야 하는데 그 돈이 어디서 납니까? 특혜를 주고 검은 거래를 합니다. 도적질하는 거예요. 패거리에 충성하지 않고 도적질 안 하면요? 거지가 되는 거죠.

그러니 결국 정치하면 둘 중 하나가 될 수밖에 없었어요. 한 패거리에 맹목적인 충성을 하거나 망하거나, 부패하거나 거지가 되거나. 둘 중에 어느 것도 되고 싶은 생각이 전혀 없었던 내가 왜 정치에 뛰어들 생각을 하겠어요?

– 이재명 인터뷰: 이 대목에서 현정이 물었다. '그렇다면 검은 거래를 하지 않아도 될 만큼의 재력을 가진 사람만 소신 있는 정치를 할 수 있다는 얘기가 되지 않나요?' 이재명은 고개를 저으며 되물었다. '그런 사람은 쓴 것 이상의 거래를 하려 들지 않을까요?'

이재명은 성남지역에서 권력 감시 활동을 하면서 정치인들이 어떻게 부패의 사슬에 엮여 있는지 너무나 익숙하게 보아왔다. 그들은 자신들의 기득권을 건드리는 상대는 엎어치기 한판으로 가차 없이 제압했다.

이재명도 그렇게 두 번의 엎어치기를 당하고, 전과 2범이 되었다.

두 번의 엎어치기를 당하고 이를 악물고 버티던 이재명에게 권모 기자가 찾아왔다. 성남시장 친인척 비리를 보도한 권기자는 이재명과 똑같은 엎어치기를 당할 처지에 놓여 있었다.

권기자가 폭로한 내용은 간단명료했다.

— 새누리당 소속인 이대엽 성남시장이 농협에 시 금고를 맡기는 대가로 그의 조카가 수십억 원에 달하는 엔화를 농협으로부터 부정하게 대출받았다.

기득권 마피아들은 이번에도 전문 기술인 엎어치기 한판으로 끝내려고 했다.

이대엽 성남시장은 보도내용이 모두 허위사실이라며 부정대출 사건을 폭로한 권기자를 명예훼손 혐의로 검찰에 고소했다. 기득권 카르텔은 짜여진 프로세스대로 착착 작동했다. 검찰은 곧장 권기자를 허위사실 유포에 의한 명예훼손 혐의로 재판에 넘겼다. 대단한 시장과 대단한 검찰이었다.

기득권세력에게 덤비면 어떻게 되는지를 보여줄 또 한 명의 전과자가 탄생할 순간이었다.

이재명은 먼저 사실관계를 파악했다. 권기자의 폭로는 모두 사실이었다. 이재명은 무료 변론에 나섰다.

법원에서 검찰과 이재명이 맞붙었다.

검찰은 사실관계를 제대로 조사하지도 않은 채 권기자의 유죄를 단정하고 기소의견을 유지했다. 재판부도 지방지 기자인 권기자를 '사이비 기자'로 취급하는 분위기였다. 이재명은 이겨야 했다. 그가 지면 진실을 밝혔던 또 한 사람이 허위사실을 퍼뜨린 전과자 딱지를 달고 살아가야 했다. 진실은 묻히고 기득권세력은 승리를 자축하며 의기양양하게 축배를 들 것이었다.

이재명은 변호사로서의 실력을 유감없이 발휘했다.

이재명의 가장 뛰어난 능력은 핵심을 파악하고 전광석화처럼 급소를 치고 들어가는 것이었다. 먼저 재판부에 요청해 농협의 금융거래 자료를 제출받았다. 성남시청의 금고 선정관련 서류도 입수해 둘을 비교했다. 성남시장이 농협을 성남시 금고로 지정한 날과 성남시장의 조카가 농협으로부터 대출을 받은 날짜가 같았다. 둘 사이의 연관성은 확보되었다.

다음은 특혜성 여부였다. 이재명은 성남시장의 조카가 수십억 원에 달하는 엔화를 시중금리보다 터무니없이 낮은 금리로 대출받은 사실을 밝혀냈다. 명백한 특혜였다.

마지막으로, 이재명은 그 대출이 부정임을 입증해야 했다. 그는 사무실 직원을 시켜 농협이 제출한 금융거래 자료를 철저히 검증했다. 거침없이 치고 나가는 이재명과 언제나 치밀하고 정확한 이영진 콤비에게 단련된 직원들은 대출서류가 조작되었다는 것을 찾아냈다. 개인으로는 빌릴 수 없는 거액을 대출받기 위해 시장의 조카는 사업자로 대출을 받았는데, 그 사업자등록증은 위조한 것이었다.

이재명은 객관적 자료를 통해 이 사건의 본질이 성남시 금고와 연계된 초저리의 특혜성 대출인 동시에 위조한 허위 서류를 통한 거액의 불법 대출임을 명명백백하게 증명했다. 증인으로 출석한 관련 공무원을 상대로 한 심문을 통해 범죄자는 권기자가 아니라 시장과 시장의 조카임이 만천하에 드러났다.

이재명은 마지막으로 권기자를 '허위사실 유포에 의한 명예훼손' 혐의로 고소한 이대엽 시장을 증인으로 신청했다. 시장은 출석을 거부했다. 이재명은 재판부에 강제구인을 요청했다. 뜻밖에도 재판부가 강제구인을 승인했다. 너무나 명백하게 뒤집힌 진실 앞에서 재판부도 시장과 검찰에 화가 난 것이다.

이대엽 시장은 강제구인 하루 전날 고소를 취하했다. 재판은 끝났다.

명예훼손죄는 반의사불벌죄여서 고소인이 고소를 취하하면 재판을 더 진행할 수 없었다. 이재명의 통쾌한 되치기 한판승으로 억울하게 전과자가 될 뻔했던 권기자는 재판에서 승리했다.

그러나 '우리 변호사' 이재명은 이 재판과정에서 사람들이 모르는 상당히 큰 부상을 입었다. 되치기 한판승을 거두기 위해서는 반드시 성남시 내부자의 협조가 필요했다. 이재명은 사실관계의 핵심을 가장 잘 알고 있는 시장의 측근 박무창에게 억울한 전과자를 만들지 말자고 도움을 청했다. 상당히 양심적인 편이었던 그 사람이 며칠을 주저하다 이재명에게 연락을 해왔다. 이재명은 만사를 제치고 달려나갔다. 하지만 마지막 열쇠를 내줄 줄 알았던 그는 망설이고 망설이다 차마 말하지 못하겠다며 일어섰다. 이재명은 그를 나무라지 않았다.

"사람이 그럴 수 있죠. 충분히 이해합니다. 이렇게 시간 내준 것만으로 고맙습니다."

시장의 측근인 그는 본성이 괜찮은 사람이었다. 이렇게 괜찮은 사람을 진실과 신의 사이에서 방황하게 만든 시장에게 더욱 화가 났다. 곤혹스러운 표정으로 돌아서는 그에게 이재명은 덧붙였다.

"그래도 억울하게 전과자가 될 사람을 한 번만 더 생각해봐 주십시오. 그리고 제가 보기에 여기서 브레이크를 밟아주지 않으면 더 심각한 친인척 비리가 계속될 거고, 결국 터질 겁니다. 지금 진실을 밝히는 것이 시장을 정말 도와주는 거 아닐까요?"

애매하게 고개를 끄덕이며 돌아섰던 그에게서 다시 전화가 온 것은 집에 돌아와 막 옷을 갈아입으려던 찰나였다. 다시 만나자고 했다. 그건 얘기를 해주겠다는 뜻이었다.

이재명은 깊이 생각할 틈도 없이 대리운전에서 타고 들어왔던 차를 끌고 약속 장소로 달려갔다. 머릿속에는 권기자의 무죄를 확정 짓게 되었다는 생각밖에 없었다. 가다가 음주단속에 걸렸다. 벌금 150만원, 전과 3범이 되었다.

이재명의 되치기 한판승은 그렇게 해서 얻은 것이었다. 권기자는 전과 1범이 되지 않았고 이재명은 전과 1범을 추가했다. 만약 이재명이 다시 대리를 불러서 약속 장소로 나갔다면 시장의 측근은 그사이에 마음을 다시 바꾸었을까? 아무도 알 수 없다. 그리고, 어느 경우라 할지라도 음주운전을 정당화할 수는 없다.

성남시장 조카 농협 특혜대출 부정 사건은 이재명에게 영광과 상처를 함께 안겨주었다.

5천5백억짜리
뒤집기 한판

이재명이 성남시장에 출마한 것은 2006년이었다.

정치하면 망한다고 확신했던 그가 출마를 결심한 것은 2004년 말에 선거법과 정치자금법이 개정되었기 때문이었다. 말로 하는 선거운동은 대폭 풀고 돈을 쓰는 선거운동은 제한하는 개정 법령은 돈이 없는 정치신인에게 진입의 문턱을 대폭 낮추었다. 특히 득표율이 15% 이상을 넘으면 후보자가 지출한 선거비용 전액을 돌려주는 조항이 생겼다. 15%만 얻으면 빚을 지지 않고도 선거를 할 수 있게 된 것이다.

점바치의 말대로 이재명은 운이 좋았다. 대학에 들어가려고 할 무렵에는 대학입시와 장학제도가 바뀌면서 그를 특대 장학생으로 만들어주었는데, 이번에는 때맞추어 돈 덜 쓰는 선거가 가능하게 선거관련법이 바뀐 것이다. 이 법대로라면 부패한 기득권세력과 손잡지 않고도 시민을 대변하는 정치가 가능할 것도 같았다. 결과적으로 억세게 운이 좋았던 건 이재명보다 성남시민들이었다.

물론 2006년 선거에 출마하면서 당선할 것으로 믿었던 이재명은 아니었다. 당선이 어려울 줄 알면서도 그가 성남시장에 출마한 이유는 두 가지였다.

첫 번째는 47초 만에 폐기된 성남시립병원 설립을 위한 조례안을 되살리는 것이었다. 이 문제를 가지고 선거에 부딪히면 누가 시민의 편인지가 분명히 드러날 수밖에 없었다.

이재명은 투표하기도 전에 첫 번째 출마 목표를 달성했다. 선거에서 이재명이 시립병원 주민발의 조례를 이슈로 삼을 것은 분명했고, 그러면 지지난 봄에 새누리당이 한 짓을 숨길 길은 없었다. 그들이 선거에서 지지 않으려면 방법은 하나뿐이었다. 시립병원 설립 이슈를 선거 전에 없애버리는 것. 성남시의회는 전국 지방선거를 3개월 앞둔 2006년 3월 15일 성남시립병원 설립을 위한 주민발의 조례를 통과시켰다. 그것도 만장일치, 코미디도 그런 코미디가 없었다.

2년 전 47초 만에 주민발의 조례안을 짓밟고 시민들과 이재명을 전과자로 만든 그자들, 단 한 명도 바뀌지 않은 바로 그자들이 선거가 눈앞에 다가오자 바로 그 조례를 만장일치로 통과시킨 것이다. 선거가 끝나면 주권자를 개돼지 취급하는 자들일수록 선거가 닥쳐오면 간을 빼내 줄 듯 구는 법이었다.

두 번째 목표는 기본과 원칙을 지키는 공정한 시정을 펼치는 것이었다.

두 번째 목표는 떨어졌으니 실현할 도리가 없었다. 그해 지방선거는 열린우리당의 전국적인 참패였다. 경기도의 열린우리당 기초자치단체장 후보 31명 중에서 당선자는 단 1명에 불과했다. 다른 열린우리당 후보들에 비교하면 이재명의 성적은 나쁘지 않았다.

이재명이 첫 번째 선거에서 이루지 못한 목표, '기본과 원칙을 지키는 공정한 시정'을 만들기 위해 두 번째 성남시장에 도전한 것은 2010년이었다. 이재명은 4년 전의 이재명이 아니었다. 언제나 공부를 멈추지 않고 실패로부터 누구보다 잘 배우는 이재명의 정책은 성남시민들의 마음을 움직였다. 하지만 무수저 출신의 이재명에 대한 기득권세력의 견제는 강력했다.

이재명 선거운동본부의 지극히 합법적인 선거운동을 사사건건 트집 잡던 선거관리위원회는 꼬투리를 찾다 찾다 못 찾자 후보자인 이재명이 '지하철에 연결된 지하 횡단보도에서 명함을 배포했다'는 이유로 고발했다. 새누리당 후보는 아예 지하철 역사 안은 물론이고 지하철을 타고 명함을 배포해도 불문 아니면 경고로 끝났다. 그런데 이재명은 '지하철과 연결된 지하 횡단보도'에서 명함을 돌렸다고 고발한 것이다. 검찰은 선거법 위반으로 기소했고, 결과는 벌금 50만 원이었다. 어이가 없는 일이었다. 그것이 기득권세력이 무수저를 다루는 방법이었다.

이재명은 그렇게 또 기득권 카르텔로부터 전과 하나를 더 선물 받아 전과 4범이 되었다.

기득권 카르텔은 선관위의 고발과 경찰의 수사, 검찰의 기소를 이어가면서 자신의 진영이 이재명을 비방할 먹잇감을 끊임없이 공급했다. 그러는 사이 이재명은 시간을 빼앗기고, 운동원들은 위축되었다.

많은 도둑질로 확보한 많은 실탄을 퍼부어대는 상대 후보에 맞서 이재명과 자원봉사자들은 아침부터 저녁까지 성남의 전 지역을 뛰어다니며 '시민이 주인인 성남시'를 만들자고 호소했다.

이재명의 운동원 중에는 이재옥이란 야쿠르트 아주머니가 있었다. 이재명의 여동생이었다. 이재명의 일기장을 찢어 낙서장으로 썼던 바로 그 여동생이었다. 이재옥은 중학교를 졸업한 다음 공장에서 노조 활동을 하며 청춘을 보내고 지금은 야쿠르트 배달을 하며 생활했다. 그녀는 선거사무실에 나오지도 후보를 따라다니지도 않았다. 종일 야쿠르트를 배달하며 만나는 사람마다 이재명 후보의 전단을 나눠주었다.

"우리 오빠예요. 잘 할 거예요."

그렇게 지지를 호소하는 이재옥이 이재명의 친동생일 거라고 믿는 사람보다는 믿지 않는 사람이 더 많았다. 이재옥이 정말 이재명의 친동생이란 걸 안 사람들은 변호사 이재명 때문이 아니라 야쿠르트 아줌마 이재옥 때문에 이재명을 찍었다. 이재명은 몰라도 이재옥의 인생사는 아는 사람들이었다. 이재옥이 모아준 한 표는 여느 한 표와 결코 같은 무게일 수 없었다. 이재옥 때문에라도 이재명은 당선해서 '일 잘하는 오빠'라는 걸 보여주어야 했다. 성남시장 선거전에서 여동생 재옥이는 이재명의 보이지 않는 비밀 병기였다.

재옥이 말고도 이재명의 선거전에서 활약한 숨은 병기는 또 있었다. 공장동문회였다.

열세 살 소년공으로 성남에서 첫발을 내딛은 이래 단 한 번도 성남을 떠나지 않고 35년을 성남에서 살아왔지만 힘들 때 서로 밀어주고 끌어줄 중고등학교 동문 한 명 없는 이재명이었다. 성남에 있는 그의 유일한 인맥은 공장동문회였다. 출퇴근하는 아침저녁으로 일렬로 엎드려 함께 빳다를 맞고, 강제 권투에 끌려나가 서로를 두드려 패야 했던 공장의 친구들이 이재명의 또 다른 비밀 병기였다. 그들이 모아준 한 표는 상대 후보들이 돈과 조직을 동원해 얻어낸 수천 표와도 바꿀 수 없는 것이었다. 개표에서는 다 같은 한 표일지 몰라도 이재명에게는 결코 같은 한 표가 아니었다.

2010년 6월 2일, 투표가 종료된 다음 이재명은 그동안 함께 뛰어준 선거운동원들과 함께 개표 방송을 지켜보았다.

성남시민들은 '기본과 원칙을 지키는 공정한 시정을 펼칠 1호 머슴'으로 이재명을 채용했다.

그의 당선을 누구보다 기뻐한 것은 어머니였다.

"재맹아. 그동안 니 참 욕봤데이. 수배되가 쫓기 댕기고, 잽히 드가고, 모함받고… 그래도 하늘은 다 보고 있었던기라."

이재명은 어머니 모르게 한다고 했지만, 어머니는 그가 겪은 일을 다 알고 있었다. 그때야 이재명은 어머니에게 했던 거짓말을 털어놓았다.

"어머니 소원대로 제가 판검사 할 수 있었어요. 어머니 아들 공부 잘

하잖아. 그런데 거짓말하고 제가 변호사 한 거예요. 이제 시장 됐으니까 판검사 안 한 건 용서하세요."

어머니는 빙그레 웃으며 고개를 끄덕였다.

"내가 그거 모리는 줄 알았나? 다 알았데이."

"네?"

"니 얼굴에 다 씌여 있는데 그거를 애미가 와 모리겠노. 니는 앞으로도 거짓말 같은 거는 하지 말거라. 니는 거짓말 모한다. 하며 그렇게 얼굴에 다 뷔는데 거짓말이 돼나? 그란까네 니는 기냥 속에 있는 대로 바린 말만 하고 살어라."

그것이 시장 아들에게 한 어머니의 처음이자 마지막 당부였다.

다음날 성남시의 1호 머슴 이재명은 첫 출근을 했다. 시장 전용 엘리베이터가 그를 기다리고 있었다. 이런 것이 왜 필요하지? 신기했다. 내린 곳은 9층이었다. 성남시청사의 최상층이었다. 시장실과 부속실은 학교 교실 네 개의 넓이는 되어 보였다. 대단했다.

청사 전체를 둘러본 다음에야 이재명은 시장실이 시민은 물론 시 공무원들과의 접근도 완전히 차단된 지상의 섬인 것을 알았다. 1호 머슴이 있을 자리가 아니었다.

이재명은 2층으로 시장실을 옮기자고 했다. 로비를 중심으로 회의실과 세미나실이 배치된 1층의 공유공간을 제외한 업무공간의 최하층이 2층이었다. 담당자들이 모두 곤란하다며 반대했다.

시장 업무의 기밀성 보장이 어렵고 시장 면담을 요구하는 민원인의 통제가 어렵다는 것이었다. 집단민원인들에 의해 시장실이 점거될 위험성도 이전하지 말아야 할 주요한 사유의 하나였다. 심지어 묻지도 않은 경찰까지 보안과 경비가 어렵다며 반대의견을 냈다. 중원경찰서장은 이재명을 찾아와 제발 9층에 그대로 있으라고 사정을 했다.

"점거당합니다. 시장실이 점거 당하면 관할 서장인 저는 직위해제를 당합니다."

"점거 안 당할 테니까 걱정하지 마십시오."

이재명은 점거 당해도 자기가 모든 책임을 지겠다고 중원경찰서장에게 약속했다.

시청의 담당자들과 충분히 토론한 다음, 이재명은 결론을 내렸다.

"내려갑시다."

민원인을 피할 궁리를 할 게 아니고 민원이 생기지 않게 할 궁리를 하는 게 머슴의 일이었다. 민원인을 막을 시스템이 필요한 게 아니고 민원을 신속하고 정확하게 처리하는 시스템이 필요했다.

시장실은 규모를 대폭 줄여 2층으로 옮기고, 9층은 시민과 직원들에게 돌려주었다.

직원들의 우려대로 2층으로 옮긴 시장실은 문전성시를 이루었다. 이재명은 조금도 두려워하지 않았다. 선거 때는 만나자고 하지도 않는 시민을 찾아다니며 악수를 하면서, 선거 때가 아니라고 자기 발로 찾아온 시민을 만나지 않을 이유가 조금도 없었다. 부족한 시간은 10분 단위로 잘게 쪼개서 사용하면 되었다.

이재명은 되는 일은 되는 방법을 알려주고, 그 업무를 담당하는 직원을 연결해주었다. 되지 않는 일은 되지 않는 이유를 설명하고, 안 된다고 했다. 되지 않는 일을 될 것처럼 절대 말하지 않았다. 져도 수임료를 받은 변호사 시절에도 질 사건은 진다며 하지 말라고 분명하게 말한 이재명이었다.

신뢰는 행정의 생산성을 높이고, 불신은 불필요한 행정비용을 늘린다는 걸 이재명은 알았다. 원칙과 기준이 분명하고, 할 수 있는 일과 할 수 없는 일을 명확히 한 다음 할 수 있는 일을 최선을 다해서 처리해주는 것이 행정의 신뢰를 높이는 지름길이었다.

성남시 1호 머슴에 대한 시민들의 신뢰는 급상승했다. 신뢰가 높아질수록 이재명은 더 시간을 잘게 쪼개 더 많은 시민을 만났으며, 더 중요한 일에 집중할 수 있었다.

물론 직원들이 우려하던 일도 벌어졌다.

이미 전임시장 시절에 집행이 완료된 이주대책에 관련된 집단민원이었다. 이재명이 담당 부서의 책임자와 실무자까지 배석시킨 다음 현행 법령상 불가능한 일임을 충분히 설명했다. 그래도 그들은 고집을 부리며 시장실에서 농성에 들어갔다. 비서진은 당황하고 시청에 비상이 걸렸다. 중원경찰서장도 얼굴이 하얗게 되어 달려왔다.

"그것 보세요. 점거 당했잖아요?"

"점거 안 당할 테니 걱정 말라니까요."

"이미 점거 당했는데요. 어떻게요?"

"점거는 허락을 안 하는데 강제로 점령하는 건데, 내가 있으라고 허락하면 점거가 아닌 거잖아요."

이재명은 경찰병력을 다 철수시키라고 했다. 시청 직원들도 모두 자기 업무를 보라고 했다.

그런 다음 이재명은 농성자들에게 편안하게 사용하라며 시장실을 농성장으로 내주었다. 비서진에게 농성자들이 마실 음료와 대자보를 쓸 전지와 필기구도 제공하라고 지시한 이재명은 옆에 있는 자기 책상에 앉아 업무에 몰두했다. 여덟 식구가 복작거리는 단칸방에서 어머니의 앉은뱅이 재봉틀 앞에 앉아 공부한 이재명이었다. 머리띠를 두른 농성자들과 그 옆에 앉아 업무를 보고 있는 시장, 어디서도 볼 수 없는 진풍경이었다.

퇴근시각이 되었다. 농성자들은 요구를 들어줄 때까지 무기한 농성을 계속하겠다면서 구호를 외쳤다.

"말로만 시민이 주인이냐, 시민의 요구 수용하라."

이재명은 비서진에게 시장실 열쇠를 농성자들에게 가져다주고 퇴근하라고 지시했다. 주인에게 머슴 1호의 방 열쇠를 못 내줄 이유가 없었다.

"편하게 사용하십시오. 그리고 시간이 남으면 이 대자보에 적힌 요구사항을 보고 성남시의 다른 주인들도, 그래 이거 옳다, 법을 어겨서라도 해줘라, 하고 동의할 것 같은지 한 번 더 토론해주셨으면 좋겠습니다."

비서진을 먼저 퇴근시킨 이재명도 농성자들에게 인사를 하고 퇴근했다.

당황한 농성자들은 자기들만 남은 시장실에서 우왕좌왕하다가 서너 시간을 넘기지 못하고 모두 시장실을 빠져나갔다. 그들은 시의회 회의장에서 잠시 항의농성을 벌였다가 '특수공무집행방해' 전과자가 된 이재명의 상대가 되지 못했다.

'시민이 주인인 성남시'가 선거를 위해 내건 그럴듯한 정치적인 수사에 불과했다면 이재명은 수많은 허름하고 잡스러운 정치인의 하나에 불과했을 것이다.

'시민이 주인인 성남시'는 이재명에게 명확하고도 구체적인 실체였다. 13살 소년공으로 첫발을 내딛은 이래 노동자들과 함께하며 시민운동을 펼치면서 35년을 살아온 성남이었다. 그가 만들고 싶은 성남은 과거의 이재명에게 필요했고, 현재의 이재명이 만들고 싶고, 미래의 이재명이 살고 싶은 도시였다.

어제의 이재명에게 필요한 도시는 청소년과 청년들이 즐겁게 학교에 가고 미래를 설계할 수 있는 도시였다. 이재명은 그 첫걸음을 '무상교복'으로 잡았다. 교복의 브랜드 때문에 상처받는 청소년, 교복 때문에 자식에게 미안한 부모가 없는 성남을 만들고 싶었다.

오늘의 이재명이 만들고 싶은 도시는 젊은이들이 서로를 사랑하고 결혼하고 아이를 낳아 기르기 좋은 도시였다. 젊은이에게 출산이 부담이 아닌 축복이 되는 도시의 어른으로 살고 싶었다. 그 시작을 '공공산후조리원'에서 하고 싶었던 이재명이었다. 공공산후조리원은 여성정책의 씨앗이고 영유아정책의 출발점이며 출산인구정책의 핵심이었다.

내일의 이재명이 살고 싶은 도시는 노인이 편안하게 살아갈 수 있는 도시였다. 평생을 가족과 사회에 봉사한 노인들이 자존감을 가지고 살아가려면 '소일거리'와 '일거리', '삶거리'가 있어야 했다. 그의 어머니가 그런 도시에서 노후를 보내고 그 역시 그런 도시에서 늙어가고 싶었다.

이것들이 왜 성남시만의 일이겠는가. 국민의 삶을 책임진 정부와 모든 지방자치단체가 해야 할 이 일을 하기 위해서는 예산이 필요했다. 그런데 그가 인수받은 성남시의 금고는 텅텅 비어 있었다. 빈 정도가 아니라 빚문서로 꽉 차 있었다. 갚아야 할 빚이 7,285억원에 달했다. 전임시장이 필요하지도 급하지도 않은 토건사업과 도로공사, 초호화 청사 건축에 돈을 쏟아부은 결과였다. '무상교복'과 '공공산후조리원'은커녕 당장 파산할 지경이었다. 재정이 무너지면 할 수 있는 일이 없었다.

비상한 사태에 대응하려면 비상한 결단이 필요했다.

이재명은 성남시의 모라토리엄을 선언했다.

초긴축재정을 운영하며 빚을 갚아나갔다. 그렇다고 해서 해야 할 일을 하지 않은 것은 아니었다. 필요하지도 급하지도 않은 사업은 없애고 반드시 해야 할 사업에 예산을 집중했다. 시민들의 삶에 영향을 주는 일에는 최대한 신속히 대응했다.

행정의 정확한 방향성을 분명하게 제시하고 담당자들에게 책임과 권한을 확실하게 주었다. 공무원들도 그런 이재명을 좋아했다. 방향과 목적이 모호한 일을 시키고 책임만 지게 만드는 전임자들과 달랐기 때문이다.

성남의 구도심 지역인 중원구와 수정구는 언덕과 경사가 많아 겨울에 눈만 오면 차가 미끄러지고, 제설작업을 하는 며칠 동안 시민들은 불편을 감수해야 했다. 이재명은 담당 부서에 제설작업을 위한 장비보강 예산의 집행과 전 직원을 비상동원할 권한을 부여했다. 성남시 1호 머슴도 현장에 나갔다. 제설작업 구간에 따라 포상과 보상이 나갔다. 그다음부터 성남시민은 눈 걱정할 필요가 없었다. 눈이 온 그날 아침에 제설 작업이 완료되었다. 한번 눈이 오면 치우는 데 며칠씩 걸리던 전임 시장 시절과는 완전히 달랐다.

우리 직원들이 새벽에 출근해서 너무 열심히 했어요. 차도만 치우면 되는데 나중에는 인도는 물론이고 뒷골목까지 싹 치웠어요. 그래서 인도는 시민한테 맡기라고 내가 말려야 될 지경이었어요.

－ 이재명 인터뷰: 그렇게 새벽부터 출근시키면 직원들한테 불만이 터져 나오지 않느냐는 민정의 질문에 이재명은 이렇게 대답했다. '물론 그럴

게 일한 다음에 대체 휴가를 줍니다. 직원들이 시민들을 위해 일한다는 보람과 자부심을 느낄 수 있게 해주어야지요. 당연히 보상과 포상이 주어져야지요. 책임과 권한을 주고 신상필벌의 원칙을 지키면 우리 공무원들이 정말 일 잘합니다.' 민정현정은 돋보이는 정무적 감각에 가려 그의 행정·경영 능력을 사람들이 놓치고 있다는 느낌을 강하게 받았다.

성남의 구도심 지역 시민들이 겨울에 눈 때문에 고생했다면 신도시인 분당지역 시민들은 여름의 장마와 폭우 때문에 불편을 겪었다.

비가 많이 쏟아지면 탄천의 물이 차오르면서 산책로와 운동시설이 흙탕물에 잠겼다. 비가 그쳐도 다시 탄천을 이용하려면 몇 주가 걸렸다. 하지만 그건 이재명을 성남 1호 머슴으로 채용하기 전의 일이 되었다.

이재명 시장이 되고 나서는 비 온 다음 날 탄천에 나가보면 벌써 장비들이 쫙 나와서 정리를 하고 있는 거예요. 시민들이 기분이 좋았지요.

그 대신 예전처럼 멀쩡한 보도블록 갈아엎고 저거 왜 하나 싶은 이상한 공사 안 하니까, 믿음이 갔지요. 우리가 낸 세금이 엉뚱한 데로 새지는 않는다, 일 야무지게 한다, 그건 다 인정했어요. 시에 부정부패 같은 것도 싹 없어지고, 이재명이 시장하면서 분당이 더 살기 좋아진 건 확실하잖아요. 그러니까 분당에서는 지금도 당과 상관없이 이재명 지지하는 사람들이 많은 거예요.

— 분당 주민 조석보 인터뷰: 분당의 탄천 산책길에서 만난 그는 본인도 지지 정당과 관계없이 이재명을 좋아하는 것이냐는 질문에 '그렇다'며 이렇게 덧붙였다. '이재명이 시장했던 8년 동안 분당이 어떻게 바뀌었는지를 일산과 비교해보면 답이 간단히 나오잖아요.'

사업의 예산을 아무리 줄이고 절감한다고 해도 성남시가 안고 있는 7천억이 넘는 채무를 해결하고 그가 구상한 시민을 위한 사업을 추진하는 것은 불가능했다. 돈이 있으면서도 세금을 내지 않은 고액체납자를 추적해서 세금을 징수하는 것으로는 턱도 없었다.

이재명은 도둑질당한 시민의 돈을 되찾아오기로 했다.

대장동 도시개발사업 부지였다. 분당과 수지 사이에 자리잡은 대장동은 응달산과 태봉산, 대장천에 둘러싸인 천혜의 요지였다. 경부고속도로 판교나들목과 용인 – 서울고속도로 서분당나들목에 인접한 교통의 요지이기도 했다. 하지만 이 땅은 미래세대를 위한 보존녹지로 지정되어 있어 아무도 손을 대지 못하게 되어 있었다.

 LH가 아무도 손댈 수 없었던 대장동 일대의 도시계발계획에 착수하면서 대장동의 몸값은 천정부지로 뛰었다. 그런데 이재명 시장이 취임하기 석 달 전에 갑자기 LH가 대장동의 사업권을 포기했다. 모두가 군침을 흘리는 땅을 공공기관인 LH가 포기했다? 어림잡아 수천억이 넘는 개발이익을 민간의 누군가에게 넘기겠다는 뜻이었다. LH와 토건마피아의 협잡이란 걸 이재명은 단박에 알아차렸다. 쾌적한 삶을 위해 남겨둔 시민의 공유자산인 그린벨트와 같은 보존녹지를 풀어서 그 이익을 토건 마피아의 아가리에 넣어주겠다는 가당치 않은 수작이었다.

 이재명은 참모들과 함께 대장동의 예상 개발이익과 그 이익을 환수할 수 있는 방법을 모색했다.

 예상 개발이익은 5천억 이상이었다. 성남시가 갚아야 할 부채의 70%에 달했다. 시에 돈이 없는 것이 아니라 도둑놈이 엄청났다.

 개발이익을 환수할 수 있는 방법은 다시 공영개발로 돌려놓는 것이었다. 이재명은 LH가 민간에게 넘기려는 개발권을 되돌려 놓기로 결심했다. 참모들은 그를 말렸다. 이미 손아귀에 들어왔다고 생각하고 있는 이 엄청난 이익을 빼앗으면 토건 마피아들이 가만히 있겠느냐, 그렇지 않아도 사방이 적인데 어떻게 감당하겠느냐. 이재명도 고민하지 않은 것이 아니었다. 제2의 파크뷰 분양특혜 사건인데 규모는 더 컸다. 파크뷰 분양특혜 사건을 파헤쳤다가 누구보다 많은 적을 만들고 누구보다 오래 시달린 이재명이었다. 그자들이 붙여준 '검사사칭'전과가 지금도 이재명의 등짝에 붙어 다녔다.

파크뷰 사건을 통해 이재명이 토건 마피아들의 실체를 알았듯이 토건 마피아들도 이재명 꼴통 기질을 알았다. 그래서 이재명이 시장이 되기 석 달 전에 서둘러 민영개발로 엎어치기를 해놓은 것이었다. 토건 마피아들은 이것이 다시는 돌이킬 수 없는, 불가역적인 조치일 줄 알았다. 그럴 뻔했다. 하지만 상대는 이재명이었다. 이재명은 그들이 생각한 것보다도 훨씬 더 겁이 없는 꼴통이었다.

이재명도 여러 번, 못 본 것으로 하고 성남시장의 일에나 집중할까, 생각해보았다. 변명거리도 있었다. 그가 취임하기 전에 이미 확정된 일이니 난 책임 없다, 고 할 수 있었다. 며칠의 고민 끝에 이재명은 LH와 토건 마피아들이 엎어치기 한 것을 다시 되치기하기로 작정했다. 전쟁이었다.

시나리오는 파크뷰 분양특혜 사건 때와 같을 것이었다. 회유 → 협박 → 음해·공격.

지난번과 마찬가지로 가족까지 건드릴 것이다. 시민 김혜경의 결재가 필요했다. 협박과 음해와 공격을 함께 견뎌야 할 유일한 동맹이었다.

견뎌줄 수 있겠느냐는 이재명의 물음에 시민 K는 한참을 생각하다 되물었다.

"이번에는 나도 가스총 하나 사줄 거죠?"

그렇게 시민 K의 승인을 받은 이재명은 지역의 기득권세력과 토건 마피아를 상대로 전쟁을 시작했다.

진정한 깡다구는 이런 거라고 생각합니다. 이재명을 싫어하는 사람들이 얼마나 많습니까? 그가 이득을 빼앗고 제어한 카르텔들이 수없이 많습니다. 여러분은 아실 겁니다. 그가 적이 얼마나 많은지.

수많은 난관과 협박, 도전이 있었음에도 그는 결코 굴복하지 않았지요. 그의 지난 10년이 증명합니다. 그가 밟고 있는 땅은 항상 이런 살얼음판이었고 자신을 내놓았습니다. 그럼에도 그는 살아있습니다. 오히려 덩치가 훨씬 커져서. 그가 그랬지요. 가진 게 없는 그에겐, 우리가 정치인 이재명이 살아있다는 유일한 증거라고. 무슨 일이 있어도 기득권에 굴복하지 않겠다고.

이 깡다구. 인간 이재명에게 진정 배우고 싶은 점입니다. 저는 이런 깡다구가 우리 정치판에서 너무 소중하게 느껴지고 좋은데 어쩌겠습니까 ㅎ

어떤 위기와 유혹이 오더라도 그가 절대 변하지 않았으면 좋겠습니다

sora****

https://kin.naver.com/qna/detail.nhn?d1id=6&dirId=6

0701&docId=394398557&qb=7J207J6s66qFlOuMgOyepeuPm
SDqsJzrsJw=&enc=utf8&section=kin.ext&rank=1&search_
sort=0&spq=0

세상에 쉬운 전쟁은 없었다.

기득권세력이 이미 엎어치기 해둔 엄청난 이권을 순순히 내놓을 리 없었다. 파크뷰 분양 특혜사건 때와는 비교도 할 수 없는 집요한 회유와 로비가 이재명에게 들어왔다. 심지어 안동 깡촌의 삼계초등학교 동기와 돌아가신 아버지의 친구까지 찾아내 앞세웠다. 검은 유혹의 손길은 끝이 없었다. 하지만 물러설 것이었으면 시작도 하지 않았을 이재명이었다.

정작 가장 큰 문제는 협박도 음해와 공격도 아니었다. 성남시와 같은 자치단체는 직접 개발사업을 할 수 없다는 사실이었다. 서울시나 경기도와 같은 광역자치단체는 SH공사와 같은 산하의 개발기관을 통해서 하면 되지만 기초자치단체인 성남시에는 그런 기관이 없었다.

기초자치단체라고 개발기관을 만들지 못할 이유가 없지 않은가, 없으면 만들자. 이재명은 시장이 동원할 수 있는 권한을 총동원했다. 시민들이 시장에게 준 권한은 시민을 위해서 쓰라고 있는 것이었다. 비난과 협박이 쏟아졌지만, 이재명은 음해와 공격의 틈을 주지않고 전광석화처럼 밀어붙였다.

이재명은 마침내 LH와 토건 마피아, 토호 정치세력이 엎어치기 해놓은 민간개발을 공공개발로 되치기했다. 이재명의 완벽한 되치기 한판승이었다. 이재명은 이렇게 되찾은 대장동 개발권을 성남시가 설립한 성남도시개발공사에 맡겼다.

이재명의 과감한 되치기 한판으로 성남시는 5천5백억의 개발이익을 시민들에게 환원했다.

이재명이 기득권세력이 차려놓은 밥상을 걷어차면서 대장동 민간개발사업의 비리도 만천하에 드러났다. 99억 원을 횡령해 뇌물로 사용한 대장동 민간개발업자와 13억8천만 원의 뇌물을 받은 LH본부장을 비롯해 지역 국회의원의 동생, 변호사, 감정평가사, 저축은행지점장 등이 줄줄이 구속되었다.

2014년 1월 27일 '성남시 1호 머슴 이재명'은 5,731억 원의 부채를 현금으로 갚고 모라토리엄을 졸업했다고 자신을 채용한 성남시민들에게 보고했다. 모라토리엄 선언 3년 6개월 만이었다. 이재명이 무상으로 퍼주기만 하는 포퓰리스트라는 공격과는 정반대였다. 이재명은 부패한 전임자가 거덜 낸 시의 살림을 3년 6개월 만에 정상화했다. 그 성과는 이재명을 지독하게 괴롭힌 이명박의 토건 정부마저도 인정할 수밖에 없었다. 성남시는 2013년도 안전행정부의 지방재정종합평가에서 우수기관으로 선정되어 기관 표창과 교부세를 인센티브로 받았다. 전국의 244개 지방자치단체를 대상으로 재정 건전성, 재정 효율성, 재정운영 노력 등 3개 분야의 25개 지표로 평가하는 것이 지방재정 종합평가였다.

이재명과 시민 K가 가족을 해치겠다는 위협에도 굴복하지 않고 과감하게 싸운 덕분에 성남시민들은 토건 마피아들 뱃속에 고스란히 들어갈 뻔했던 대장동 개발이익 5천5백억 원을 되찾을 수 있었다.

시민들은 환호했지만 밥상을 빼앗긴 기득권세력은 이를 갈았다. 이재명은 두고두고 감당해야 할 엄청난 적을 또 그만큼 늘렸다.

부패즉사
청렴영생

이재명에게 되치기를 당하고 이권을 빼앗긴 세력이 가만히 있을 리 없었다. 없는 죄도 만들어 이재명의 전과를 만든 그들이었다.

허점 하나라도 보이는 순간 끝이라는 것을 이재명 자신이 누구보다 잘 알았다. 철통방어를 하는 수밖에 없었다. 크거나 작거나 권력의 주변에는 이권을 노리는 자들이 꼬이기 마련이었고, 그 1차 대상은 본인과 가족이었다.

가족과 친인척 비리의 비참한 말로는 멀리서 찾을 것도 없었다. 이재명 이전의 민선 성남시장 3명이 모두 비리 혐의로 구속되었다. 직전 시장인 이대엽은 퇴임하자마자 시 예산 2억6천만 원을 횡령하고, 인허가 특혜의 대가로 1억8천만 원과 시가 1천2백만 원짜리 50년산 로얄샬루트 등을 받은 혐의로 구속되이 1심에서 징역 7년을 선고받았다. 전용 엘리베이터를 타고 오르내리던 9층의 성남시장실에서 수원

구치소로 직행한 것이다. 이대엽 전 시장의 큰조카와 조카며느리도 구속됐다. 셋째 조카도 구속영장이 청구됐다.

서로 밀어주고 끌어주고 덮어주며 자리와 이권을 나누어 먹었던 자들도 끝내 모든 것을 다 덮어버리지는 못했다. 하물며 사방의 적들로 둘러싸인 이재명을 보호해줄 세력이 어디에 있겠는가. 타협을 모르는 무수저 출신의 이재명을 엎어 치려고 호시탐탐 노리는 기득권 카르텔의 최전선에 정보공작기관과 검찰, 경찰이 있었다. 그들에게 걸려드는 순간 인생이 끝장나는 거였다. 이재명에게 청렴결백은 선택사항이 아니었다. 털어서 먼지라도 나면 죽음이었다. 이재명은 스스로 완벽하게 깨끗하고 가족과 친인척비리를 철저하게 차단해야 살아남을 수 있는 존재였다.

자기 일은 자기가 해결하며 살아온 형제들 모두 기꺼이 이재명이 시장이 되지 않은 것처럼 살아주었다.

태백에 사는 큰형은 건설노동자로 일하다 추락사고를 당해서 한쪽 다리를 잃었는데, 예전과 마찬가지로 형수가 세차하면서 생활을 꾸려나갔다. 이재명이 대학에 들어갔던 해 돈 한 푼 없이 친구 심정운까지 데리고 강원도로 찾아갔을 때 광부를 하던 형과 형수는 결근을 하며 그들에게 고기를 구워 먹이고 차비를 챙겨주었다. 어렵게 살아온 누나는 성남에서 여전히 요양보호사로, 하던 일을 계속했다.

이재명이 미래를 비관하며 방황할 때 유일하게 검정고시 공부를 하라고 잔소리를 했던 고마운 둘째 형은 시장이 된 동생에게 부담이 될

까 봐 다니던 직장마저 옮겼다.

난 재명이 시장 되고 나서 다니던 주방가구회사를 그만뒀어요. 회사 입장에서는, 내 동생이 시장이 됐으니까 내가 납품을 하는 데 좀 도움이 되기를 기대하지 않겠어요? 내가 그렇게 하면 동생에게 피해를 주는 거고, 안 하면 회사에 미안하잖아요. 그래서 그만두고 나와서 청소하는 회사로 옮겼지요.

— 이재영 인터뷰: 그 청소회사는 관공서 하청 일을 하지 않느냐는 민정의 검증성 질문에 이재영은 개인 건물 청소만 한다고 대답했다. 아버지의 가업을 이었다는 현정의 농담에 이재영은 담담하게 웃으며 덧붙였다. "우리 집안이 청소와 인연이 좀 깊죠. 동생 재문이도 군포에서 청소일을 했고, 여동생도 나중에 미화원 일을 했으니까요."

야쿠르트를 배달하며 '일 잘할 오빠'을 찍어달라고 밑바닥을 훑고 다녔던 여동생 재옥은 여전히 야쿠르트 아줌마로 일했다. 배달이익이 줄어들어 그만두고 다른 일을 알아보려던 재옥은 오빠가 시장 되더니 이제 힘든 일 안 한다는 오해를 살까 봐 야쿠르트 배달 일을 계속했다.

이재명은 그와 함께 시정을 이끌어나갈 동료 직원들에게도 부정부패와 조금이라도 연루되면 패가망신한다는 사실을 이해시켰다.

직원들 교육 때 꼭 얘기했어요. 이 정도야 괜찮겠지, 했다가는 죽는다. 검찰이 제일 좋아하는 먹잇감이 공무원 비리다. 민간인 열 잡는 것보다 공무원 하나 잡는 게 훨씬 주목받고 평가에서도 덕을 본다. 그러니까 검찰이 업자들을 잡으면 공무원이 연루된 부분부터 들춘다. 업자도 그걸 아니까 검사가 원하는 먹잇감으로 공무원과 술 먹은 것, 밥 먹은 것, 노래방 간 것까지 있는 것 없는 것 다 진술하고 자기 죄를 가볍게 만드는 거래를 한다. 돈한 푼, 술 한 잔 얻어먹고 패가망신하지 마라. 돈이 마귀다. 시청과 구청 주변에는 마귀가 천사의 얼굴을 하고 돌아다닌다. '부패즉사 청렴영생' 여덟 글자 주문을 아침저녁으로 외워야 마귀한테 안 잡아먹힌다, 고 직원들에게 얘기했지요.

    — 이재명 인터뷰: 교육으로 부정부패가 근절될 것 같았으면 예전에 없어지지 않았겠느냐는 민정의 질문에 이재명은 이렇게 대답했다. "말로 끝나면 그렇죠. 하지만 기강이 흐트러지거나 의혹이 있으면 신속하게 감찰을 합니다. 그 결과에 따라 단호한 신상필벌이 따르면 다르죠."

이재명은 공무원들의 비리를 근절하는 것과 함께 공무원들이 부당한 압력과 간섭을 받지 않고 소신껏 일할 수 있도록 보호해야 했다. 자신이 부당한 지시를 하지 않을 뿐만 아니라 자신의 가족이나 친인척,

측근, 선거 공신임을 앞세워 압력이나 청탁을 하면 즉시 직접 시장에게 신고하도록 했다. 부정부패와 청탁 비리는 익명으로도 신고할 수 있도록 자신의 개인 이메일 주소와 전화번호를 공개했다. 신고 안내와 함께 시청의 화장실마다 8자 성어가 붙었다.

– 부패즉사 청렴영생

부패하면 즉시 죽고 청렴하면 영원히 산다.

청탁과 비리 신고가 들어오면 즉시 감찰팀을 투입해 사실관계를 확인하고, 결과에 따라 엄격하게 처리했다. 이재명의 일곱 형제와 친척 중에서 단 한 명을 제외하면 청탁을 하는 사람이 아무도 없었다. 예외적인 그 단 한 사람은 뜻밖에도 셋째 형 이재선이었다. 벌써 여러 해 전부터 아버지 제사에도 오지 않던 셋째 형이었다.

이재명이 시장에 당선되자 이재선은 자리를 부탁했다. 성남시장의 지위를 이용해 자신을 성남시 관내에 있는 한 대학의 교수로 만들어달라는 요구였다. 이재명이 할 수 있는 일도, 해서도 안 되는 일이었다.

이재명은 셋째 형이 안타까웠다. 여덟 식구가 단칸방에서 살던 시절에도 남의 것을 탐하거나 남을 원망하지 않고 서로 도우며 어머니의 품 안에서 오순도순 살았던 그의 형제들이었다. 더구나 이재명이 압정에 찔려가며 공부해 늘어간 중앙대 특대 장학금으로 학원비를 대주며 대학입시를 준비시킨 셋째 형이었다. 셋째 형에게 줄 학원비를 빼앗기지 않기 위해 아버지와 다툼까지 벌였던 이재명이었다.

이재명의 후견으로 건국대 특대 장학생이 된 셋째 형은 2학년 때 공인회계사에 합격했고 이재명을 포함한 모든 형제 중에 사는 것이 가장 나았다. 대학을 나와 회계사와 변호사가 된 셋째 형과 이재명은 사회적으로 크게 성공한 셈이었다.

초등학교 아니면 중학교밖에 다니지 못하고 지금도 세차와 청소, 야쿠르트 배달을 하며 살아가는 다른 형제들에게 늘 미안한 이재명이었다. 도와주지는 못해도 최소한 다른 형제들에게 부끄럽지는 않게 살아야 마땅한 이재명과 셋째 형이었다. 그런데 셋째 형은 어머니의 가슴에 못을 박고, 이제는 부당한 방법으로 '교수'라는 헛된 명예를 얻으려고 했다.

이재명이 미동도 하지 않자 이재선은 시 감사관을 통해 '교수' 청탁을 넣었다. 감사관에게 보고를 받은 이재명은 아예 듣지 않은 것으로 하라고 엄명했다.

셋째 형은 이재명에게 성남시의 인사와 정책에 대해 자문하겠다는 제안도 해왔다. 그 역시 받아들일 수 없는 일이었다. 인사와 정책에 대한 자문은 시정에 대한 사적 개입과 청탁의 다른 표현이었다. 이재명은 단호하게 뿌리쳤다. 셋째 형이 개입해 추진한다는 소문이 나도는 노인주택 사업 허가도 원천 봉쇄해버렸다.

이때부터 이재명과 셋째 형 사이는 결정적으로 벌어졌다.

이재선은 계속해서 시장의 '친형'임을 내세워 시정에 개입하려고 시도했다. 시장 비서실장에게는 특정 공무원의 승진과 징계까지 요구했다. 이재명은 분노보다 슬픔이 먼저 밀려왔다. 누구보다 가난과 불공정에 상처받고 분노하며 살아온 그의 형제들이었다. 그런데 지금 셋째 형은 불공정한 짓을 저지르라고 동생에게 요구하는 것이다.

이재명은 직원들에게 시장의 가족·친인척과 접촉을 엄격히 금지하라는 지시를 내렸다. 휴대폰은 물론 시장실로 걸려오는 이재선의 전화도 차단했다. 이재선은 시장실 앞에서 시장 면담을 요구하며 '형님 시위'를 벌였다. 누가 보아도 셋째 형의 행동은 정상이 아니었다. 지병인 조울증이 심해지고 있는 것이 확연했다.

이재명을 눈엣가시로 여기는 이명박 정권과 새누리당이 이런 호재를 내버려 둘 리 없었다.

청와대는 직접 나서서 일개 기초자치단체장에 불과한 이재명의 뒤를 2개월간이나 캐고 다녔다. 이명박 대통령에게 보고한 40쪽의 결과보고서는 한마디로 '이재명 퇴출대책'이었다. 정보기관의 김모 과장이 진두지휘한 이재명 퇴출작전에는 언론과 지역의 토착 비리세력이 동원되었다. 그들이 찾아낸 회심의 파트너는 온갖 사고를 치고 다니는 이재명 시장의 '친형' 이재선이었다. 그가 사고를 더 많이 쳐주면 쳐줄수록 좋고, 이재명이 그를 달래기 위해 뭔가 혜택을 제공하면 더더욱 좋은 꽃놀이 패였다.

이재명 퇴출을 위한 정보기관의 첫 번째 프로젝트는 '종북몰이'였다.

성남시가 '환경미화원 협동조합'으로 출발한 사회적기업 '나눔환경'에 성남시의 청소용역 하나를 맡긴 것이 종북이란 것이었다.

이재명이 시장에 취임해보니 시청과 구청, 도서관 등 성남시에서 청소용역을 주는 곳이 16군데 있었는데 그 업체 하나의 권리금이 20억이었다. 환경미화원에게 지급되어야 할 월급의 40만 원을 중간에서 가져가는 업체는 한 달에 수천만 원의 순익을 내고 환경미화원들은 쥐꼬리 월급을 받는 것이었다. 땅 짚고 헤엄치며 환경미화원들의 임금을 가로채는 업체가 누구와 결탁한 것인지는 물어보지 않아도 뻔했다.

이재명은 별도로 책정된 용역업체 이윤을 제외한 환경미화원 임금은 100% 그대로 지급하는 조건으로 입찰공고를 내고, 선정방식도 공개경쟁 심사로 바꾸었다. 환경미화원들은 한달에 월급이 40~50만 원이나 올랐다고 좋아했다.

그렇게 공개경쟁 심사를 거쳐 선정된 업체 중의 하나가 사회적기업 '나눔환경'이었는데 70여 명의 조합원 중 2명이 통진당 당원 출신이라는 것을 빌미로 이재명을 종북으로 몰았다. 한 언론은 사흘 동안 열두 개의 기사를 쏟아냈고, 이재명의 셋째 형 이재선은 '종북 시장'인 자기 동생이 '간첩 30명과 함께 구속'될 것이라며 이재명 퇴진운동에 앞장섰다.

청와대와 국정원, 경기도를 일개 기초자치단체장이 한꺼번에 상대하기에는 벅찼지만, 이재명이었다. 맞장을 떴다. 털어도 먼지 날 게 없는 이재명만 부릴 수 있는 깡다구였다. 그는 부정 축재를 한 일도 없었고, 재벌들에게 비자금을 받아 정치자금으로 쓴 적도 없었다. 지은 죄가 없으므로 꿇릴 게 없었다.

㈜나눔환경을 사회적기업으로 선정한 건 성남시가 아니고 경기도였어요. 경기도가 자격 있다고 선정한 사회적기업을 대상으로 성남시의 시의원이 포함된 심사위원회에서 엄정히 심사했고, 심사에 참여한 새누리당 소속 시의원은 나눔환경에 최고점수를 줬어요.

정부와 경기도가 대부분의 자금을 지원하고 성남시는 전체 지원금의 14%뿐이 안 되는 의무부담금을 지원했단 말예요. 그 청소업체에 일감을 준 것이 종북이라면, 그 청소업체를 사회적기업으로 선정해 수억 원의 지원금을 현금으로 준 이명박, 박근혜 대통령, 김문수 전 경기도지사는 공작금을 준 고정간첩으로 봐야 하는 것이 맞다, 이렇게 내가 SNS에 올리고 맞장을 붙었죠.

내가 믿을 게 뭐 있습니까. 시민들과 SNS 동지들이 나를 지켜준 거죠. 지금도 그때 저를 지켜준 시민들과 SNS 동지들에게 깊은 고마움을 간직하고 있습니다.

– 이재명 인터뷰: 거대 권력에 맞서서 그렇게 주저없이 맞설 수 있는 용기가 무엇이냐는 민정의 질문에 이재명은 이렇게 대답했다. "난 잃을

게 없는 무수저에요. 지금 얻은 것이 과분하고, 다 잃어도 아까울 것이 없어요. 지킬 기득권이 없으면 잃을까 봐 두려워할 것도 없잖아요. 그래서 언제나 적당히 타협하지 않고 최상에 도전합니다. 내가 진실의 편에서 최선을 다해 싸운다면 아무리 강한 적도 이길 수 있고, 설사 이 싸움에서 진다고 해도 얼마든지 다시 일어설 수 있다고 믿어요. 음해와 공작이 진실을 이기겠습니까?" 민정현정은 이재명의 눈빛에서 투지 이상의 신념을 읽을 수 있었다.

'종북' 대전은 이재명의 완승이었다. 종북으로 이재명을 엎어치기하려고 했던 청와대와 정보기관은 이재명의 '고정간첩' 되치기 한판에 넘어갔다.

하지만 청와대와 정보기관보다 더 무서운 것이 가족이고 핏줄이었다.

새누리당이 내미는 비례 시의원 공천 미끼에 넘어간 이재선은 자신이 어떻게 이용당하고 있는지 여전히 몰랐다. 이재명은 형이 미운 것이 아니라 아픈 형을 이용해 정치적 목적을 달성하려는 정보기관과 정적들의 야비한 공작에 진저리를 쳤다.

이재선은 정보기관과 새누리당에게 변함없는 꽃놀이패였다.

이재명이 굴복하지 않으면 셋째 형은 정보기관이 시키는 대로 '종북세력'이라고 외롭게 외치며 '이재명 퇴진운동'을 벌일 것이고, 정적들은 화전민의 집구석에서 태어나 공돌이로 자란 근본 없는 형제들이 서로 하는 짓이 오죽하겠느냐며 싸잡아 매도하면 되었다.

반대로 이재명이 창피를 당하지 않기 위해 이재선에게 어떠한 혜택이라도 준다면 바로 그 순간에 직권남용으로 엮으면 되었다. 가족 비리로 이재명을 파멸시키기 위해서 저들은 당연히 셋째 형 이재선을 그보다 먼저 제물로 삼을 것이 뻔했다. 셋째 형은 그것도 모르고 정보기관의 김모과장, 성남의 새누리당 간부들과 어울려 다니며 철저하게 이용당했다.

이재선이 시장 '친형'임을 내세워 공무원들의 업무에 간섭하려고 든 것은 헤아릴 수가 없었다. 자신이 새누리당에 이용이나 당하는 존재인 줄도 모르고 성남시의회 의장 선출에 개입하겠다며 새누리당 의총장에 들어갔다가 수모만 당했다. 심지어 은행지점에 찾아가 직원들에게 폭언을 퍼붓고, 수내동 롯데백화점의 정상적인 영업활동을 불법이라고 직접 단속까지 벌였다. 이재선의 조울증 증세는 더욱 심해졌다.

이재명은 시장으로서 셋째 형을 고발하지 않는 것이 직무유기에 해당하는지, 않는지를 매일 고민해야 했다. 차마 할 수 없는 일이었다. 셋째 형의 행패를 견뎌야 하는 직원들에게 참으로 미안한 일이었다.

이 시장이 그럴 수 없는 효자잖아요. '엄마'란 단어만 나와도 평생 고생한 어머니 생각에 눈시울이 붉어지는 이 시장인데, 셋째 형 때문에 참 힘들어 했죠.

셋째 형은 이 시장이 만나주지 않고, 나중에는 직원들도 일체 상대를 안 해주니까 나한테 전화를 많이 했지요. 한 번 전화하면 한두 시간은 보통이었죠. 아무도 상대를 안 해주니까, 그래도 누군가 한 사람은 상대를 해줘야 하잖아요. 이 시장 친구인 내가 아니면 그 욕을 누가 들어주겠어요. 그렇게 들어주기라도 하면 좀 낫지 않을까 하고, 한 시간이고 두 시간이 들어주는 거죠. 평생 들어보지 못한 욕도 많이 들었지요… 셋째 형도 불행한 분이에요.

　－ 이영진 인터뷰: 이재명에게 이재선과의 통화한 내용을 전했느냐는 현정의 물음에 이영진은 고개를 저었다. "거의 얘기 안 했죠. 뭐, 전화 왔었다, 간혹 그렇게 한마디 정도 해줬죠. 들으면 속만 상하는 얘긴데 나 혼자 듣고 마는 게 낫지요." 현정민정은 '욕받이'를 자처했던 이영진을 보며 진정한 친구의 모습이 저 비슷한 것이 아닐까 싶었다.

쓰러진 어머니를
안아 일으키며

도저히 참을 수 없는 일은 엉뚱한 곳에서 벌어졌다.

이재명이 전화를 차단하자 셋째 형이 어머니를 찾아간 것이었다. 여러 해 전부터 어머니의 집에 발길을 끊었던 이재선이었다. 이재선은 어머니가 통장에 넣어두고 있던 노후자금 5천만 원을 빌려달라고 했다가 거절당하자 어머니에게 입에 담을 수 없는 거친 폭언을 퍼붓고, 다른 형제들과도 멀어졌다. 어머니의 노후자금 5천만 원은 온 가족이 함께 번 돈으로 아버지가 장만했던 집을 처분하고 어머니가 새 거처를 마련한 다음 남은 돈이었다.

이재선은 자기가 나서서 식구들이 살던 집을 처분하고 정리하였으므로 자기에게 그 5천만원에 대한 처분권이 있지 '나가서 돈을 번 적이 없는 어머니는 그 집을 판 돈에 대한 권한이 없다'고 주장했다. 이재명과 다른 형제들은 '그럼 남의 집 사고 팔아주는 부동산이 다 집주인이겠다'며 '화장실에 나가 10원, 20원 받아 집안 살림을 하고 우리를 키운 어머니한테 왜 그 집의 권리가 없느냐'고 맞섰다. 그다음부터 셋째 형은 어머니와 등지고 아버지 제사에도 참석하지 않았다.

어머니와 형제자매들이 가능한 비밀리에 셋째 형님 정신병을 치료하려 했지만 형님의 거부와 정치적 문제 제기, 녹음공개로 더 이상 덮어둘 수 없어 실상을 공개합니다.

저도 형님의 아픈 부분을 글로 쓰는 것은 괴로운 일입니다. 그러나 진실을 밝히지 않으면 다른 형님이 심각한 피해를 입기 때문에 최소한 객관적인 사실에 기초하여 공정한 판단이 되도록 있는 사실을 밝힙니다.

셋째 형님은 오래전부터 감정통제를 못해 어머니와 세 분의 형님, 큰누님 부부까지 심각한 욕설을 퍼부어 가족관계가 끊어졌고, 조울증과 과대망상증이 생겨 자신이 예수, 부처보다 위대하다거나 '거듭나기 위해서' 자신의 2차례 간통 사실을 공개하는 글을 인터넷에 쓰는 등 이상한 행동을 하다 약을 먹고 진정된 일이 있습니다.

2006년 셋째 형님은 어머니가 5천만 원을 안 빌려준다고 어머니에게 '그 돈 갖고 뒈져라, 뒈져도 상가에 안 간다'고 폭언하고 '어머니가 날 배신했다'며 어머니 집 출입을 끊고 형제자매들과도 단절되었습니다.

－ 이재명의 막내 동생 이재문의 글: 이재문은 2012년 6월 23일 쓴 이 글의 끝에 이렇게 덧붙였다. '셋째 형님이 빨리 쾌유하기를, 넷째 형님이 고통을 잘 참아내기를, 가족 간의 아픈 사연이 정치적 싸움거리가 되지 않기를 바랍니다. － 두 분을 사랑하는 막내 동생 이재문'

그랬던 이재선 부부가 어머니를 찾아가 동생 이재명에게 전화를 걸어 자기에게 바꾸라고 요구한 것이다.

셋째가 어떻게 넷째를 괴롭히는지 알고 있던 어머니는 전화 걸기를 거부했다. 그러자 이재선은 이성을 잃고 집에 불을 질러 죽이겠다며 어머니를 위협했다. 어머니는 셋째 아들이 정말 불을 지를지 모른다는 공포와 처참한 슬픔에 빠져 이재명에게 전화를 걸었다. 사정을 모르는 이재명은 반갑게 전화를 받았다.

"엄마, 밥은 먹었어?"

어머니는 하루 한 번 재롱둥이 넷째와 통화하는 게 가장 큰 낙이었다. 이재명이 먼저 하거나 어머니가 먼저 하거나 하루에 한 번씩은 꼭 통화했다. 이재냉의 물음에 돌아와야 할 대답이 없었다. 평소 같으면 바로 들려올 대답이었다.

'우리 시장, 바쁘제? 내캉 쪼매 전화해도 괜않나?'

들려야 할 어머니의 그 목소리 대신 재선 형의 목소리가 전화기에서 흘러나왔다. 처음부터 욕이었다. 이재명은 잠자코 들었다. 제발 그 욕을 자기에게만 하고 어머니에게는 하지 않기를 바랐다.

그러나 셋째 형 이재선은 기어코 어머니에게 패륜적 폭언을 퍼부었고, 이상 행동은 점점 심해졌다. 형수는 아는지 모르는지 악화하는 셋째 형의 조울증에 방임했다.

셋째 형과 형수는 정확하게 진단을 받고 잘 관리하면 치료될 조울증을 돌볼 생각은 하지 않고 도리어 어머니의 집에 부부가 함께 가서 형이 어머니를 때리는 패륜까지 저질렀다.

쓰러진 어머니의 연락을 받은 형제들이 모두 어머니 집으로 달려갔다. 이재명도 울면서 달려갔다. 어머니의 집에 먼저 도착한 이재명의 동생 재문은 셋째 형에게 맞아 병원에 실려 간 다음이었다. 패륜을 저지른 셋째 형과 형수는 떠나고 없었다. 셋째 형 부부가 어머니에게 저지른 일을 보고 들은 나머지 형제들은 모두 심장이 얼어붙고 말았다.

어머니의 집과 어머니가 다니는 교회에 불을 질러 다 죽이겠다는 폭언은 약과였다. 어머니에게 '내가 나온 **구멍을 찢어 죽이고 싶다'고 한 욕설로도 모자라 이제는 어머니 마구 때리고 집안 살림을 때려 부순 것이다.

쓰러진 어머니는 하염없이 눈물만 흘렸다. 형제들이 더 참을 수 없었던 것은 형수가 차를 운전해서 이성을 잃곤 하는 형을 데리고 왔고,

처음부터 끝까지 옆에서 지켜보면서 부추겼다는 사실이었다.

　여동생 재옥과 막내 재문은 어머니를 지키려다 도리어 셋째 형에게 얻어맞고 울기만 했다. 사람 좋은 둘째 형도 손아래 동생인 셋째 형과 부인에게 상대가 되지 않았다. 어머니에게 용서할 수 없는 패륜을 저지르고서도 대학 나왔다고 유식을 떨어대며 다른 형제들을 멸시하는 셋째 형 부부를 상대할 수 있는 사람은 아무도 없었다. 세차하고, 청소하고, 요양보호사로 일하는 형들과 누나도 어머니가 지닌 노후자금을 빌려달라고 손을 내민 적이 없는 효자들이었다. 야쿠르트 배달하고, 청소하며 살아가는 여동생과 막내도 틈이 나면 어머니를 모시고 다니는 착한 효자였다. 아버지의 제사에도 오지 않고 여섯 형제와 척을 진 채 살아가던 셋째 형의 패륜으로 무너진 어머니와 형제들을 지키기 위해 이재명은 싸울 수밖에 없었다.

　그토록 원망했던 아버지와 화해하고 아버지가 했던 모든 일을 이해했지만, 이재명이 끝내 아버지를 용서하지 못한 것이 딱 하나 있었다. 어머니를 때린 일이었다. 차마, 아버지여서 어머니를 때린 아버지를 어쩌지 못했지만 절대 용서할 수는 없었다. 아버지에게 맞아 멍이 든 얼굴로 봉투를 팔러 나가던 어머니의 그 모습은 이재명의 심장에 새겨져 있었다. 이재명에게 그것은 평생을 두고 지울 수 없는 슬픔이었고 상처였다. 그건 저세상에서라도 아버지가 반드시 어머니에게 직접 용서를 구해야 할 일이었다. 용서를 비는 아버지를 어머니가 용서했다는 말을 듣기 전까지는, 자신을 포함해 그 누구도 그 일을 용서할 권리가 없다고 이재명은 믿었다. 그렇게 아버지에게 매를 맞으면서 7남매를 지키고 키워낸 어머니였다. 그 시대의 많은 어머니가 그랬듯이 그의 어머니도 자식들만 바라보고 평생을 희생하며 살았다. 그 어머니가 지금 다른 누구도 아닌 피눈물을 삼켜가며 키운 자식에게 맞아 쓰러져 울고 있었다.

아버지가 집을 나간 다음, 어머니는 땅 한 평 없는 화전촌에서 남은 5형제를 혼자서 키웠다. 그 어머니 덕분에 둘째 형 재영과 재명은 문턱에도 가보지 못한 중학교를 졸업했던 셋째 형 재선이 어머니에게 그럴 수는 없었다. 그래서는 안 되는 일이었다.

이재명은 잇따라 어머니에게 패륜을 저지른 형과 형수에게 몇 차례나 따지고 항의했다.

그 과정에서 이재명은 아직도 그 말만큼은 믿어지지 않아서 어머니에게 '**구멍를 찢어 죽인다'는 말을 왜 했느냐고 물었다. 형수는 너무나 태연하고 침착하게, 그리고 품위 넘치게 '그건 고차원적인 은유죠? 은유도 모르세요?'라며 이재명을 조롱했다. 은유? 어머니에게 **구멍을 찢어 죽인다는 소리가 은유였다고? 그건 이재명을 향한 능멸이 아니었다. 어머니는 물론 가난해서 배우지 못한 시댁 식구 모두를 향한 능멸이었다.

이재명은 피가 거꾸로 치솟았다. 쌍시옷이 튀어나갔다. 그럼 '당신 자식이 당신한테 **구멍을 찢어죽인다고 하면 좋겠느냐, 당신 오빠가 당신 친정엄마한테 **구멍을 찢어죽인다고 하면 당신은 좋겠느냐' 이재명은

303

형수가 은유적인 표현이라고 조롱한 그 은유를 형과 형수에게 돌려주었다. 이재명의 '쌍욕'으로 알려진 그 욕설이 바로 형수가 말한 셋째 형의 '고차원적인 은유'였다. 이재명의 쌍욕은 셋째 형 이재선이 어머니에게 한 '고차원적인 은유'의 아주 일부를 돌려준 것일 뿐이었다.

이재명과 셋째 형 부부와의 설전은 몇 차례 계속됐다.

그날의 그 참담함을 뭐라고 얘기하겠어요. 재선이가 그런 애가 아니었어요. 어쩌다가 그렇게 되었는지… 내가 어머니 집에 달려갔을 때 셋째 부부는 떠나고 없었고, 재명이는 조금 뒤에 달려왔죠. 어느 가족들이나 다 아픈 사연들은 있잖아요. 아무리 험하게 다투고 그래도 나중에 다시 화해하고 또 잘 지내는 게 형제고 핏줄이잖아요. 우리 가족의 일은 우리 가족들이 언젠가 훌훌 털고 어머니 아버지 곁으로 갈 수 있게, 제발 좀 남들이 건드리지 말아 줬으면 좋겠어요.

   - 이재영 인터뷰: 이재영은 셋째 이재선이 조용히 책 읽는 걸 좋아했던 반면 넷째 이재명은 장난기 많고 명랑했던 동생이었다며, 현정민정의 눈길을 피해 한참 동안 천정을 바라보았다.

셋째 형 내외가 어머니의 신고로 경찰에 연행된 다음 어머니도 병원에 입원했다.

아버지한테 맞고도 이를 악물고 봉투를 팔러 나갔던 어머니였지만, 자식한테 맞고는 일어서지 못했다. 어머니는 병원에서 퇴원한 다음에도 두려워서 집에 들어가지 못했다. 겁에 질린 어머니가 신청한 셋째 아들 이재선의 접근금지 신청은 법원에 의해서 받아들여졌다. 그래도 어머니는 여전히 공포에서 벗어나지 못했다. 자기 때문에 교회에 불을 지를까 봐 다니던 교회에도 가지 못했다. 한동안 이재명과 여동생 재옥이 어머니를 번갈아 모시고 살았다.

이재명의 형제들이 이재선 부부로 인한 충격에서 겨우 벗어나려고 할 무렵 상상치도 않은 일이 또 벌어졌다.

이재선이 자신의 패륜을 따지는 동생과의 통화를 녹음해서 이재명을 협박했다.

'무릎 꿇고 빌어라. 아니면 녹음 파일을 공개하겠다.'

이재명은 형의 협박에 굴복해 가족 비리를 용인하는 대신 집안의 치부를 드러내고 자신이 망신을 당하는 쪽을 선택했다.

이재명이 셋째 형, 형수와 주고받은 통화내용 일부가 편집되어 SNS에 유포되었다. 그 참담했던 사건의 전후 맥락은 사라지고 이재명의 욕설이 도드라진 부분만 편집해 '이재명 형 욕설'과 '이재명 형수 쌍욕'이 되어 돌아다녔다. 이재명은 함정에 빠진 것이었다. 사전에 치밀하게 준비하고 녹음해서 퍼뜨린 것이었다.

어머니는 셋째 형 부부가 퍼뜨린 SNS에 의해 다시 심장이 찢기는 2

차 가해를 당했다. 자신이 셋째에게 당한 패륜을 자식들 아닌 누구에게도 알리고 싶어하지 않았던 어머니는 얼굴을 들고 나다닐 수 없게 되었다. 친척들과 교회 사람들에게까지 자신이 당한 패륜이 모두 알려졌다.

언론은 이재선 부부가 어머니에게 어떤 패륜을 저질렀는지 알리고 하지 않았다. 2차 가해를 당하고 다시 몸져누운 채 두문불출하는 한 늙은 여성 피해자는 누구의 안중에도 없었다. 그 패륜을 말리다가 이재선에게 맞아 상해를 입고도 어머니 걱정에 입을 다물고 있는 두 동생의 안위를 묻는 사람은 없었다. 오직 어머니에게 사람이라면 해서 안 될 패륜을 저지른 형과 형수에게 거칠게 따지는 이재명을 '쌍욕' 시장으로 몰아가기 위한 공작만 있을 뿐이었다.

전후 사정을 모르는 사람들은 '천륜'을 짓밟은 이재선의 패륜에는 눈을 감고, 2차 패륜까지 당하고 처참하게 쓰러져 누운 노모의 안위는 외면한 채, 천륜을 짓밟은 형과 형수에게 어떻게 그럴 수가 있느냐고 따지는 이재명의 거친 입을 탓했다. 이재명이 형과 형수에게 욕설을 주고받으며 따진 내용이 무엇이냐고도 묻지 않았다.

이재명이 처음부터 끝까지 셋째 형과 형수에게 따진 내용은 단 하나였다.

'왜 엄마에게 **구멍을 찢어서 죽인다고 했느냐? 어떻게 그럴 수가 있느냐?'

그건 무참한 패륜을 당한 어머니를 지켜본 이재명의 절규였고 통곡이었으며 단말마였다.

가난과 비참과 모멸을 견디며 평생토록 자기를 길러준 어머
니가 그런 패륜을 당하고 쓰러진 것을 보고도 이성적이었다면
그것이 과연 자식일까. 그의 절규와 통곡과 단말마를 나무라며
저급하다고 말하는 사람에게 인간의 품격은 과연 어떤 것일까.
대체 그 대책 없는 패륜 앞에 쓰러진 어머니를 안아 일으키며 절
규했던 자식을 나무라면서 '품격'을 요구하는 인간의 심장에는
어떤 천년 묵은 구렁이의 언어가 똬리를 틀고 앉아 있는 것일까.
　– 방현석 소설가의 경기신문 칼럼: 방현석은 이 글에서 '당신이 만약
이재명의 어머니였다면, 그런 패륜을 당한 어머니의 아들이었다면 어떻
게 했을까?'를 묻고, 되물었다. 어머니를 때린 형의 부부에게 전화해서
'형님, 형수님 왜 그러셨어요? 다음부터는 살살 때리세요, 라고 아주 품
위 있게 말해야 했을까?' 민정현정은 이 글의 마지막 두 문장에서 눈길
을 떼기 어려웠다. '절규하며 싸워준 자식이 있었기에 그의 어머니의 일
생은 송두리째 부정당하지 않을 수 있었고, 다시 일어서 남은 몇 년의 생
을 견뎌낼 수 있었던 것은 아닐까. 어떤 순간, 어떤 사람에게는 부서진 야
수의 심장으로 통곡하지 않고서는 지킬 수 없는 사람이 있는 것이다.'

다른 일에서는 그토록 엄격하게 적용되는 피해자 중심주의가 이재명의 어머니에게서는 철저히 비켜 갔다. 이 패륜 사건의 피해자는 말할 나위도 없이 이재명의 어머니였다.

어머니에게 신체의 한 부분을 찢는다는 패륜을 저지른 이재선은 자신의 비행이 담긴 녹음 파일을 퍼뜨려 어머니를 2차 가해했다.

이재선은 이재명을 '쌍욕'하는 시장으로 공격하는 재미에 취해 그 녹음 파일의 내용이 모두 자신의 패륜 행위를 가리키고 있다는 사실은 까맣게 모르는 것 같았다. 아무리 악의적으로 자르고 편집을 했더라도 대화의 내용을 모두 감출 수는 없었다. 대화의 핵심은 간단하고 명확했다. 이재명이 형과 형수에게 따진 것은 단 하나였다.

- 왜 어머니에게 그런 천륜을 짓밟는 폭언을 했느냐?

이재선 부부의 응답을 통해 분명하게 확인할 수 있는 내용도 단 하나였다.

- 이재명의 어머니가 그들로부터 천륜에 어긋나는 패륜을 당했다.

셋째 형은 자기 눈을 자기가 찌르는지도 모르고 부지런히 자기 눈을 찔렀다. 자신을 이용하는 자들이 퍼뜨리는 녹음 파일의 내용이 정작 자기 부부의 패륜 행위를 만천하에 드러내는 것인지도 모른 채 이재선은 동생 이재명을 공격하는 일에 앞장섰다.

이재명을 욕쟁이로 만들기 위해 셋째 형을 천하의 패륜아로 만들어야 했던 정보기관과 정적들에 의해 이재선은 그렇게 처참한 제물이 되었다. 이재선은 그것이 어머니에 대한 2차 가해행위인지도 모르는 것 같았다.

패륜을 당한 피해자들에게 그것이 어떻게 2차 가해가 되는지를 모르는 것은 이재선만이 아니었다.

신기하게도 그토록 엄격한 피해자 중심주의가 이재명의 어머니와 이재명의 동생들만 피해갔다. 2차 가해 엄벌주의가 왜 어머니와 형제들을 향한 패륜 행위를 계속하는 이재선을 피해가는지도 알 수 없었다. 피해자들이 가난하고 배우지 못한 사람들이기 때문에 그래도 괜찮다고 생각하는 것인지, 아니면 이재명의 어머니고 동생들이기 때문에 그렇게 당해도 된다는 것인지 알기 어려웠다.

정보기관과 이재명의 정적들은 이 녹음 파일로 이재명을 재기불능으로 만들 수 있다고 여기는 듯했다. 하지만 공격을 당하는 이재명이 필사적으로 지켜내려고 했던 것은 자신이 아니라 어머니와 동생들이었다. 이재명이 덮어 두고 싶어 한 것은 자신의 욕설이 아니라 어머니가 셋째 형에게 들은 패륜적 욕설이었다.

정보기관과 이재명의 정적들은 이재명을 시장 자리에서 끌어내리지는 못했지만, 이재명의 이미지를 타격하는 데는 성공했다. 이재명은 쌍욕을 한 정치인으로 망신을 당하고, 이재선은 패륜을 저지르고 전과자가 되었다. 이재선은 정보기관과 이재명의 정적들이 이재명을 망가 뜨리기 위해 자신을 철저하게 파괴하고 있다는 사실을 아직도 몰랐다. 그렇게 이재명과 이재선 집안은 세상의 조롱거리가 되었다.

이재선은 롯데백화점 영업 방해, 새누리당 의총장 난입, 어머니에 대한 협박, 어머니와 두 동생에 대한 상해죄 등으로 벌금 500만 원의 처분을 받았다. 이재선이 가벼운 처벌을 받은 것은 어머니의 애잔함 때문이었다. 어머니는 평생을 두고 씻지 못할 수모를 당하고 충격에서 헤어나지 못했으면서도 셋째 아들네의 살길을 먼저 걱정했다. 어머니는 셋째 아들이 '존속상해죄'를 적용받아 회계사 자격을 잃을까, 노심초사했다.

어머니의 뜻에 따라 이재선은 존속상해죄보다 형량이 훨씬 낮은 단순 '상해죄'를 적용받았다. 불효자식도 어머니에게는 자식이었다. 이재선에게 맞아 상해를 입은 이재명의 동생들도 어머니의 뜻을 따랐다. 착한 동생들에게는 아픈 형도 형이었다.

연로한 어머니는 두려움과 절망 속에서도 처음부터 끝까지 셋째 형의 증세가 악화해 돌이킬 수 없는 일을 낼까 노심초사했다.

어머니와 형제자매들은 여러 번 모여 의논을 하고 전문의와도 상의했다. 증세가 악화하면 자살로 치달을 수 있다는 전문의의 말을 들은 어머니와 형제자매들은 연명으로 성남시 보건소에 정신과 진단을 요청하기로 했다.

이재선에 대한 정신과 진단 의뢰를 받는 성남시의 최종 책임자는 이재명이었다. 셋째 형은 물론 시민들의 안전을 위해서도 당연히 정확한 진단을 받게 한 다음 적절한 치료를 받을 수 있도록 조치하는 것이 시장의 책무였다. 이재명은 원칙에 따라 처리해야 마땅했다.

하지만 참모들은 대부분 강력하게 반대했다. 정보기관의 역선전에 말려든다는 이유였다. 이유는 달랐지만, 이재명의 아내 김혜경도 같은 의견이었다.

"아주버님이 스스로 정신과 상담을 받고 의사의 처방에 따르도록 어떻게든 셋째 형님네를 설득해야지요."

이재명은 아무리 아내여도 이렇게까지 가족의 치부를 내보이는 것이 창피하고 미안했다.

"그게, 되면 여기까지 왔겠어요?"

이미 형제자매들과 척을 진 셋째 형의 목에 방울을 달 사람이 아무도 없었다. 언제나, 어떻게든 형제자매들을 품고 가려 애쓰는 둘째 형과 누님의 말도 듣지 않는 이재선이었다.

"저라도 나서서 형님네를 한 번 더 설득해 볼게요."

이재명은 그렇게 말해주는 아내가 고마웠지만, 고개를 저었다.

"괜히 상처만 받아."

유복한 중산층 가정에서 반듯하게 성장한 아내는 이재명의 집안이 낯설 텐데도 어머니와 형님, 누나를 명랑하게 잘 모셨다. 이재명은 동생들과도 스스럼없이 잘 지내며 그가 놓치지 말아야 할 형제자매들의 대소사를 빠짐없이 챙겨주는 아내가 늘 고마웠다. 아내는 조카들의 작은 성취를 기억하고 깜찍한 선물로 조카들을 즐겁게 해주기도 했다. 이재명이 받아보지도 해보지도 못한 일들이었다. 이재명이 갖춘 시민으로서의 교양, 그 8할은 아내인 김혜경으로부터 보고 배운 것이었다.

"그래도 사람 사는 일인데 한 번은 더 노력해봐야죠."

이재명의 반대에도 불구하고 아내는 셋째 형님네 설득에 나섰다.

결과는 암담했다. 셋째 형네 가족과 김혜경의 통화내용마저 녹음 파일이 되어 돌아다녔다. 시민 김혜경의 선의를 마치 이재명이 셋째 형을 강제입원시키려 한 증거인 양 왜곡 편집한 녹음 파일이었다. 내색하지 않으려고 애썼지만, 아내 김혜경은 내상을 심하게 입은 것 같았다. 토건 마피아들의 협박과 검찰의 자택 압수수색에도 굳건하던 아내였는데 선의가 악의로 되돌아오는 현실은 받아들이기가 몹시 어려운 모양이었다. 이재명은 미안한 마음을 감추며 어머니에게 부렸던 재롱을 아내에게 더 자주 부려보았다. 김혜경은 웃어주었지만, 얼굴이 활짝 펴지지는 않았다.

어머니와 이재명의 형제자매들에게 이재선은 속수무책이었다.

그와 달리 정보기관과 이재명의 정적들에게 이재선은 언제나 최고의 꽃놀이패였다.

이재선을 그대로 뒀다가 불의의 사고가 나면 성남시장이 형의 지병을 알고도 방치해 참사가 났다며 직무유기로 고발하고, 언론을 동원해 융단폭격을 퍼부으면 되었다. 반대로 강제진단을 진행하면 직권을 남용해 친형을 강제로 정신병원에 입원시키려고 했다며 고발을 하고 물어뜯으면 되었다.

결국, 걱정하던 일이 벌어졌다.

셋째 형은 전문의의 우려대로 자살을 시도했다. 고의적인 교통사고로 중장해를 입은 것이다. 마침내는 그가 사람을 때리고 식구들마저 괴롭히자 뒤늦게 형수와 조카가 그를 정신보건법 제25조에 따라 국립부곡병원에 강제 입원시켰다. 정신병원에 입원한 이재선은 시장 비서실로 전화를 걸어왔다. 이재명은 살려달라는 형의 전화를 받지 않을 수 없었다.

"나 지금 정신병원에 갇혀 있다. 빼내 주라."

이재명은 둘째 형 재영을 비롯한 형제들과 함께 국립부곡병원으로 달려갔다. 그래도 피를 나눈 형제였다. 하지만 강제입원을 시킨 직계 가족의 승인을 받은 사람이 아니라는 이유로 그의 형제들은 면회조차 할 수 없었다. 그다음에도 구조를 요청하는 형의 전화는 계속 시장실로 걸려왔다. 다시 형제들과 함께 면회를 갔지만, 여전히 강제입원을 시킨 형수와 조카의 승인을 받지 않은 사람은 면회가 불가하다는 대답만 돌아왔다.

상태가 조금 호전되어 셋째 형은 정신병원에서 풀려나 집으로 돌아왔다. 다시 성남으로 돌아온 셋째 형은 박사모 성남지부장과 황대모(황교안대통령만들기모임) 회장을 맡아 태극기 집회에 부지런히 나타났다. 안정과 요양이 필요한 사람을 그렇게 내모는 것이 누구인지, 참 잔인하고도 지독했다.

더 지독하고 기막힌 일이 이어졌다. 자신의 아내와 딸에 의해 정신병원에 강제 입원당한 이재선을 이재명이 강제입원시켰다고 덮어씌운 것이었다. 시장의 권한을 남용해 멀쩡한 친형을 정신병원에 강제입원시킨 파렴치범이라는 딱지를 이재명에게 붙이려는 모략은 집요했다.

강제입원 동의서에 셋째 형수와 조카의 친필 서명이 들어있는 국립부곡병원의 입원동의서와 입원확인서 사본 등 누구도 부인할 수 없는 명명백백한 증거를 제시하고 나서야 이재명은 겨우 비열한 음해와 모략으로부터 빠져나올 수 있었다.

친인척 비리의 마수로부터 빠져나오는 일은 그렇게 길고도 어려웠다.

공약이행률
1위 시장

이명박에 이어 집권한 박근혜 정부도 이재명을 눈엣가시로 여기긴 마찬가지였다.

새누리당 정권이 온갖 야비한 방법을 동원해 그토록 집요하게 '이재명 죽이기'에 나섰던 이유는 그가 부패한 기득권과 타협하지 않았기 때문만이 아니었다. 그의 원죄는 그가 '성남'의 시장이라는 사실에서부터 비롯되었다.

성남시는 새누리당의 전통적 강세지역이었다. 성남을 빼앗기면 수도권에서 새누리당의 아성인 강남 3구는 완전히 고립되었다. 수도권으로 점점 인구가 집중되는 상황에서 새누리당이 '강남 3구'에 갇히면 전국 정당으로서의 구색조차 갖추기 어려웠다. 당연히 재집권에도 빨간불이 켜지는 것이었다. 강남 3구와 분당으로 이어지는 '강남벨트'를 지키지 못하면 새누리당은 TK(대구·경북)를 기반으로 한 지역 정당으로 전락할 수밖에 없었다. TK 새누리당으로 고립되지 않으려면 강남 3구에서 분당으로 이어지는 '강남벨트'를 반드시 지켜야 했다.

그런데 이재명이 강남벨트를 차단하며 새누리당의 거점인 강남 3구를 수도권의 정치적 섬으로 만들어버린 것이었다.

새누리당이 이재명을 더욱 용서할 수 없었던 이유는 일을 잘했기 때문이었다. 밖으로는 고소·고발과 음해에 시달리고 안으로는 노회한 관료들에게 휘둘리다 스스로 '무능한 진보'임을 인증해줘야 하는데, 이재명은 미친 듯이 일까지 잘했다.

PK(부산·울산·경남)-TK(대구·경북)-대전·충청-서울을 연결하려는 새누리당의 야심찬 '경부선' 지역주의 전략을 이재명이 걷어찬 것이었다. 난데없이 등장한 '유능한 진보'가 신강남 유권자의 마음까지 얻어가는 꼴을 새누리당은 도저히 용납할 수 없었다.

이명박·박근혜 정부의 이재명 죽이기는 이렇게 이재명이란 한 개인이나 성남이라는 한 도시의 차원을 넘어서는 문제였다. 그렇기에 박근혜 정권의 이재명 죽이기는 계속될 수밖에 없는 일이었다.

아무리 해도 죽지 않는 이재명을 죽이는 유일한 방법은 스스로 죽게 만드는 것이었다. 그들은 죄가 성립되지 않는 줄 잘 알면서도 사흘에 한 번씩 압수수색과 수사, 소환을 되풀이하면서 이재명이 일할 시간을 빼앗고 음해성 기사와 중상모략으로 이재명을 지치게 만들었다.

한 번 불려가면 영혼이 탈탈 털린다는 검찰 조사는 시도 때도 없었다. 그 모멸감과 분노를 견디지 못하고 세상의 모든 것을 가졌다는 재벌 정몽헌 회장도 세상을 등졌다. 평생을 정의의 편에서 약자의 벗으로 살았던 노무현 대통령마저 죽음으로 몰아넣은 검찰공화국에게 이재명과 같은 한낱 변방의 장수는 아무것도 아니었다.

사실도 진실도 그들에게는 중요하지 않았다. 수사와 재판, 중상모략의 늪에 빠뜨리면 그만이었다. 그 늪에서 허우적거리다 간신히 무죄선고를 받아냈을 때는 이미 재기불능의 만신창이가 되어 4년 임기가 끝난 다음이었다.

하지만 이재명은 자멸하지 않았다. 그들은 이재명이 가진 비밀 신공을 몰랐다.

이재명은 자신의 자멸을 바라는 자들이 그에게서 무엇을 빼앗아가려고 하는지 잘 알았다. 그들은 이재명이 일할 시간을 훔치는 도둑들이었고, 이재명이 성과를 거두는 데 필요한 집중력을 빼앗는 강도들이었다.

이재명은 그 도둑과 강도들에게 맞서 비밀 신공을 발휘해야 할 순간이 왔다는 것을 알아차렸다.

시장 이재명이 자멸하는 첫 번째 길은 시민과 멀어지는 것이었다. 무수저 출신의 이재명이 믿을 것이라고는 시민들의 신뢰와 지지뿐이었다.

이재명은 동별로 '시장과의 대화 시간'을 정해 성남시의 모든 지역에 알렸다. 두 달이 넘게 걸리는 대장정이었다. 시간과 집중력을 훔치고 빼앗으려던 도둑과 강도들이 고개를 갸웃거리며 중얼거리는 소리가 들리는 것 같았다.

"미친 거 아냐?"

참모들도 고개를 내저었다.

"이러면 일을 못합니다."

아직 이재명의 비밀 신공을 모르는 참모들로서는 반대하는 게 당연했다. 가까운 참모들도 이재명이 어떻게 시간을 사용하며 살아왔는지 몰랐다. 4개월 공부해서 중학교 3년 과정의 고입 검정고시를 마쳤고, 8개월을 공부해서 고등학교 3년 과정의 대입 검정고시를 끝낸 이재명이었다. 그것도 대부분 낮에는 공장에서 일하고 밤에 학원 다니며 새벽에 혼자 공부해서 이뤄낸 결과였다. 8개월 공부해서 중앙대 특대 장학생이 되었고, 대학 재학중에 사법고시 2차에 한 번 떨어지고, 다시 10개월 공부해 사법고시 1, 2차를 단번에 통과한 이재명이었다. 그것이 가능했던 것은 누구에게도 발설하지 않은 비밀 신공이 그에게 있었기에 가능한 일이었다.

"이게 가장 중요한 일이고, 시간은 쪼개 쓰면 됩니다. 답은 언제나 현장에 있고, 정책의 성과는 시민들의 신뢰로부터 나옵니다."

오늘의 이재명을 만든 비밀은 바로 시간 쪼개기 신공이었다.

시간은 쪼개면 많아지고 집중하면 늘어납니다. 나는 공장에 다니면서 공부해야 했기 때문에 1분 1초를 아껴 써야 했습니다.

화장실에서 문제 하나 풀고 버스에서 단어 스무 개 외어야 했어요. 화공약품 냄새가 가득한 도장실에서 얼른 도색작업을 하고 틈틈이 문제집을 풀었어요. 시간을 잘게 쪼개면 많아지고, 잘게 쪼갠 시간에 집중하면 그게 또 늘어납니다.

　— 이재명 인터뷰: 시간을 쪼개서 극대화하는 그런 집중력을 발휘하는 비결이 무엇이냐는 민정의 질문에 이재명은 '절박감'과 '절실함'이라며 이렇게 덧붙였다. "절박하지 않으면 시간을 쪼갤 필요가 없고, 절실하지 않으면 집중할 이유가 없죠. 절박하고 절실한 사람만이 그렇게 하는 거죠. 나도 바둑 둘 때는 시간을 쪼개지 않았습니다." 민정현정은 그의 시간 쪼개기 기술을 이재명 표 '시간쪼개기 신공'으로 이 책을 통해 전매특허 등록을 하기로 했다.

　자신의 시간을 빼앗고 집중력을 강탈하려는 도적과 강도들을 이재명은 천하무적의 시간쪼개기 신공으로 되치기했다.

　모름지기 성과로 자신의 존재를 증명해내야 하는 이재명이었다. 그는 하루 24시간을 48시간, 96시간으로 만들며 시민이 피부로 느낄 수 있는 성과를 만들어냈다. 남들에게 하나인 시간을 넷으로 쪼개고, 남들의 한 시간을 8시간으로 만드는 집중력을 발휘했다. 무능한 진보가 아니라 시민의 삶을 바꾸는 유능한 머슴임을 이재명은 결과로 입증했다.

이재명이 4년의 성남시장 임기를 마치면서 받아든 성적은 96점이었다. 공약이행률 96%를 달성한 것이다. 한국매니페스토실천본부 공약이행 평가에서 3년 연속 최우수 판정을 받았다. 역대 정치인 중에 최고의 평가를 얻었다는 보도가 잇따랐다. 언론의 인터뷰 요청이 이어졌고 이토록 경이로운 공약이행률을 달성한 비결을 물어왔다. 이재명의 대답은 언제나 간단했다.

— 실현할 수 있는 공약만 내걸면 됩니다.
— 한 번 한 약속은 목숨을 걸고 지키면 됩니다.

이재명은 선거에 지는 한이 있더라도 지키지 못할 공약을 하지 않았고, 약속한 것은 지켰다.

공약이행률 수치보다 더 기뻤던 것은 시민만족도였다. 성남시민을 대상으로 한 조사에서 시정만족도는 79.9%였다. 전대미문의 만족도였다. 이재명 시장 4년 사이에 '성남시는 이사 가고 싶은 도시에서 이사 오고 싶은 도시'로 바뀌었다.

새누리당이 압도적 다수당인 성남시의회의 끝없는 발목잡기에도 불구하고 이재명이 놀라운 실적을 낸 것은 성남시민들의 신뢰와 지지 덕분이었다.

이재명은 4년 동안 매일 아침 집에서 시청까지 비닐 봉지 하나를 들고 쓰레기를 주우며 탄천을 따라 걸어서 출근했고, 시장실의 문을 활짝 열어두고 언제든지 시민들을 만났다. 두 달의 '주민과의 대화' 대장정 이후에도 현안이 있는 곳에는 언제 어디든 달려가 '노상방담'을 열고 현장에서 결론을 내렸다.

머슴 1호 이재명이 이끄는 성남시의 '광속행정'은 시민들을 감동시켰다. 이재명은 각 업무별로 트위터, 페이스북 등 SNS를 기반으로 소통하는 'SNS소통관'을 임명했다. 성남시 트위터 공식계정과 135명의 시민소통관의 팔로워는 70만이 넘어섰다. 민원실에 찾아갈 필요가 없다. 전화를 걸 필요도 없다. 트위터에 올리기만 하면 광속으로 처리되었다.

"3번 국도 갈현동 진입로의 아스팔트가 파였습니다. 차량으로 이동 중이라 사진은 없네요."

이렇게 트위터에 시민의 글이 올라오면 SNS소통관이 즉시 응답했다.

"네. 도로과 소통관입니다. 담당자가 곧 출동합니다."

출동한 직원의 현장보고를 받은 SNS소통관은 그 결과를 시민에게 알려주었다.

"얼마 전에 도로굴착 공사를 하고 다시 덮었는데, 부실하게 시공되어 파인 것으로 확인되었습니다. 이틀 내로 보수 완료하겠습니다."

그리고 바로 도로과에서 보수작업을 하고, 다음날 사진과 함께 시민에게 결과보고를 날렸다.

"불편을 끼쳐 죄송합니다. 보수 완료했고, 다른 불편한 점이 있으면 저에게 다시 멘션을 주십시오."

이렇게 처리한 민원을 유형별로 분석하는 회의에서 굴착공사를 한 시공업체가 몇만 원을 아끼려고 부실하게 포장을 했다는 사실을 확인한 이재명은 앞으로 부실시공으로 발생한 재시공 비용은 업체가 부담하도록 지시했다. 몇만 원 아끼려다 몇십만 원을 더 쓰게 되자 부실시공하는 업체가 사라졌다. 시민들의 만족도와 지지도는 수직 상승했다.

민원의 발생 여지를 줄이고, 발생한 민원은 최단시간에 처리했다. 어차피 처리해야 할 민원이라면 당장 하나 일주일 후에 하나 노력과 비용은 마찬가지였다. 민원은 과정과 속도였다. 민원을 경청하고, 존중하고, 최선을 다해 성실하게 응대하면 자기가 원하는 결과를 얻지 못하더라도 시민들은 만족했다.

경로당 회장 어르신과 안보 보훈단체와 학부모단체, 아파트 주민 대표, 시민단체가 이재명이 추진하는 사업이 새누리당의 반대에 가로막힐 때마다 새누리당 시의원과 국회의원에게 항의하고, 심지어는 새누리당 중앙당까지 찾아가서 시정에 협조하도록 만들었다. 성남시민은 머슴이 일을 할 수 있게 만들어준 진정한 주인이었다.

이재명이 무엇보다 기뻤던 일은 성남시립의료원 기공식이었다. 그를 전과자로 만들고 정치에 뛰어들게 만든 바로 그 시립병원 기공식을 열고 발파 버튼을 누른 날 그는 모든 일정을 취소했다. 시립병원건립 주민발의 조례를 지키려고 함께 싸우고 함께 울었던 동지들과 함께 막걸리 파티를 열었다. 10년 전 47초 만에 주민발의안을 휴지통에 집어 던졌던 성남시의회의 만행과 외로웠던 주민교회 지하 기도실을 떠올리며 이재명과 그의 동지들은 필름이 끊기도록 막걸리를 퍼마셨다. 경상남도가 있던 도립병원을 적자를 이유로 문을 닫을 때 성남시는 시립병원 기공식을 한 것이다. 이재명은 적자 우려에 대해 당당하게 말했다.

– 탄천운동장 운영에 한해 100억이 들어갑니다. 보건소 운영하는데도 100억이 들어갑니다. 그걸 적자라고 없앱니까? 50만 시민에게 공공의료를 제공하는 시립의료원에 들어가는 몇십억은 낭비가 아닙니다. 시민의 건강을 지키기 위해 체육시설을 운영하는 데 100억을 쓰는 것처럼, 건강을 잃은 시민의 건강을 되찾는 공공 의료기관을 만들고 투자를 하는 건 당연한 일입니다. 의료 약자들을 위한 사업으로 회계장부에 몇십억 마이너스로 표기된다 해도 이건 '건강한 적자', '착한 적자'로 읽어야 합니다.

이재명은 시립병원을 미루고 미룬 전임 성남시장이 돈을 어디에 썼는지는 차마 입에 올리지 않았다. 예산이 없다고 시립병원을 짓지 않으면서 공원로 1.5km 확장하는 데 3천1백억, 작은 동네 하나의 주거환경 개선비로 6천3백억, 시 청사 짓는 데 3천400억을 쏟아부은 전임 시장이었다. 엄청난 예산을 쓰면서도 '떠나고 싶은 도시'로 만들었던 성남시를 이재명은 훨씬 적은 돈을 쓰면서 '이사 오고 싶은 도시'로 만들었다.

정치와 행정이 시민의 삶을 바꾼다는 사실을 이재명은 분명하게 보여주었다.

성남시는 어느새 대한민국의 226개 기초자치단체가 따라 배워야 할 모범 도시로 떠올랐다. 지방정부가 해야 할 필요한 정책은 성남시가 다 했고, 성남시가 하지 못한 것은 대한민국의 어느 지방정부도 하지 못했다.

이재명은 이런 압도적인 성과를 가지고 2014년 6·4지방선거에 나섰다.

성남시민들은 평가는 정직했다. 그 많은 음해와 탄압에도 아랑곳하지 않고 이재명이 거둔 성과에 정확하게 응답했다.

'시민이 주인인 성남시'를 내걸고 출마한 2014년 선거에서 이재명은 전체 득표율 55.1%의 지지로 다시 성남시장에 당선했다.

놀라운 일이었다. 4년 내내 계속된 공작과 음해를 뚫고 이재명이 얻어낸 성적표가 이 정도였다. 지난 2010년 선거에서 얻었던 전체 득표율 51.8%보다 3.3% 더 높은 득표율이었다. 특히 '강남벨트'의 핵심적한 축으로 불리는 분당구의 지지율 변화는 경이로웠다. 지난 선거에서는 5% 졌던 분당에서 상대 후보를 8.9% 차이로 앞섰다. 이명박·박근혜 정권이 권력 지형 관리 차원에서 온갖 공작을 집중했던 분당구였다. 전통적인 보수층이 많은 것으로 알려진 분당 시민들이 '종북몰이'와 '쌍욕' 덮어씌우기 공작을 심판하며 정직하고 유능하게 일한 이재명의 손을 번쩍 들어준 것이다. 분당 시민들은 공정했고, 성남시민들은 위대했다.

오로지 시민만 믿고, 시민만 바라보며 일하라는 시민의 준엄한 명령이었다.

시민들은 맹목적 편 가르기와 편견을 거부하고 검증된 실적과 실력으로 이재명을 평가해주었다. 성남시민들은 한다면 하는 성남 1호 머슴 이재명과 4년 연장계약서에 도장을 찍어주었다. 위대한 성남시민들의 선택 앞에서 이재명은 말 그대로 분골쇄신을 다짐했다. 뼈가 가루가 되고 몸이 부서져도 성남시민들의 기대를 배신하지 않으리라, 다짐했다.

7 거짓이 진실을 이길 수 없다

두려움은 늘 곁에 있었다
수많은 위기와 험난한 극복을 반복할 때도
두려움은 사라진 적이 없었다.

경기지사 이재명

두려움은
늘 곁에 있었다

세상은 슬픔만 주지도 않지만 기쁨만 주지도 않았다.

승리의 기쁨도 잠시, 오빠의 당선을 그렇게 기뻐하던 여동생 재옥이 세상을 떠났다. 오빠가 시장이 되어 힘든 배달 일 안 한다는 오해 받기 싫다며 야쿠르트 배달원을 계속했던 재옥이었다. 그렇게 몇 년을 더 일하고 조금 더 벌이가 나은 자리라고 옮긴 게 청소업체였다. 좋은 일 자리라고 환하게 웃던 동생을 본 지 얼마 지나지 않아 날아든 비보였다. 연락을 받은 이재명은 무릎이 꺾였고, 눈물이 비 오듯 쏟아졌다. 한참을 일어서지 못했다.

새 일터가 된 건물의 청소를 하다 화장실에서 쓰러져 일어나지 못한 여동생 생각으로 이재명은 시도 때도 없이 눈물을 쏟았다.

한참 예민한 중학교 시절에 날마다 어머니가 일하는 공중화장실의 청소를 도우며 휴지를 팔아야 했던 재옥이었다. 사내고 오빠인 자기도 아버지 따라 청소하러 다니는 것이 창피했는데 공중화장실 청소를 한 재옥이는 오죽했을까. 그렇게 자란 재옥이가 다른 곳도 아니고 청소일을 하다가 화장실에서 생을 마감했다는 것이 너무나 미안하고 서러워 이재명은 쏟아지는 눈물을 걷잡을 수 없었다.

셋째 형에게 패륜을 당하고 무서워서 집에 들어가지 못하는 어머니를 이재명의 아내와 함께 모신 것도 재옥이었다. 아내 김혜경이 그들의 집으로 모시고 와 함께 지낼 때, 엄마를 혼자 독차지하는 게 어딨냐며 어머니를 번갈아 모시자고 떼를 썼던 재옥이었다.

여동생과 번갈아 어머니를 모시며 재옥과 친자매보다 더 가까이 지냈던 아내 김혜경도 이재명 못지않게 많이 울었다.

제가 여자 형제가 없어서 시누이와 친했어요. 남편과 여동생도 사이가 각별했고요. 그 시누이가 원래 배달 일을 했는데 힘들어서 그만두고 청소업체에 취직했어요. 그런데 2년 전 새벽에 건물청소를 하다 뇌출혈로 갑자기 세상을 떠났어요. 남편이 시장이 됐을 때 주변 사람들이 '친오빠가 시장이니까 너도 좋은 자리 달라고 하라'고 부추길 때 '변한 건 아무것도 없다'고 말하고 다닌 동생이에요. 시누이를 생각하면 지금도 마음이 아파요. 남편도 여동생을 떠나보낸 후 힘들어했어요. '시장 안 하고 정치 안 했으면 누굴 통해서라도 좋은 자리 구해줄 수 있었는데, 이거 왜 하는지 모르겠다'고요.

— 이재명 부인 김혜경의 여성동아 인터뷰: 김혜경은 2017년 12월 처음으로 한 여성지와의 인터뷰 도중에 자매처럼 가깝게 지냈던 시누이 이재옥의 얘기를 하면서 한참 동안 눈물을 쏟았다. 민정현정의 눈길은 기자가 괄호 안에 넣어둔 '모처럼 곱게 화장한 얼굴이 얼룩져 다시 고쳐야 했다'는 문장에 오래 머물렀다.

재옥이를 마지막으로 떠나보내던 날 이재명은 태어나서 가장 많이 울었다. 여동생을 떠나보내고 돌아오면서 아내 김혜경은 '시누이가 선하게 살았으니까 하느님이 아주 좋은 자리 마련해두었을 거야.'라며 이재명을 위로했다. 그렇게 말하는 김혜경도 두 눈이 퉁퉁 부어 있었다.

슬픔과 눈물도 힘이 될 수 있을까. 이재명은 슬픔을 견디며 '성남시 3대 무상복지정책'을 발표했다.

청년배당, 무상산후조리지원, 무상교복지원을 뼈대로, 살고 싶은 도시 성남을 만들겠다는 약속을 했다. 성남시민에게 한 그 약속은 중학교 교복을 간신히 입어본 여동생과 청년이 된 조카들을 향한 약속이었다.

새누리당은 이재명이 발표한 3대 무상복지정책을 포퓰리즘이라고 비난을 퍼부었다. 마치 해서는 안 될 일을 한다고 사기라도 치는 것처럼 몰아붙였다. 마구잡이 퍼주기로 시의 재정을 거덜내고 나라를 말아먹기라도 할 것처럼 입에 거품을 물었다.

하지만, 이재명은 자신이 있었다. 그들에게는 불가능한 것이었겠지만 이재명에는 완전히 가능한 일이었다. 저들이 불가능하다고 거품을 무는 그 모든 것을 이미 차근차근 실행해온 이재명이었다.

이재명이 머슴살이를 시작한 2010년의 성남시의 교육·문화·체육 분야의 사회복지예산은 3,222억이었다. 이재명이 살림을 맡고 5년이 지난 2015년도 성남시의 사회복지예산은 5,579억으로 늘어났다. 73%가 증대한 것이다. 지방세를 증세한 것도 아니고 해야 할 일을 하지 않은 것도 아니었다. 모름지기 하지 않아도 될 일을 하지 않고, 해야 할 일을 효율적으로 해서 아낀 돈으로 만들어낸 예산이었다.

2010년, 이재명은 새누리당 시장으로부터 7천억이 넘는 빚더미에 앉은 성남시를 넘겨받아 5년 만에 빚을 모두 갚고 복지예산을 73% 증대시켰다. 재정악화는커녕 2013년부터 3년 연속 지방자치단체 재정분석평가 우수기관에 선정되었다. 재정건전성, 재정효율성, 재정운영노력 분야에서 최고등급이라고 판정한 것은 다름 아닌 새누리당 정권의 행정안전부였다.

이재명은 되지 않을 일을 벌이는 무능한 머슴이 아니었다. 2016년부터 3대 무상복지 전면시행에 필요한 예산 194억을 이미 확보해둔 이재명이었다. 청년배당에 113억, 무상산후조리지원에 56억, 무상교복지원에 25억이면 되었다. 멀쩡한 보도블록 갈아엎지 않고, 엉뚱한 곳에 삽질하지 않고, 장롱에 현금을 쌓아둔 악성 체납자의 세금을 징수해서 만든 예산이었다. 성남시 머슴 1호를 채용한 주인들은 모두 흐뭇해서 박수를 보냈다. 이걸 잘못한다는 성남시민은 없었다.

작지만 이재명이 큰 보람을 느낀 사업이 어르신들이 용돈을 벌 수 있도록 하는 '소일거리 사업'이었다. 65세가 넘은 어르신을 대상으로 한 달에 20시간 일하면 10만 원을 지급하는 사업이었다. 대체로 용돈이 궁한 어르신들이 참여했다. 하루 두 시간씩 나와서 계도활동 같은 걸 하는데 너무 즐거워했다. 나비효과가 기대보다도 훨씬 더 컸다. 넉넉한 사람들에게는 아무것도 아닐지 모르지만, 그 10만 원으로 삶의 질이 달라지는 어르신들이 참으로 많았다. 몇만 원이 없어서 친구한테 짜장면 한 그릇 못 사주고 손자들 용돈 한 번 못 주는 어르신들에게 매달 10만 원이 생기니까 아직 자기가 쓸모 있는 사람이구나 싶어 어깨가 펴지고 식구들에게도 권위가 선다고 입을 모았다.

어르신들이 10만 원 받으면서부터 집안이 화목해졌다는 거예요. 아들 며느리한테 몇만 원 달라고 하기도 눈치 보여서 명절과 생일날만 기다렸는데, 다달이 가욋돈 10만 원이 따박따박 입금되니까, 며느리한테 도리어 몇만 원씩 용돈도 주고 손주들한테 치킨도 시켜서 먹이고 집안에 웃음이 넘친다는 거예요.

내가 기본소득 첫해 지급액으로 50만 원 제안하니까 어떤 후보가 월 8만 원으로 외식비 주느냐고 비아냥대는 걸 보고 참 씁쓸했어요. 월 8만 원, 네 가족이면 32만 원인데, 이 돈도 너무나 소중한 사람들이 굉장히 많습니다. 그리고 넉넉한 사람들도 그 돈 받으면 어디에 쓰겠어요. 동네 문방구, 빵집, 치킨집 이런 데 가서 소비를 살려내고 경제를 돌리잖아요.

내가 정말 무책임한 포퓰리스트라면 그것보다 훨씬 많이 지급한다고 할 수 있겠지만, 나는 지킬 수 없는 공약을 하지 않았고 앞으로도 하지 않을 거예요.

– 이재명 인터뷰: 왜 다른 정치인처럼 책임지지 않는 공약을 하지 않느냐는 현정의 질문에 이재명은 이렇게 대답했다. "난 공약이 국민과 하는 계약이라고 봐요. 처음부터 지킬 수 없다는 걸 알면서 공약을 하면 그건 사기고, 하려고 했는데 못 하면 계약위반이죠. 사기를 쳐도 안 되고 계약위반을 해서도 안 되잖아요?"

성남시민 모두에게 좋은 일을 가로막고 나선 건 박근혜 정권이었다. 중앙정부의 교부금에 더해 성남시가 시민복지사업비를 늘리면, 그 액수만큼 중앙정부의 교부금을 줄이겠다는 소리였다. 참으로 고약한 심보였다.

이재명은 지지 않았다. 헌법재판소에 권한쟁의 심판을 청구했다. 이 건 명백하게 지방정부의 권한을 침해하고 시민의 이익을 훼손하는 행 위였다. 박근혜 정권의 권한 남용이었다. 언제 나올지 알 수 없고, 공정 성을 기대하기도 쉽지 않은 헌법재판소의 심판 결과를 하염없이 기다 리고 있을 이재명이 아니었다.

속전속결, 전광석화.

이재명은 3대 무상복지 예산 194억의 절반 수준인 98억3천5백만 원을 바로 집행해버렸다. 이 액수는 중앙정부가 정해둔 복지예산 사용 범위를 벗어나지 않기 때문에 박근혜 정권도 뭐라고 할 수 없었다. 이 것이 법과 규정 핑계를 대며 관료들에게 끌려다니는 무능한 정치인과 이재명의 차이였다. 법과 규정을 따져 방법을 찾아내고, 자신의 권한 을 최대로 사용해서 시민에게 필요한 일을 전광석화처럼 해내는 능력 자가 이재명이었다.

이렇게 박근혜 정부의 탄압에 굴하지 않고 3대 무상복지 사업비 절 반을 집행해버린 이재명은 나머지 95억 6천5백만 원을 헌재의 권한쟁 의 심판에서 승소하면 지급하겠다고 공표했다. 이재명의 뒤집기 반판 승이었다.

가만히 당하고 있을 박근혜 정권이 아니었다. 머슴이 일을 잘하면 시민들의 삶이 달라진다는 것을 성남시가 보여주는 것을 참아낼 새누 리당도 아니었다.

박근혜 정권이 빼어든 칼은 '유사중복사업 정비'였다. 성남시의 권한을 빼앗기 위해 지자체의 독자적인 복지사업은 폐지하고 신규복지 사업은 금지한다는 것이었다. 지자체의 세무조사권도 박탈했다. 어이가 없었다. 시민들을 위한 독자적인 복지사업은 하지 말고, 악질적인 고액체납자들을 추적해 세금을 징수하지도 말라는 것이었다.

이재명이 진행하는 기본복지 정책을 무덤으로 보내버리려는 박근혜 정권의 패악은 '지방재정법 시행령' 개정에서 절정에 달했다. '지방간의 형평성 강화'를 빙자하여 재정자립도가 높은 성남·수원·고양·용인·화성·과천, 6개 도시에 배당한 예산의 10%, 1천억 원씩을 빼앗아 다른 지자체에 나누어주겠다는 것이었다. 지방자치단체를 모두 적자로 만들어 철저하게 중앙정부에 예속시키겠다는 선언이었다.

박근혜 정권다운 발상이었다.

해방과 함께 시행되어 온 지방자치제도를 없앤 것이 박정희 정권이었다. 노태우 정권 때 13일간의 목숨을 건 단식투쟁으로 지방자치제도를 되살린 것이 김대중 대통령이었고, 풀뿌리 민주주의와 분권 강화를 기치로 지방자치제도를 궤도에 올려놓은 것이 노무현 대통령이었다.

나는 지방자치제 실시, 내각제 포기, 보안사와 안기부의 정치사찰 중지, 민생문제 해결을 내세우며 무기한 단식투쟁에 돌입했다. 국민을 무시하는 기만적 술수에 더 이상 끌려갈 수 없었다. 1990년 10월 8일 평민당사에서 시작한 단식은 어느 때보다 비장했다. 지방자치제는 민주주의를 위해서 꼭 필요했다. 나는 지방자치 실현을 위해 의정 생활 전 기간에 걸쳐 싸웠다.

    – 김대중 자서전: 이 자서전에서 김대중 대통령은 자신에게 별명을 붙인다면 '미스터 지방자치'가 제일 어울린다고 밝혔다. 현정민정이 확인한 당시 자료에 따르면 김대중 평화민주당 총재는 노태우정권을 상대로 13일간의 목숨을 건 단식투쟁으로 지방자치제 시행을 약속받아냈다. 이재명은 인터뷰에서 '민주화는 지방자치에서부터 시작한다'고 한 김대중 대통령과 '지방자치는 시민의 참여를 열어주는 제도적 기초'라고 한 노무현 대통령의 정신을 현정민정에게 몹시 강조하고 싶어했다.

이재명은 김대중 대통령이 되살리고 노무현 대통령이 정착시킨 지방자치제도를 무력화시키려는 박근혜 정권의 악행에 분노했다.

그를 더욱 절망시킨 것은 야당이었다. 민주주의의 근간인 지방자치제도를 박근혜 정권이 엎어치기를 하는데도 야당은 강 건너 불구경하듯 방관했다.

이재명은 그런 야당을 바라보며 궁금했다. 저들은 왜 정치를 할까. 누구를 위해 무엇 때문에 하는 것일까. 그리고 이재명은 자신을 향해 물었다. 나라도 나서서 맞서 싸워야 할까, 아니면 순응해야 할까. 중앙당도 나서서 싸우지 않는데 나 같은 일개 기초자치단체장이 정권과 맞서 싸울 수 있을까. 너무나 무모한 싸움이 아닐까.

이재명은 싸우기로 했다.

주인이 잠시 맡겨준 권한으로 상전 행세를 하며 주인 위에 군림하려 드는 박근혜 정권의 행태가 역겨워서 참을 수가 없었다.

2016년 6월 7일 광화문 광장에서 기자회견을 열고 지방자치제도 파괴 음모 중단을 요구했다. 청와대가 바라보이는 광화문 광장에 진을 친 변방의 장수 이재명은 무기한 단식농성에 돌입했다. 단기필마였다.

이재명은 먹지 않았을 뿐 일하지 않는 것이 아니었다. SNS를 하는 하루 30분에서 한 시간을 제외한 나머지 시간은 성남시정 업무를 빈틈없이 수행했다. 이미 지난 6년 동안 1호 머슴에게 단련된 성남시의 많은 머슴이 시민들을 위해 일하는 보람과 즐거움에 감염되어 있었다.

하루, 이틀, 사흘… 광화문 광장은 넓었고 이재명이 든 '지방자치 민주주의 사수'의 깃발은 외로웠다. 적은 강대하고 끝은 보이지 않았다. 이재명이라고 두려움이 없었을까. 나흘째 되던 밤 이재명은 시 한 편을 썼다.

두려움은 늘 곁에 있었다
수많은 위기와 험난한 극복을 반복할 때도
두려움은 사라진 적이 없었다.

두려움이 없는 사람이란 세상에 없다. 이미 수많은 공격과 음해에 상처 입고 시달린 이재명도 두려웠다. 그래도 이재명이 싸우기로 한 것은 패배보다 포기가 두려웠기 때문이었다. 패배하면 다시 일어설 수 있지만 포기하면 다시 일어설 수 없는 법이었다.

단식 나흘째 밤, 열두 끼를 굶은 이재명이 지쳐 잠을 청하려고 할 무렵이었다. 밤 열 시가 넘은 시각에 한 무리의 사람들이 찾아왔다. 성남 중앙상가에서 장사하는 상인들이었다.

"장사해야지 어떻게 여기까지 오셨습니까?"

"시장님 보고 잡어 쪼까 문 일찍 닫아불고 와버렸지라."

가슴이 뭉클하고 눈시울이 뜨거워졌다. 거대한 중앙권력에 맞서 원정투쟁에 나선 머슴을 격려하러 온 주인들이었다. 그는 자신도 모르게 큰절을 했다. 주인들도 맞절을 했다. '시장과의 대화의 시간'에 참여했던 시민들은 이재명이 무엇 때문에 싸우고, 이재명이 왜 이겨야 하는지 알았다.

박근혜 정권이 지방재정법 시행령까지 개정하며 이재명의 3대 무상복지 정책을 원천봉쇄하려는 이유는 자신들의 거짓과 무능을 감추기 위해서였다.

박근혜는 선거 기간에 '증세 없는 복지'를 공약했지만, 집권한 다음에는 '복지 없는 증세'로 역주행했다. 대한민국의 복지수준은 OECD 회원국 중에 '뒤에서 2등'이었다.

박근혜 대통령은 해야 할 일 앞에서는 너무나 무능하고, 하지 말아야 할 일 앞에서는 엄청나게 집요했다. 음험하고 탐욕스러운 참모와 제 밥그릇 챙기기의 달인들인 노회한 관료들에 둘러싸인 채 권력을 즐기며 몰락의 길로 치닫던 무능한 대통령은 제가 못한 일을 하는 이재명을 그냥 보아 넘길 수 없었다.

국민을 위해 아무것도 할 생각이 없는 정권과 시민을 위해 무엇이라도 하려는 성남시의 성과는 선명하게 비교될 수밖에 없었다. 당선과 함께 까맣게 잊어버린 박근혜의 '증세 없는 복지'공약을 실행한 것이 바로 성남시의 1호 머슴 이재명이었다.

성남시가 다른 지자체에서 하지 않는 복지정책을 시행하기 위해 확보한 예산은 960억 원이었다. 불필요한 예산을 절감하고, 체납세금을 받아내고, 도시개발이익을 환수한 돈이었다. 성남시민이 100만이니까 1인당 10만 원 남짓 더 확보해 초등학교 치과주치의제와 성남지역화폐를 비롯한 기본복지 사업에 우선 투자한 것이었다. 성남시가 하는 것을 중앙정부가 왜 못한다는 것인가. 못하는 것은 정부에 예산이 없어서가 아니라 머슴 자리를 차지한 도둑놈이 많아서였다.

박근혜 정권은 도둑놈을 때려잡는 대신 도둑놈과 싸우는 이재명을 때려잡느라 뒤를 캐고 공작을 벌이느라 정신이 없었다. 참 나쁜 정권이었다.

단식농성 11일째를 맞은 이재명에게 출구를 마련해준 것은 그래도 민주당이었다. 김종인 비상대책위원장을 비롯한 지도부는 민주당이 책임지고 해결하겠다는 약속을 하며 이재명에게 단식 중단을 요청했다. 이재명은 동의했다. 그는 돈키호테가 아니었다.

투쟁의 바톤을 민주당 지도부가 받아들게 한 것만으로 이재명으로서는 성과였다. 그 이상으로 민주당원인 성남시장이 할 수 있는 일은 없었다.

이재명은 서른세 끼를 굶으며 싸운 광화문을 떠나기 전에 세월호 유가족들에게 허리 굽혀 인사했다. 침몰한 진실을 인양하기 위해 2년 넘게 풍찬노숙을 계속하고 있는 세월호 유가족들은 대한민국 민주주의의 보루였다. 자식과 가족을 잃은 것도 서러운데 온갖 음해까지 당하며 광화문 광장을 지키는 그들에게 자주 찾아뵙겠다는 약속을 하고 돌아서는 이재명의 발걸음은 무거웠다.

박근혜─최순실의 국정농단 사건이 만천하에 드러난 것은 이재명이 광화문에서 철수한 지 얼마 지나지 않아서였다. 이재명과 성남시를 괴롭혔던 박근혜 정권의 민낯이 여지없이 드러났다. 세월호 유가족들이 지켜온 광화문으로 시민들이 모여들었다.

이재명도 외롭게 단식농성을 벌였던 광화문 광장으로 다시 돌아왔다. 광화문 광장을 가득 채운 시민들 앞에 선 이재명은 마이크를 잡고 외쳤다.

─ 언제나 역사는 시민의 것이었고, 변방에서 시작되었고, 피 흘리며 싸운 시민의 것이었습니다. 오늘 여기 광화문에 모인 우리가 선봉대입니다. 우리가 자유와 평등, 인권과 복지, 평화와 안전이 살아있는

나라를 만듭시다. 어떤 독재자도 스스로 물러난 적이 없습니다. 민주
공화국의 깃발을 높이 들고, 국정농단 세력의 탄핵을 함께 외칩시다.
대한민국의 헌법을 짓밟은 대통령은 탄핵해야 합니다.

이재명의 연설은 다른 정치인들의 것과는 울림이 달랐다. 그의 절규
는 바로 이 광화문 광장에서 11일 동안 단식을 하며 그의 가슴에 겹겹
이 쌓아두었던 분노였다. 온몸을 던져 싸우겠다는 그의 불타는 투지는
촛불을 든 시민의 마음을 움직였다.

이재명은 언제나 그랬던 것처럼 시민의 의지를 관철할 방법을 찾아
냈다. 탄핵만이 국정농단 세력의 책임을 묻는 최상의 방법이라고 확신
한 그는 모두가 주저할 때 가장 먼저 박근혜 정권의 탄핵을 주장했다.
박근혜 정권을 탄핵하지 않으면 대한민국의 미래가 없다는 사실을 그
보다 더 명쾌하게 설명할 수 있는 사람은 없었다.

2016년 12월 9일 국회는 박근혜 대통령의 탄핵을 의결했다. 재적
국회의원 300명 중 찬성은 234명이었고 반대는 56명에 불과했다. 새
누리당 국회의원 128명 중에서 최소 62명 이상이 찬성표를 던진 것
이다.

이듬해인 2017년 3월 10일 헌법재판소는 재판관 8명 전원일치로
대통령 박근혜의 탄핵을 인용했다. 대한민국 헌정사상 최초의 대통령
파면이었다.

이재명이 그해의 사자성어로 정한 '사불범정(邪不犯正)'은 그렇게 현

실이 되었다. 그른 것이 바른 것을 범할 수 없고, 악이 선을 이길 수 없으며, 거짓이 진실을 가릴 수 없었다.

변화는 손가락에서
시작된다

촛불을 들고 광화문을 메웠던 시민들은 '대한민국의 주권은 국민에게 있고, 모든 권력은 국민으로부터 나온다'는 대한민국 헌법 제1조를 스스로 지켜냈다.

광화문 광장을 뒤흔든 이재명의 통렬한 연설은 촛불을 든 시민들의 가슴에 깊은 인상을 남겼다.

헌법재판소의 파면 인용 결정과 함께 차기 대통령 선거 일정이 시작되었다. 변화를 열망하는 시민들은 탄핵 정국을 거침없이 선도했던 이재명을 호명했다. 더불어민주당의 압도적인 유력 주자인 문재인 후보도 그에게 출마를 권유했다. 광화문 광장의 열기를 함께 이어가자는 제안이었다.

이재명은 출마를 결심했고, 대선의 격랑에 몸을 던졌다. 당선을 기대한 것은 아니었다. 대통령이란 큰 머슴 자리를 감히 넘본 적이 없었고, 준비한 것도 없었다. 그에게 용기를 불러일으킨 것은 미국 벌링턴 시장 버니 샌더스의 자서전이었다. 이재명이 추천사를 썼을 만큼 인상적이었던 자서전에서 버니 샌더스는 선거 과정의 중요성을 강조했다.

정치혁명이란 그저 선거에서 승리하는 게 아니다. 수천만의 사람이 정치적 절차에 참여할 수 있도록 여건을 조성하고, 매체의 본질을 바꿔서 수많은 사람의 애로사항과 고통을 다루게 만드는 일이다. 선거운동은 그저 표를 얻고 당선되는 일 이상의 무엇이어야 한다. 사람들을 깨우치고 조직하도록 돕는 일이어야 한다.

– 버니 샌더스 회고록: 이재명은 버니 샌더스에게 깊이 공감하는 이유를 묻는 민정에게 '1%의 기득권층이 아닌 99%의 서민층을 위한 정치철학이 뚜렷한 정치인'이기 때문이라고 대답했다. '그런 정치인이 버니 샌더스만은 아닌데 왜 하필 그인가?'란 현정의 이어진 질문에 이재명은 이렇게 대답했다. '정치가 개인의 부와 욕망을 충족하는 수단으로 전락한 사회에서 샌더스는 다른 길을 선택하고 벌링턴 시장으로 실제 성과를 냈다. 그 성과가 중요하다. 말은 누구나 하지만 성과는 아무나 내지 못하기 때문이다'

이재명은 대통령 후보 경선 과정에서 지금보다 훨씬 공정하고 정의로운 복지국가를 향한 꿈을 펼쳐 보이고 싶었다.

성남시에서 싹을 틔우고 검증한 정책들을 국정과제로 키우고 넓히는 것을 그는 선거의 첫 번째 목표로 삼았다. 그다음 목표는 그와 꿈을 함께하는 시민들의 참여를 조직하는 것이었다.

이재명은 촛불혁명을 거치면서 SNS의 힘을 실감했다. 다양한 채널을 통해 전국 각지의 사람들이 실시간으로 소통하며 뜻을 모으고 민첩하게 행동으로 옮겼다. 이러한 과정에서 모아진 지혜와 의지가 집단지성이었다. 집단지성은 상하, 주종관계가 아닌 대등한 개인들의 자유로운 연합이었다. 자발성에 기초한 집단지성은 4차산업 시대를 움직이는 가장 강력한 사회정치적 에너지였다.

전국 선거를 치를 돈도 조직도, 우호적인 언론도 없는 변방의 장수 이재명이 더불어민주당의 대선 후보 경선에 뛰어들 결심을 할 수 있었던 것도 바로 이 집단지성을 믿었기 때문이었다.

점바치의 말대로 과연 억세게 운이 좋은 이재명이었다. 때맞춰 바뀐 입시·장학제도 덕분에 특대 장학생으로 대학에 가 변호사가 되고, 때맞춰 바뀐 선거법 덕분에 성남시장 선거에 나갈 수 있었다. 대통령 후보 경선에 나서려는 이번에도 때맞춰 SNS가 집단지성의 시대를 활짝 열어주었다. 일찍이 SNS 세계에 뛰어든 이재명에게는 기성 정치인들에게는 없는 '손가락혁명군'이 버티고 있었다.

광주에서 열린 '공정국가 건설을 위한 손가락혁명군 출정식'에는 전국에서 7천여 명의 원군이 모여들었다. SNS에서 만난 손가락혁명군 누구도 차비 한 푼 지원받고 온 사람이 없었다. 자신의 돈으로 차표를 끊어 대한민국 민주주의의 성지 광주에 집결한 이재명의 원군들은 도리어 군자금으로 쓸 후원금을 내놓았다.

이재명과 함께하는 손가락혁명군 7천 명은 7천 개의 언론사였다. 이제 막강한 권력을 가진 거대 언론이 부럽지도 두렵지도 않았다. 이재명의 가슴을 벅차게 차오르는 한 문장이 있었다.

– 신에게는 아직 7천 척의 배가 남아 있습니다.

이재명은 직감했다. 이제 권력은 총구로부터 나오지 않는다. 거대 언론사를 거느린 밤의 대통령이 권력의 향방을 정하지도 못한다. 오직 참여하는 자들에 의해서 세상의 방향이 결정될 것이라고 했던 한 순정한 정치인의 유언이 떠올랐다.

최선을 다해 참여하자. 오로지 참여하는 사람들만이 권력을 만들고, 그렇게 만들어진 권력이 세상의 방향을 정할 것이다.
– 민주통합당 김근태 상임고문 블로그: 민주화운동청년연합 의장을 지낸 김근태 고문은 전두환 정권의 고문 후유증으로 2011년 12월 30

일 세상을 떠났다. 자신의 블로그에 마지막으로 올린 이 글은 그의 유언이 되었다. 이재명은 민정현정과의 인터뷰에서 '수많은 정치적 시련과 좌절을 겪으면서도 국민의 뜻을 탓하지 않고, 99%의 정직하고 성실한 사람들이 무시당하지 않는 사회를 만드는 일에 헌신한 김근태 의장님에게 대한민국의 민주주의는 너무 많은 빚을 졌다.'고 말했다.

이재명은 정직하고 성실한 사람들이 대접받는 세상을 꿈꾸는 정치적 원군들을 대통령 후보 경선과정에서 확보했다. 그들과 더불어 박진감 넘치는 전국순회 경선을 치렀다.

경선 결과 이재명은 21.2%를 득표했다. 57%를 득표해 더불어민주당 후보로 선출된 문재인 후보에 많이 미치지 못했지만 아무런 조직기반 없이 뛰어든 경선에서 거둔 성적으로는 대단한 것이었다.

정치가 시민의 삶을 실질적으로 바꿔주기를 바라는 열망을 확인하고, 전국 각 지역의 관심과 과제를 파악한 것도 큰 성과였다. 무엇보다 큰 보람은 그 스스로 전국적인 시야와 관점을 확보한 정치인으로 발돋움한 것이었다.

경선을 끝내면서 이재명이 못내 아쉬웠던 점은 자신의 정책을 더욱 강력하게 드러내지 못한 것이었다. 안정된 조직 없이 갑자기 뛰어든 경선에서 출렁거리는 지지율을 따라가느라 가끔 흔들렸던 경선과정을 복기하며 이재명은 원칙의 중요성을 새삼 절감했다. 기대 이상의 지지율 상승에 고무되어 기성정치세력이 하는 정치 기술을 따라가기도 한 것은 잘한 일이 아니었다. 1위 후보를 추격하면서 이슈에서 소외되지 않기 위해 토론에서 다른 후보들이 제기한 공세에 가세하는 일은 보다 절제하고 신중했어야 했다.

이재명은 더 선명하고 강력한 정책 경선을 선도하지 못한 아쉬움을 안은 채 문재인 후보의 당선을 위해 최선을 다했다. 문재인 후보는 넉넉한 품으로 모든 경선 후보 진영을 껴안았고, 이재명을 비롯한 다른 후보 진영도 더불어민주당과 문재인 후보의 승리를 위해 노력했다. 이재명도 시장이란 직위를 가지고 할 수 있는 법적 범위 내에서 최선을 다해 뛰었다. 시장이란 공직 때문에 직접 나설 수 없는 한계는 아내 김혜경이 나서서 메워주었다. 아내는 지방까지 뛰어다니며 이재명의 지지자들이 이탈하지 않고 문재인 후보의 당선을 위해 계속 뛰어줄 것을 호소했다.

2017년 5월 9일 대통령선거에서 더불어민주당 원팀의 대표로 출마한 문재인 후보는 41.08%를 득표하며 대통령에 당선되었다. 이재명은 광화문에서 열린 축하 행사에 참석해 시민들과 더불어 문재인 대통령의 승리를 기뻐했다.

2018년, 새해가 밝고 지방자치단체장 선거가 다가왔다.

이재명은 성남시장에 한 번 더 도전할지, 경기도지사에 도전할지를 두고 고민했다. 성남시장을 한 번 더 맡아서 그가 구상한 '시민이 주인인 도시'의 틀을 완전히 갖춰놓고 싶은 미련이 컸다. 주변에서는 성남은 이미 기틀이 잡혔으니 경기도지사에 출마하는 것이 당연하다는 분위기였다. 이재명은 경기도지사에 그리 큰 매력을 느끼지 못했다. 자리만 근사하지 일할 수 있는 집행 권한은 성남시장보다도 못했기 때문이었다.

경기도는 서울보다 인구가 훨씬 많은 전국최대 규모의 광역자치단체였지만 국무위원인 서울시장과 달리 고유권한이 많지 않았다. 대부분의 행정 권한은 기초자치단체가 가지고 있기 때문에 중앙정부와 기초단체에 사이에 낀 경기도지사는 행정역량을 발휘하기 어려웠다. 당연히 뚜렷한 실적을 내기도 어려워 정치권에서는 경기도지사를 정치인의 무덤으로 불렀다.

근사한 자리가 아니라, 할 수 있는 일에 관심을 가진 이재명은 지방자치 관련 법령을 모두 가져다가 도지사가 할 수 있는 일과 권한을 일일이 따져보았다. 생각보다 일할 수 있는 여지가 상당했다. 법령집에 나와 있는데도 지금까지 제대로 사용하지 않은 광역단체장의 권한이 많았다. 법령집 속에 잠든 그 권한을 최대한 꺼내 사용한다면 경기도민의 삶을 조금은 바꿀 수 있다고 판단했다.

도지사 출마를 선언할 때까지만 해도 이재명은 자신의 앞에 어떤 시련이 기다리고 있는지 미처 몰랐다.

이명박·박근혜 정권이 그토록 집요하게 핍박하고 털었는데도 꼬투리 잡힐 게 없었던 이재명이었다. 작은 약점 하나라도 있었다면 감히 광화문 광장에서 단식농성까지 벌이며 박근혜 정부에 맞서지 못했을 것이다. 국정원과 경찰을 동원해 공직자는 물론 민간인까지 사찰하고, 검찰을 주무르며 법원의 재판에까지 개입한 박근혜 정권이었다.

이젠 정권이 바뀌었으니 지난 두 정권 시절처럼 터무니없는 이유로 압수수색을 당하고 수사기관에 불려 다니며 조사를 받느라고 시간을 빼앗길 일은 없을 줄 알았다. 하지만 아니었다.

'미디어 프레이밍'을 물리친
집단지성의 압승

이재명은 16년 동안 자유한국당의 아성이었던 경기도를 바꾸겠다고 선언했다.

'새로운 경기'

이재명은 자신 있었다.

정직하고 성실한 시민들과 함께 담대하게 '다른 경기도'를 만들리라 다짐하며 출사표를 던졌다.

이재명이 경기도지사 선거에 나서는 순간부터 총공격이 시작되었다.

검찰은 과거와 조금도 변함이 없었고 경찰은 과거보다 더 심각했다. 경기도지사란 자리를 노리는 상대 당의 음해도 되살아났다. 지금까지 견뎌왔고 이겨내온 상대들은 또 감당하면 되었다. 하지만 동지라고 믿어왔던 내부에서의 공세는 마음을 아프게 했다.

두려워서가 아니었다. 잘못이 있어서도 아니었다. 두려웠다면 정권과 토건 마피아들에 맞서 싸우지도 않았을 것이고, 조금이라도 잘못한 것이 있었다면 벌써 이명박·박근혜 정권에 의해 산산조각이 났을 이재명이었다. 저쪽이 아닌 이쪽에서 작동하는 기득권의 횡포는 그에게 슬픔과 환멸을 불러일으켰다. 하지만 그것 또한 넘어서야 하는 것이 이재명의 운명이었다.

무수저 출신의 비주류로 정당하지 않은 어떤 기득권과도 타협하지 않고 살아온 그가 감당해야 할 운명이었다. 대한민국의 99% 국민이 매일같이 당해온 멸시와 차별이었다.

경기도민들의 눈길은 이재명이 만들 '새로운 경기'의 모습을 이재명이 만든 명품 도시 성남에서 확인했다.

실체를 확인할 길이 없는 공허한 공약에 넘어갈 도민들이 더는 남아 있지 않았다. 시작하기 전부터 실력 차이가 너무 나는 경쟁이었다. 실력으로는 승산이 없다고 판단한 경쟁자들은 앞다투어 선거를 진흙탕으로 끌고 들어가려 했다. 거기에는 좌우, 피아도 없었다.

당내 경선에 나선 한 후보는 선관위에 이재명의 아내 김혜경을 고발했다.

hkkim라는 아이디를 가진 인물이 트위터에 '그 후보와 한나라당이 손잡았다'는 허위사실을 유포하고 노무현 대통령과 문재인 대통령을 비방했는데, 트위터 계정이 이재명의 아내 이니셜과 같다는 것이었다. 언론은 이 고발을 대대적으로 보도했다. SNS에서는 hkkim라는 아이디를 '혜경궁 김씨'라고 바꿔 부르며 비난하고 조롱하는 글이 이어졌다.

경찰은 이례적으로 이 트위트 사건을 접수한 지 며칠 만에 수사에 착수했다.

무려 6명의 특별수사팀까지 꾸렸을 때 이미 이재명은 이 수사의 방향과 목표, 배후를 직감했다. 이재명 측이 고발한 다른 후보의 허위사실 유포는 그 내용이 인격살인 행위였음에도 '단순 착각'이었다고 무혐의 처리하고, 이재명 측을 고발한 트위터 글에는 특별수사팀까지 꾸린 배경은 짐작하고도 남았다. 이재명은 더불어민주당 후보 경선 기간부터 선거가 끝날 때까지 이 '트위트' 공세에 시달려야 했다.

이게 말이 되지 않는 게 그 아이디를 사용하는 인물이 나한테 시장님 고향이 어디냐고 물어봐요. 내가 태어난 마을, 다녔던 초등학교, 아버님 산소가 어딘지 다 아는 집사람이 내게 고향이 어디냐고 묻는 게 말이 돼요? 세상에 어떤 아내가 결혼한 지 20년이 넘은 남편에게 고향이 어디냐고 물어봅니까?

– 이재명 인터뷰: 민정현정이 확인한 이재명의 일기장에도 이재명의 고향 안동 도촌에 대한 이야기가 여러 번 아주 자세하고 길게 나와 있었다. 이재명이 김혜경에게 프로포즈한 다음 건네준 것이 이 일기장이었고, 김혜경은 그 일기장을 보고 이재명과 결혼을 결심했다. 김혜경은 이 사건이 발생하기 전에 한 잡지와의 인터뷰에도 시어머니가 자주 이재명

이 어릴 때 어떻게 자랐는지를 얘기해주었다고 말했다. 이재명의 아내가 이재명의 고향을 모르는 것은 불가능하고, 따라서 '혜경궁 김씨'는 김혜경과 동일인일 수 없다는 데 민정현정은 이견이 없었다.

집요한 수사를 벌인 경찰은 기소의견으로 이 사건을 검찰에 넘겼다. 그런데 정작 이 단계에서 고발 대리인인 변호사는 검찰에 출석하며 이렇게 말했다.

'논란이 됐던 트위터 계정 사용자가 다수라고 판단된다. 때문에 김씨가 포함되지 않을 수 있다.'

고발 대리인 스스로 아이디 'hkkim'가 이재명의 아내라고 주장해온 기존의 주장을 완전히 뒤집은 것이다. 수원지방검찰청도 계정의 아이디와 비밀번호가 공유돼 여러 명이 사용한 것으로 글을 게시한 사람을 특정할 수 없다며 기소하지 않았다. 이재명의 편을 들어줄 리 없는 검찰이었다. 죄가 되지 않는 일을 끝까지 법원으로 끌고 가 이재명을 괴롭혀온 검찰마저도 도저히 기소 불가능하다고 판단한 것이다.

트위터 아이디 'hkkim' 논란은 이렇게 이재명의 아내 김혜경과 무관한 것이 분명해졌다. 이재명은 아내에게 미안하고, 면목이 없었다. 보통 시민의 상식을 삶의 정석으로 여기며 살아온 김혜경에게 이런 악의에 찬 공격은 너무나 섬뜩했다.

하지만 이재명의 아내와 가족을 괴롭히는 일은 이것으로 끝나지 않았다.

바른미래당 경기도지사 후보는 한 여성 배우를 선거판에 끌어들여 저급한 비방전을 벌였다. 이재명을 공격한 그 배우는 이전에도 몇 차례 말을 바꿔가며 이재명을 공격하고, 번복하고, 사과하고, 지우기를 반복한 이력이 있었다.

그 배우는 2013년 8월 2일, 자신의 페이스북에 자신이 이재명에게 법률자문을 받았었는데 딸의 아빠로부터 위자료와 유산, 양육비를 받아준다고 해놓고 행방불명이 되었다는 글을 올렸다 삭제했다.

집회와 유세장에서 얼굴을 마주쳤을 뿐인 배우가 이재명에게 딸의 양육비 등에 대해 문의한 것은 맞았다. 그 문제를 자세히 상담하기 위해 그녀가 변호사 사무실에 방문한 것도 사실이었다. 일정이 바빴던 이재명과 상담을 하지 못한 그녀는 사무실의 직원과 소송을 위한 수임 절차 등을 얘기했다. 그녀와 얘기하는 과정에서 그녀가 이미 딸의 아빠로부터 양육비 등을 받은 적이 있다는 내용을 파악한 직원은 다시 소송해서 이기기 어렵다고 말했다. 언제나 안 되는 소송은 안 된다고 미리 말하는 것이 이재명 변호사 사무실의 원칙이었다. 그래서 그녀는 소송 의뢰를 하지 않고 그냥 돌아갔다. 팩트는 이것이 전부였다.

그런데 2016년 1월 27일, 그 배우는 페이스북에 글을 올려 이재명을 공격했다. 이재명은 그 배우를 향해 법적 대응을 하겠다고 예고했다. 본인이 기대한 대로 소송에 나서주지 않아 섭섭하다고 해서 이런

355

공격까지 당해도 되는 것은 아니었다. 그 여배우는 곧 이재명과 아무 관계가 아니라며 사과하고 해명했다.

몇 년 전에 세상에 하나밖에 없는 제 딸 양육비 문제로 고민하다가 이재명 변호사에게 자문을 구한 일이 있습니다. 그런데 결국 제가 생각했던 것과 달리 좋지 않은 결과로 끝이 났었어요.

저는 하늘이 무너지는 것 같았고 그때도 그렇고 지금도 가끔씩 참 섭섭하고 화가 나곤 합니다. 이번 건도 그런 마음에 제 개인적이고 유일한 소통구인 페이스북에 던진 이야기였는데, 이렇게 엉뚱한 방향으로 흐르게 됐네요.

이재명 시장에게 미안합니다.

이재명 시장과는 이런 일 외엔 아무 관계가 아닙니다. 제가 생각하는 뜻을 펼치며 이 사회에 조금이나마 도움이 되면 좋겠다는 생각으로 하루하루 열심히 살아가고 있어요.

또 이런 일이 벌어져서, 기회만 생기면 악의적으로 사람을 매도하고 공격하는 나쁜 사람들이 제발 사라졌으면 좋겠습니다. 저는 연기를 하는 사람이고 난방비리 관리비리만 찾기에도 바쁩니다.

— 모 배우 페이스북(2016년 1월)

이것으로 끝난 줄 알았다.

그런데 그녀는 3개월 뒤인 2016년 4월 12일, 페이스북에 한 정치인과 9개월을 데이트했다고 밝혔다. 2017년 3월에는 또 말을 바꾸어 이재명과 17개월 만났다고 지인에게 주장했다. 2007년 12월부터 2009년 5월까지 옥수동 아파트에 드나들었다는 것이다. 이재명 신체의 비밀을 안다는 말도 했다. 그녀의 말이 사실이라면 이재명이 투명인간이 아닌 이상 그를 봤다는 사람 한 명, 사진 한 장, 하다못해 주고받은 문자나 통화기록 하나라도 있어야 마땅했다.

경기도지사 선거를 코앞에 둔 2018년 6월 10일 그녀는 KBS 뉴스9에 출연해 '바닷가에 가서 사진 찍고 낙지 먹고, 이재명 카드로 밥값을 냈다, 사진을 찾아봤으나 찾지 못했'고 했다. 그다음 그녀가 이재명이 찍어준 것이라며 내놓은 사진은 2007년 12월 13일에 그녀의 가족과 찍은 사진으로 팬카페에 올려졌던 것임이 밝혀졌다.

그녀는 자신의 페이스북 프로필에 카메라를 든 이재명과 닮은 중년 남성 사진을 올려, 이재명이 해변에서 자신의 사진을 찍어준 증거라도 되는 것처럼 했는데 정작 그 사진의 주인은 따로 있었다. 경남도민일보 김주완 기자는 자신의 사진 도용을 항의했고, 그 배우는 사과했다. 그녀가 새로운 프로필로 올린 바닷가의 '해변상회' 사진 역시 다른 사람이 찍은 사진으로 밝혀졌다.

해변상회 주인은 '당시는 가판형식이라 카드단말기가 없었고, 한적한 식당에 배우가 왔다면 알아보고 사인을 받았을 법한데 기억이 전혀 없다'고 증언했다.

그녀는 다시 자신의 지인에게 했던 말과는 상반되는 주장을 내놓았다. 2009년 5월 22일로 날짜를 특정하며, 비도 오는데 노무현 전 대통령의 영결식이 열리는 봉하마을에 가지 말고 옥수동에서 만나자고 요구해, 밀회를 이어갔다는 것이었다. 하지만 노무현 대통령의 서거일은 5월 23일이었으며 영결식은 29일이었다.

이재명은 기가 막혔다. 그가 진로를 두고 마지막 고민을 하고 있을 때 '변호사는 굶지 않는다'며 용기를 준 분이 노무현 변호사였다. 이재명이 판검사로 영달하는 길을 버리고 노동·인권변호사의 길로 들어서게 한 노무현 대통령은 그의 인생에서 하나의 이정표이고, 등대였다. 그의 아내 김혜경도 거의 '노빠'에 가까운 노무현 팬이었다. 이재명은 노 대통령의 서거 소식을 듣자마자 울며 봉하마을로 달려 내려갔다. 검찰에 야비하게 당하고 전과자가 되었던 이재명은 고인의 영전에 참배하며 노무현 대통령을 죽음으로 몰아넣은 검찰의 공작 수사와 야비한 언론 공작에 누구보다 분노하고 치를 떨었다. 이재명은 봉하에서 돌아와 성남의 야탑역에 분향소를 마련하고 장례가 끝날 때까지 상주로 분향소를 지켰다. 그는 당시 민주당 분당갑 지역위원장이기도 했다.

더구나 5월 22일부터 다시 이재명과 밀회를 즐겼다는 그 배우의 SNS에는 2009년 5월 23일 제주도 우도에서 찍은 사진이 올라와 있었다. 사실과 진실은 너무나 명백했다. 언론은 이재명의 당시 일정과 그녀의 항공이나 선박 탑승 기록만 확인해봐도 사실 여부를 밝힐 수 있음에도 어떤 근거도 없는 그 여배우의 주장을 사실인 양 보도했다.

심지어 그녀가 '이재명과의 불륜을 증명할 사진이 담긴 노트북이 싱가포르에 있다고 딸이 형사에게 진술했다'고 페이스북에 올린 걸 보고 언론들은 득달같이 받아썼다. 얼마나 당황했으면 죄가 되지 않는 사건을 언론에 공표하며 검찰에 넘긴 경찰까지 나서서 사실이 아니라고 해명할 지경이었다.

이 여배우와 관련된 음해는 선거가 끝난 다음에도 계속되었다. 한 유명 소설가까지 아무런 근거도 없는 그녀의 주장을 믿고 이재명 공격에 가세했다. 인권을 얘기하는 그 소설가는 유리수족관 안의 물고기처럼 경찰과 정보기관에 사찰당하며 수시로 끌려다니는 이재명을 배우를 겁박할 수 있는 권력자로 착각하고 이재명을 공격했다. 그런 근거 없는 공격으로 한 가족이 겪어야 하는 고통은 안중에도 없었다.

마침내는 그 배우와 소설가가 주고받은 녹음파일이 SNS에서 마구 확산되었다.

그 배우는 이재명의 '신체 한 곳에 크고 까만 점이 있다. 법정에서 최악의 경우 꺼내려 했다'고 했고, 그 소설가는 '대박'이라며 '성폭력 사건에서 승소할 때 상대 남성의 특징을 밝힐 수 있는지가 관건'이라며 환호했다.

SNS에 퍼진 그 녹음을 들은 사람들은 그런 유명 소설가가 거짓말을 할 리가 있겠느냐며 이재명을 비난했다. 이재명도 한 아내의 남편이었고 두 아이의 아버지였다. 참담하고 치욕스러웠다. 아내에게 미안하고 자식들에게 미안했다. 이재명은 결심했다.

이재명은 정면돌파였다.

이재명은 이 치졸하고 너절한 사건을 입건한 경찰에 자진 출두해서 신체검증을 받겠다고 통보했다. 치욕스러웠지만 그 방법뿐이 없었다.

그런데 그들이 내민 스모킹 건을 잡은 경찰이 신체검증을 유보했다. 여론재판으로 이재명이 만신창이가 되는 것을 충분히 즐긴 다음에 하겠다는 것인지, 아니면 시간을 끌다가 뒤늦게 검증을 하고 없으면 그 사이 점을 뺐다는 루머를 만들 심산인지 알 수 없었다.

이재명은 지체하지 않았다.

2018년 10월 16일 아주대병원에 의뢰해 신체검증을 받았다. 신체검증은 아주대병원의 피부과와 성형외과 전문의 두 명이 맡았다. 경기도청 출입 기자대표 3명도 참관했다. 신체검증 결과는 명료했다. '언급된 신체 부위에 점은 없다, 레이저 시술 흔적, 수술 봉합, 절제의 흔적도 없다.'

그 배우와 그 유명 소설가가 떠들어댄 스모킹 건은 터무니없는 거짓말임이 만천하에 드러났다. 하지만 스모킹 건을 확보했다며 '대박'이라고 환성을 질렀던 작가와 배우는 사과하지 않았다.

다만 두 사람의 대화가 담긴 녹음파일 '이재명의 신체 비밀'이 SNS를 도배하고 이재명의 신체검증으로 그 모든 것이 거짓임이 드러난 다음 SNS를 통해 그 배우와 작가는 서로를 향해 치열한 폭로전을 벌였을 뿐이다.

내 전남편인 그가 어떤 여배우와 섬씽이 있었고(최근 알았다) 둘 사이에 무슨 문자와 사진이 오갔나 보다. 아니면 일방적으로 보냈는지 ― 나는 당연하게 전혀 모른다.

그녀가 내 전남편이 자신에게 보낸 음란사진을 공개한다고 내게 협박을 해왔던 것이 거의 일 년 전이었다. 전남편 사이에서 낳은 우리 아이가 타격을 입을 테니 그걸 막으려면 자기에게 공개 사과하라고.

당연히 개인적으로 사과를 백만번도 더 했지만 그녀는 당시 공개로 발언해줄 것을 요청했고 나는 지금 시기가 좋지 않겠다고 빌었다.

아이를 보호해야 한다는 생각에 필사적으로 그녀에게 대답했고 달랬다

그러나 새벽마다 보내는 문자를 견디다 못해 그녀를 차단했다.

― 모 작가 페이스북 (2020.8.11.): 이 작가는 이 글을 올린 이틀 뒤 '제가 상처주었던 분들께 용서를 빈다'며 페북 계정을 폐쇄했다. '상처주었던 분들'에 이재명이 포함되는지는 알 수 없었다. 이 작가와 배우의 SNS 관련 글을 조사하면서 현정은 배우가 올린 두 개의 글을 보고 고개를 갸웃거렸다. 첫 번째는 이 작가가 이재명 '신체의 비밀'을 유출하여 '재판이 망했다.'는 것이었다. 왜? 그 작가가 녹음파일을 유출하는 바람에 신

체의 비밀을 바꾸었다는 것인가? 성형외과 의사도 검증에 참여했는데? 무슨 뜻인지 알 수 없었다. 두 번째는 '딸 낳고 30년간 비구니처럼 살았다.'는 문장이었다. 이건 뭐지? 현정과 같은 의문을 SNS에서 표시한 사람이 많아 찾아보았다. 민주언론시민연합 사무총장을 지낸 노무현재단 상임운영위원 최민희는 SNS에 "'30년 동안 비구니처럼 살았다.' 2018년 거짓말, 스스로 인증? 그 거짓말에 나라가 그토록 시끄러웠단 건가. 허탈하다."고 썼다.

이재명의 결백은 명백하게 입증되었다. '대박'이라고 한 그 배우의 거짓말도 여지없이 드러났다.

하지만 누구도 이 성적 모욕 사건에 대해 책임지지 않았다. 만약 이재명 아닌 다른 사람이었어도 그랬을까. 그가 이재명이기 때문에 이렇게 인권을 침해해도 괜찮다는 것인지, 아니면 남성이어서 성적 치욕을 당해도 괜찮다는 것인지 알 수 없었다.

허위 사실로 밝혀진 그 배우와 작가의 녹음파일을 사실로 단정하며 이재명을 비난했던 누구도 사과하지 않았다.

하나의 나무만 보지 않고 숲을 보면 그 하나의 나무가 어떤 처지에 놓였는지 더 잘 보일 때가 있다. 세상에서 가장 억울한 게 '나'만 혼자 당하는 건데 이재명 말고도 비슷하게 당한 변호사 출신 정치인이 있었다. 정직하고 정의롭고 강직한 정치인으로 주목받는 그 의원도 '사람답게' 살아야 할 '패소 변호사'로 저격당했다.

① 박주민 변호사님 3년째 무료변호. 거기다 책선물까지~~ 고맙습니다.
그녀가. 고 장자연님이 울 변호사님 많이 고마워 할 듯. (2015년 8월 22일)
② 천만원 후원금이 들어왔어요. 깐느에게 백마탄 왕자님이 온줄 알고 하룻밤 흥분 좀 했었지요.그런데 천만원 지원금 보내주신분이 저를 3년간(고 장자연씨 관련) 무료변론 해주시고 아파트 난방비리 관리비리 관련하여 수십건물 또 무료변론 해주시는 박주민 변호사님 사모님이라는 거 완전 충격입니다. 충격! (2015년 9월 5일)
③ 박주민 의원님? 재판부가 양형시켜준다고 권했을 때 무죄받을 수 있다고 하셨죠?
다 유죄받았어요. 벌금 1500만원 나왔어요. 반은 물어주신다고 하셨죠? 입금시켜주세요.
기자들 앞에서는 촬영하고 검찰 경찰 조사 때 중간에 나가 버렸죠? 변호사는 원래 초동 수사 때 동석 안하는게 원칙인가요?

금뺏지 달자마자 전화 받지않으시는 건 국회법인가요? 사람답게 삽시다. 제발~ (2016년 7월 3일)

④ 사실은 박주민 변호사 고마워서 뒤로 천만원 드렸었지요. 무죄확신 하셨고.

그러나 무죄는커녕 증인신청조차 못한... 결국 벌금만 민, 형사 천팔백여만원. 미안하다고 벌금 반 내준다고 했으나 마음만 받겠다고 거부했슴. 세상에 믿을만한 정치인은 없는가?

....

강용석변호사 선임하라며 천만 원 마눌 이름으로 보내옴. 무능한 패소 변호사

....

재판한번 받지 못하고 전과자 된 케익스. 경찰조사 검찰조사 때 아예 안오거나 두 번은 조사중 두 번 나가버림. 당시 모 검사가 내게 조롱함. 검찰조사 때 가버리는 사람이 인권변호사 맞느냐고… ㅠㅠ

— 2018년 8월 23일

— 같은 배우가 같은 박주민의원에게 쓴 페북 글이다. 현정은 3년 사이 무슨 일이 있었는지 몹시 궁금했다. 3년 동안이나 무료로 변론해주었

다며 그녀가 그토록 고마워했던 박주민 의원은 어쩌다 3년 뒤에 '사람답게' 살아야 할 '무능한 패소변호사'로 비난받게 되었을까? 중앙일보 2018년 8월 23일자 '000, 이번엔 박주민 저격'이란 기사를 보고 나서야 이 배우의 어법을 조금 더 이해하게 되었다.

https://news.joins.com/article/22907635

현정도 아무렴 그 배우가 아무런 근거도 없이 이재명을 저렇게까지 공격할까, 하는 의구심을 가지고 꼼꼼히 조사했는데 그녀의 주장을 뒷받침하는 근거는 단 하나도 찾을 수가 없어서 놀랐다. 반대로 그녀의 주장과 어긋나는 사실은 너무도 많았다. 근거 없는 말의 근거를 소급해서 만들어내는 그 배우의 독특한 언어기술을 파악하는 데는 이 배우가 SNS에 이재명과 문성근을 연결해서 쓴 글이 큰 도움이 되었다. 그녀의 SNS 글을 일축한 문성근의 반응도 함께 확인했다. SNS에서 그녀의 글을 보며 문성근이 느꼈을 황당함이 충분히 짐작되었다.

박주민과 이재명 모두 변호사 출신 정치인이다. 두 변호사 모두 같은 배우로부터 법률상담을 요청받았다. 그 시기도 국회의원과 시장이 되기 전이다.

박주민은 그녀가 가지고 온 명예훼손 사건을 무료로 수임해 소송을 진행하던 중 어떤 이유에서인가 다른 변호사에게 사건을 넘기고 빠졌다. 이재명은 그녀가 가지고 온 양육비 청구 사건을 소송이 불가하다며 애초에 돌려보냈다.

박주민이 3년 동안 무료변론해준 사건에서 그 배우는 패소했다. 물론 그녀의 허위사실 유포에 의한 명예훼손 혐의를 방어해내지 못한 책임이 그녀에게 있는지 변호사에게 있는지는 알 수 없지만, 그 결과 박주민은 '사람답게' 살아야 할 '무능한 패소 변호사'로 저격당했다.

아예 수임불가 의견을 낸 이재명은 패소할 일은 없었지만 그녀에게 '절망'을 안겨주었다. 그녀는 자기가 '생각했던 것과 달리 좋지 않은 결과로 끝'이 나서 '하늘이 무너지는 것 같았고 그때도 그렇고 지금도 가끔씩 참 섭섭하고 화가 나'서 그랬던 것으로 아무런 관계도 아니었다고 이재명에게 사과했었다. 그렇게 사과했던 2016년 이후 달라진 것은 아무것도 없었다. 오직 선거 때마다 등장하는 그녀의 근거 없는 주장이 있었을 뿐이다.

그런데도 그녀가 SNS에 이재명을 비방하는 글 하나만 올리면 수많은 언론이 사실 확인절차를 배제하고 그대로 베껴 썼다. 우리나라 언론사의 성향을 보여주는 '미디어 프레이밍'은 이재명에게 너무나 적대적이었다.

언론사의 성향에 따라 자신이 원하는 것은 '선택'하고 원하지 않는 것은 '배제'하는 것이 미디어 프레이밍의 시작이다. 자신들이 지지하는 인물에게 유리한 것은 최대한 부풀리고 불리한 것은 깡그리 무시하는 것이다. 많은 언론사가 '미디어 프레이밍' 전략에 따라 팩트와 반대되는 주장을 천연덕스럽게 기사화하고, 명확한 팩트도 깡그리 외면

했다. 그런 보도의 반복을 통해서 이재명의 이미지를 원하는 방향으로 조작하려는 언론사의 미디어 프레이밍은 집요했다.

트위터 사건과 여배우 논란도 이재명의 이미지를 불안정하고 불완전하며 심지어 위험한 것으로 조작하기 위한 것임은 말할 나위도 없었다.

그러나 선출되지 않은 권력인 언론사의 '미디어 프레이밍'은 완전히 실패했다.

막강한 권력을 가진 거대 언론의 미디어 프레이밍을 유튜브 채널과 SNS의 집단지성이 이겨낸 것이다.

더욱 광대해진 온라인 제국의 이재명 동맹군은 수많은 콘텐츠를 생산하고 신나게 유통시켰다. 거대 언론이 배제한 이재명의 성과와 비전, 가치를 조명하고 전달했다. 기득권 집단의 미디어 프레이밍에 따라 조작된 허위사실들을 검증해냈다.

음모와 공작으로 이재명의 이미지를 조작하고 권력을 도둑질하려는 자들에 맞서 이재명의 원군들은 온라인에서 의기투합하고 오프라인에서 뭉쳤다. 이재명과 함께 하는 집단지성은 어디에도 없고, 어디에나 있었다. 그들은 한 시간도 선거본부에 나오지 않았지만 24시간 활동했다. 그들은 제주도에서도 경기도의 친구들에게 이재명의 가치를 보증하는 보증서를 날려 보냈고, 광주와 부산에서도 파주의, 양평의 친구를 투표장으로 보냈다. 그들은 이재명을 지키는 수호천사였고 홍길동이었다.

이재명은 저급하고 극악한 비방전으로 일관한 자유한국당과 바른미래당 후보를 누르고 압도적인 승리를 거두었다.

어렵다는 것은
가능성이 있다는 것이다

경기도민 3,370,621명이 이재명을 경기도 머슴 1호로 채용하는 계약서에 붓두껍을 눌렀다.

득표율 56.4%의 압승이었다. 낡은 정치집단의 공작정치는 완전히 파산했다. 언론권력의 미디어 프레이밍도 실패했다.

경기도민들은 더 이상 권력을 거래하는 자들의 공작 대상이 되기를 거부했다. 시민들은 검증하지 않은 사실을 보도하는 언론을 검증하며 스스로 진정한 언론이 되었다. 경기도지사 선거는 집단지성의 힘을 유감없이 보여준, 집단지성의 승리였다.

이재명은 56.4%의 지지를 획득하며 35.5%를 얻은 자유한국당의 남경필 후보를 누르고 압승했다. 16년 동안 경기도를 장악했던 자유한국당을 20% 넘게 이긴 것이다. 경기도민들은 이재명을 비방하며 선거판을 진흙탕으로 만든 바른미래당을 더 철저히 응징했다. 치과의사 김영환은 고작 4.8%를 얻었다.

경기도민들은 성남시를 명품도시로 만든 검증된 미래를 선택했다. 능력은 없으면서 욕심만 많은 베짱이와 실낱같은 권력만 보여도 미친 듯이 달려드는 불나방들에게 더는 속지 않았다.

이재명은 혼자 이기지 않았다. 31개 시군을 돌며 함께 일할 더불어민주당 시장·군수, 시·도의원의 지지를 호소한 이재명이었다. 경기도의 31개 시군 중에서 연천군과 가평군 두 곳을 제외한 모든 시장·군수 선거에서 승리했다. 양평군의 정동균은 유사 이래 최초로 민주당 후보로 군수에 당선했다. 도의원 142석 중 135석을 확보했다. 인구 1천3백만 명의 경기도는 서울보다 인구가 2백4십만 명이나 많은 대한민국 최대 지방자치단체였다. 경기도가 바뀌면 대한민국이 바뀌었다.

자유한국당의 16년 집권을 종식시킨 이재명은 '새로운 경기'를 만드는 일에 착수했다.

이재명이 걸어온 길이 늘 그랬듯이 그의 앞에 꽃길은 없었다.

이미 끝난 당원과 도민의 압도적 선택과 결정을 엎어치기 하려는 음모와 공작이 시작됐다. 국민이 잠시 맡긴 권력으로 사적 이익을 챙기는데 이력이 붙은 자들은 쉽게 미련을 버리지 못했다.

몰려오는 음해와 공작의 물결이 온몸으로 느껴졌다. 검찰과 경찰이 최전선에 동원되었다. 이미 사실관계와 진실이 명명백백하게 드러난, 끝난 사건들을 다시 긁어모아 경찰은 다시 수사를 벌이고 검찰은 재판에 넘겼다. 부패세력과 결탁한 언론은 이재명을 자진 사퇴로 몰아가는 미디어 프레이밍을 짰다.

이번에도 하이에나들이 먼저 물어뜯은 것은 이재명이 아니라 이재명의 가족이었다.

경찰은 이재명의 아내와는 무관하다는 것이 이미 명확하게 밝혀진 트위터 계정의 글을 다시 꺼내 수사를 벌인다며 요란을 떨었다. 내용도 없는 수사과정을 끊임없이 언론에 흘리고, 언론은 그것을 부풀렸다. 그러한 악의적인 보도를 빌미로 정적들은 이재명에게 사퇴를 요구했다. 절정은 아무런 실체도 없는 트위터 사건을 죄가 된다며 검찰에 송치하려는 경찰의 막가파식 정치행위였다.

2018년 11월 17일, 경찰은 이틀 뒤에 이재명의 아내를 검찰에 기소할 것이라는 예고를 내보냈다. 이재명을 음해한 정적들의 명확한 명예훼손 행위는 외부에 일체 알리지 않고 몰래 무혐의 처리한 것과는 너무나 대조적이었다. 그들의 노림수는 사건의 유·무죄가 아니라 이재명에게 최대한의 정치적 타격을 입히는 것이다. 죄가 되지 않는 일이니 재판에서 질 것이 뻔했기 때문에 정치적으로 죽이겠다는 것이었다.

경악스러운 일이었다. 검찰 공안부와 특수부도 감히 엄두 내지 못할 정치를 일선 경찰서가 해댔다. 그런 무모한 정치 행위는 경찰서 단독으로 할 수 있는 일이 아니었다. 경기도의 머슴 자리를 사익의 수단으로 여기고 가로채려 드는 자들의 탐욕에 경찰과 언론이 발을 맞췄다. 예고편까지 뿌려가며 클릭 장사에 눈이 어두운 온갖 매체까지 긁어모은 경찰의 정치는 성공하는 것처럼 보였다.

경기도지사직을 도둑질하려는 자들은 너무도 몰랐다.

모든 것은 과유불급, 지나치면 아니 한 것만 못했다. 검찰 정치보다 심한, 낯선 경찰 정치를 보며 시민들은 고개를 갸웃거렸다. 대체 이 낯선 풍경은 뭐지? 뭘 믿고 저러는 걸까?

그들은 이재명을 몰라도 너무 몰랐고 경기도민을 무시해도 너무 무시했다. 이재명은 두드릴수록 단단하게 단련되어온 불사조였다. 경기도민은 경기도민의 삶을 바꿔줄 검증된 미래인 이재명을 선택한 집단지성의 일원이었다.

그날 밤, SNS 제국의 집단지성들이 내놓은 의견을 찬찬히 경청한 이재명은 온갖 억측과 예측기사를 내놓고 있는 언론에 다음 날 아침 기자회견을 하겠다고 알렸다. 이재명의 결심은 단호했다. 지켜야 할 것은 지켜야 했다.

이재명이 지키려는 것은 당원과 도민의 결정을 짓밟으며 저들이 약탈하려는 경기도지사란 자리가 아니었다. 이재명이 얻으려고 했던 것은 일할 수 있는 권한이었지 자리와 권력이 아니었다. 이재명에게 가장 먼저, 그리고 가장 마지막까지 지켜야 할 것은 그 어떤 직위도 권력도 아닌 가족이었다. 그는 가족을 지키고 어머니를 행복하게 해드리기 위해 일하고, 공부하고, 싸웠다. 든든한 동생, 부끄럽지 않은 오빠가 되려고 불의와 타협하지 않았다. 다정하고 믿음직한 남편이 되려고 성실하게 살았다. 자랑스러운 아버지가 되기 위해 유능한 시장, 인정받는 도지사가 되려고 했다. 그런데 저들은 사악한 정치적 목적을 위해 야비하게 그의 아내를 공격하고 가족을 무너뜨리려 들었다. 그가 어머니에게 다하지 못하는 효도를 하고, 그가 미처 챙기지 못하는 형제자매들의 아픔을 살피고, 그가 돌보지 못한 아이들을 반듯하게 키운 것은 아내 김혜경이었다.

그의 아내는 세상 무엇과도 바꿀 수 없는 어머니의 며느리였고, 자살 시도를 한 그를 일으켜 세워준 누이네의 올케였으며, 두 자식의 엄마였다. 이재명은 아들의 이름으로, 아우의 이름으로, 아버지의 이름으로, 남편의 이름으로 싸워야 할 의무가 있었다.

기자회견 시간은 오전 8시 40분, 장소는 경기도청 현관 앞이었다. 출근길 차 안에서 그의 사퇴 여부를 이슈로 다루는 뉴스를 들으며 이재명은 '태권동자 마루치 아라치'를 흥얼거렸다.

달려라 마루치 날아라 아라치
마루치 아라치 마루치 아라치 얍!

태권동자 마루치 정의의 주먹에 파란해골 13호는 납작코가 될 것이었다. 태권동자 마루치 아라치는 언제나 그의 심장과 함께 박동하고 있었다. 생중계 차량이 진을 친 도청 앞은 기자들로 빼곡했다. 기자들 앞으로 걸어가는 그의 머릿속에는 '태권동자 마루치 아라치'의 주제가가 맴돌았다. 초등학교 시절 삼계의 학교에서 도촌으로 돌아오는 산길을 달리며 언제나 불렀던 노래였다.

수평선 저 너머에 우리의 꿈이 있다. 황금 물결 헤치면서 힘차게 달리자

수평선 저 너머에 우리의 왕국이 있다. 어서 가자 어서 나가자 힘차게 달리자

이재명은 당당하게 기자들 앞에 섰다. 이날만큼은 절대 함부로 고개 숙이지 않았다. 의례적인 웃음 따위도 짓지 않았다. 그의 자진 사퇴를 고대하는 음험하고 탐욕스러운 자들이 기대에 부풀어 중계방송을 지켜보고 있을 것이었다. 마이크를 잡은 이재명은 입을 열었다.

보고 읽을 원고 따위는 필요치 않았다.

그 트위터 글을 쓴 사람은 제 아내가 아닙니다. 아내가 아니라는 증거가 차고 넘치는데도 경찰은 제 아내로 단정했습니다. 진실보다 권력을 선택했습니다. 국가 권력행사는 공정함이 생명입니다. 때리려면 이재명을 때리고, 침을 뱉어도 이재명에게 뱉으십시오. 죄 없는, 무고한 제 아내와 가족을 이 싸움에 끌어들이지 않았으면 좋겠습니다.

저들이 바라는 바, 이 저열한 정치공세의 목표는 이재명으로 하여금 일을 못 하게 하는 겁니다. 그래서 지금보다 더 도정에

집중해서 도정의 성과로 그 저열한 정치공세에 대해 답을 해드리도록 하겠습니다.

　— 2018년 11월 19일 이재명 기자회견: 이재명의 이날 기자회견 영상을 다시 본 민정은 이재명에게 정치공작을 했던 사람들에 대한 보복을 생각해본 적이 있느냐고 물었다. 이재명은 이렇게 대답했다. "시장이고 도지사고, 대통령이고 다 주어진 임기가 있는 계약직 공무원입니다. 저에게는 그런 일로 낭비할 시간이 없습니다. 해야 할 일이 얼마나 많은데 그런 것으로 시간을 낭비하겠습니까?"

　도정의 성과로 대답해드리겠다, 이재명의 마지막 이 문장이 핵심이었다.

　이재명은 언제나 본질과 핵심을 놓치지 않았다.

　이재명을 경기도지사로 채용한 것은 경기도민이었다. 그는 경기도민을 위해 일해야 하고, 그 평가는 경기도민이 하는 것이었다. 그에게는 해야 할 일이 차고 넘쳤다. 능력은 없으면서 패거리 정치로 연명해온 자들은 좌우, 피아 할 것 없이 어디에나 있었다. 그들은 최소한 이재명이 흔들리기는 할 줄 알았겠지만, 어림없었다.

　권력에 눈이 먼 공작세력은 이재명이 흔들리지 않더라도 경기도의 공무원들은 흔들릴 것으로 확신했다. 재판에 불려 다니는 단체장의 말은 듣는 시늉만 하는 게 공무원이었다. 언제 유죄판결을 받고 물러날지 모를 도지사의 말을 아무도 듣지 않을 것이고, 그러면 이재명이 세운 '새로운 경기도'의 청사진은 휴지조각이 될 것으로 그들은 기대했다.

하지만 그걸 모를 이재명이 아니었다.

이재명은 혼자서 성남시를 명품도시로 만든 것이 아니었다. '떠나고 싶은 도시'에서 '이사오고 싶은 도시'로 성남시를 바꾼 것은 이재명과 함께 일한 2천5백 명 공무원이었다.

이재명이 성남시장으로 성공할 수 있었던 것은 직업공무원들이 가진 잠재력과 한계를 함께 꿰뚫어 보고, 그들의 능력을 끌어낼 줄 알았기 때문이었다.

대한민국 공무원은 세계 어느 나라 공무원보다 수준이 높습니다. 그 공무원들이 보람과 긍지, 책임감을 가지고 일하게 만들어주는 것이 조직의 책임자지요. 시장과 도지사, 대통령이 정확한 방향과 목표를 제시하고, 책임과 권한을 부여하고, 확실하게 신상필벌을 하면 공무원들이 능력을 발휘합니다. 하지만 조직의 책임자가 무능해서 공무원들에게 그냥 일을 내맡기면 공무원들은 자기가 잘하는 일만 해요.

공무원들이 가장 잘하는 일은 '자기가 하던 일'이에요. 어제도 하고, 작년에도 하고, 십년 전에도 했던 대로 똑같이 해요. 바뀐 시대, 바뀐 시민의 눈높이를 따라가지 않는 거죠. 그다음으로 잘 하는 것은 '시키는 일'이에요. 시키지 않는 일은 찾아서 하지 않는 거죠. 마지막으로 잘하는 일은 '자기가 하고 싶은 일'입니다. 시민이 아니라 자기에게 유리하고 편한 쪽으로 일하는 거죠.

공무원이 움직이지 않으면 어떤 정책도 공염불이에요. 정확한 방향과 목표를 제시하고, 함께 방법을 찾고 토론해서 결정하고, 그 결과를 확인한 다음 신상필벌의 원칙에 따라 확실하게 보상과 문책을 하면 정책이 현실이 됩니다.

— 이재명 인터뷰: 신상필벌의 가장 중요한 수단이 무엇이냐는 민정의 질문에 이재명은 1초도 망설이지 않고 '인사'라고 답했다. 그러한 인사로 인해 불이익을 받은 공무원의 저항이 없느냐는 현정의 이어진 질문에 이재명은 '공정'하면 수용한다고 덧붙였다.

이재명뿐만 아니라 이재명의 공무원들도 흔들리지 않았다. 놀랍게도, 이재명의 경기도정 장악력은 과거의 그 어떤 경기도지사도 따라오지 못할 만큼 압도적이었다.

이재명을 사퇴시키기 위한 경기도 흔들기는 완전히 실패했고, 정적들은 당황했다. 그들은 이미 성남시에서 신화가 된 이재명의 용인술을 몰랐다.

성남시 공무원들 사이에 알려진 유명한 이재명의 '뒤끝 작렬' 인사가 있었다.

시장 후보에 입후보한 이재명은 성남시의 행사는 물론 구청이나 동의 행사에도 빠짐없이 참석했다. 하지만 집권당인 한나라당은 단 한 번도 야당 후보인 그에게 마이크를 주지 않았다. 심지어 앉을 자리도 내주지 않았다. 참으로 옹졸하고 치사했다.

그렇다고 물러나면 이재명이 아니었다. 아예 접이식 간이 의자와 휴대용 마이크를 들고 행사에 참석했다.

이재명이 그렇게 한 것은 '누가 이기는지 끝까지 해보자'는 오기 때문만은 아니었다. 시의 주인인 시민들에게 한나라당의 행태가 얼마나 졸렬한지, 이재명이 얼마나 불리한 선거를 하고 있는지를 보여주기 위해서였다.

2010년 시장선거를 앞두고 열린 성남시 체육대회 때였다. 그 많은 내빈석에 역시나 이재명의 자리는 없었다. 이재명은 다른 사람 이름이 붙어 있는 빈자리에 앉았다. 빈자리는 먼저 와 앉는 사람이 임자였다. 그런데 시청에서 나온 행사 담당 여성 공무원이 막아섰다.

"죄송하지만, 규정상 정해진 자리에만 앉으실 수 있습니다."

담당 공무원은 이재명이 무안할 정도로 냉정했다.

"나는 야당 후보입니다. 내빈 자격이 충분합니다."

하지만 담당자는 단호했다.

"안 됩니다. 규정을 지켜주십시오."

그 공무원은 그를 떠밀다시피 했다. 규정을 지켜야 한다는 데는 이재명도 할 말이 없었다. 야당 후보가 규정을 무시할 수는 없었다. 어쩔 수 없이 그는 자리를 떠나며 그 여성 공무원의 명찰을 슬쩍 보았다. 그러고는 잊지 않게 수첩에 이름을 적어두었다.

시장에 당선된 다음 이재명은 수첩을 뒤지다가 우연히 그 여성 공무원의 이름을 발견했다. 그는 그 직원이 어느 부서에 일하는지 확인해보라고 했다. 뒤끝 작렬이었다.

그런데, 그 직원은 근무 성적도 뛰어나고 평판도 좋았다. 이재명은 다음 인사에서 그 직원에게 더 중요한 보직에 배치하도록 지시했다. 그 직원과의 유쾌하지 않은 인연을 알고 있는 비서실에서 의아스러워하며 물었다.

"그 자리는 가고 싶어하는 직원이 많은데 왜 그 직원을 보냅니까?"

"공무원이라면 모름지기 자기가 맡은 일에 그렇게 충실해야지요. 더구나 그 자리는 책임감이 중요하지 않아요?"

자신의 책임을 다하기 위해 이재명을 내빈석에 앉지 못하게 밀어냈던 그 직원은 남들이 부러워하는 보직으로 이동했고, 훌륭한 성과를 냈다. 이 일은 성남시의 공무원 사이에 이재명의 대표적인 '뒤끝 작렬' 인사로 오래 입에 오르내렸다. 이재명의 인사고과 평가는 엄격했고, 기준은 공정했다. 시민을 위해 최선을 다하면 진급하고 좋은 자리로 갈 수 있다는 성남시 공무원들의 신뢰는 아주 힘이 셌다. 이재명은 공무원을 움직일 줄 알았다. 공무원들에게 자부심과 긍지를 불어넣을 줄 알았고, 공정의 힘과 가치를 보여주었다.

이재명이 바꾼 새로운 경기도를 경기도민은 금방, 쉽게 확인할 수 있었다. 경기도의 모든 공공병원 수술실에 CCTV가 설치되었다. 전국의 병원 수술실에 CCTV를 설치해도 아무런 부작용이 없고 환자와 의사 사이에 신뢰를 더 높여줄 뿐이라는 것을 입증했다. 불법 고액 대출과 성매매 광고 찌라시는 추적해 단속했다. 길바닥에 보기 민망하게 깔렸던 성매매 찌라시가 사라졌다.

시민들의 생활과 편익을 해치는 불필요한 규제는 최소화하고, 시민들의 생명과 안전을 위해서는 경기도가 동원할 수 있는 모든 권한을 주저 없이 꺼내 들었다. 이재명이 취임한 다음 가짜 구급차는 경기도에서 완전히 사라졌다. 일하는 방법을 아는 이재명이었다.

모든 구급 차량의 운행일지를 반드시 쓰게 하고 사실과 일치하지 않으면 즉시 면허취소에 들어갔다. 경기도에서는 세탁물을 실은 채 경광등 번쩍거리고, 인천공항 가는 손님을 태운 채 사이렌 울리며 달리는 구급차는 사라졌다. 진짜 응급환자를 실은 구급차에 대한 믿음으로 경기도민들은 경광등을 켜고 사이렌을 울리는 구급차에 기꺼이 길을 내주었다. 이재명의 행정이 만드는 신뢰가 분초를 다투는 응급환자의 생명을 구했다.

대비태세가 충분히 갖춰지지 않은 상태에서 신천지 발 코로나19가

급격히 확산되었던 2020년 2월 신천지 과천본부를 전격적으로 압수 수색해, 신천지가 과천집회 참석자 9,930명을 1,920명으로 축소 은폐 했다는 것을 밝혀내고 방역에 협조하도록 강제했다. 복지부의 의견대로 신천지의 자발적인 협조만 하염없이 기다리고 있었으면 방역의 골든타임을 놓치고 코로나19에 대응하는 정부의 권능은 바닥에 떨어졌을 것은 말할 나위도 없었다.

공무원이 해야 할 일을 앞에 두고 책임을 두려워하며 주저하면 이재명은 직접 앞장서 현장으로 달려갔다. 멱살을 잡힐 거라고 걱정한 경기도 계곡 정비 현장의 선두에 이재명이 있었다.

한다면 하는 이재명에 대한 경기도민의 평가는 전례 없는 고공행진이었다.

모든 여론 조사기관과 평가기관의 평가에서 이재명이 받아든 성적표는 과거의 경기도에서는 물론 전국에서도 전례가 없는 것이었다.

공신력 높은 여론조사기관 한국갤럽이 2021년 7월에 발표한 '2021년 상반기(1~6월) 광역 시도지사 직무수행 평가' 결과에서 이재명 지사는 도민의 72%로부터 '잘하고 있다'는 평가를 받아 전국 1위에 올랐다. 이 조사에서 70% 이상 긍정 평가를 받은 광역 시도지사는 이재명이 유일했다. 17개 광역 시도지사가 받은 평균 만족도 54%보다 무려 18%나 높았다.

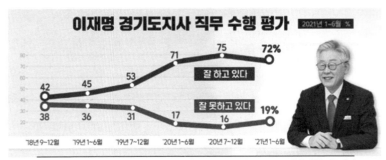

*프레시안 2021.7.22. '일 잘하는 도지사' 이재명 1위 … 72%가 '잘한다' 평가

이재명 지사의 높은 지지율은 이재명이 추진한 경기도 계곡정비나 지역화폐, 도민 기본복지 확충과 같은 친시민적 정책에만 의존한 것이 아니다.

이재명만큼 성장 없는 복지가 가능하지 않다는 사실을 잘 알고, 기업의 유치와 지원에 힘쓴 도지사는 없었다. 이재명이 비판한 것은 권력과 유착한 부패한 재벌구조이지 정당한 기업활동이 아니었다.

경제전문지 《매일경제》가 50개 대기업과 50개 중소기업, 총 100개의 기업 임원을 대상으로 실시한 '기업하기 좋은 환경을 위해 가장 노력을 기울이는 단체장' 조사에서 이재명은 1위를 차지했다. 이재명이 친기업 단체장 1위로 뽑힌 것은 의외의 일이 아니었다. 이재명은 기업주에게 부당하게 돈을 뜯지 않고 불필요한 규제로 괴롭히지 않는 대신 공정한 기업활동이 가능하도록 아낌없이 지원했다.

시흥에 있는 세계 최대 인공서핑장 '웨이브 파크'는 이재명의 기업정책을 보여주는 대표적인 사례다. '웨이브 파크'는 부산에서 인공서

핑장을 만들려고 노력했지만 2년 반 동안 행정절차도 다 밟지 못했다. 그 사실을 안 이재명은 '웨이브 파크'를 경기도에 유치하고 단 6개월 만에 행정절차를 끝내고 2년 6개월 만에 개장할 수 있게 지원했다. 부산에서 2년 반 동안 허가도 못 받은 사업을 이재명은 2년 반 만에 완공해서 개장까지 할 수 있게 밀어주었다. 여기에는 어떤 특혜도 없었다. 오직 하나 끝나면 하나씩, 6개월에 한 단계씩 넘어가는 행정절차를 동시에 진행하며 보완해갈 수 있도록 행정 서비스를 제공했을 뿐이다. 그 덕분에 기업은 초스피드로 사업을 완료했고, 시민들은 세계 최대의 인공서핑장을 얻었으며, 경기도는 일자리와 세원을 창출했다.

나는 엄밀히 말해서 보수예요. 보수는 있는 규칙과 질서를 최고의 가치로 여기고 그걸 지키려고 하는 세력이지 않습니까. 진보는 기존의 규칙과 질서를 바꾸려는 세력이고요. 내가 그동안 해온 건 거의 대한민국의 헌법 정신과 법률에 나와 있는 걸 지키자는 것이었어요. 힘 있는 자는 지키지 않는 선택적 정의, 불공정한 운동장을 바로잡자는 것이었어요.

기업이 돈을 많이 벌어야 일자리도 생기고 세금도 많이 걷을 수 있는데 왜 기업을 지원하지 않습니까. 권력과 결탁하지 않고 기업 본연의 활동에 전념할 수 있게 해주는 건 정부의 책무지요.

대신 기업도 권력과 결탁해 부정한 방법으로 부를 축적하고, 승계하려는 생각을 버려야지요. 2중, 3중 장부 만들지 않고 세금 잘 내면 그게 애국하는 기업이지요.

　나는 재벌도 기득권도 폄훼하지 않아요. 나도 기득권이 되고 싶습니다. 다만 정당하고 공정한 과정을 거쳐서 기득권을 얻고, 기득권을 가졌으면 그에 따르는 책임과 의무도 다해야 한다는 것이지요. 우리나라에도 그런 기업가 정신을 가진 분들이 늘어나고 있고, 나는 그런 분들을 존경해요.

　- 이재명 인터뷰: 민정은 이재명이 존경한다고 한 책임과 의무를 다하는 기업가로 누구를 꼽을 수 있는지 물었다. 이재명은 박용만 대한상공회의소 전임 회장의 책『그늘까지도 인생이니까』를 인상 깊게 읽었다며 이런 기업인이 많아졌으면 좋겠다고 했다.

　성남시장 시절에도 이재명은 특혜논란이 두려워 기약없이 방치하고 있던 공공용지와 의료용지에 대기업 사옥과 연구소를 과감하게 유치했다.

　그의 결단으로 현대중공업 종합연구개발센터와 두산그룹 사옥이 성남시에 들어서게 된 것이다. 파생 인력까지 포함하면 수만 명의 경제인구를 유치하고 세수를 확충해 명품도시 성남의 기반을 더욱 튼튼하게 확충한 것이다.

이재명이 이처럼 과감하게 기업을 유치하고 지원할 수 있었던 것은 청렴의 힘이었다. 이재명은 기업 유치과정에서 시민과 도민의 이익을 얻으려고 했을 뿐 그 어떤 사익도 취한 적이 없었다. 이재명과 함께 일해본 기업들은 누구나 이재명을 좋아할 수밖에 없었다. 이재명은 뒤로 요구하는 것이 전혀 없는 도지사였다. 이재명은 특혜 시비가 두려워 아무것도 못 하는 시장·도지사들과도 근본적으로 달랐다. 이재명에게는 청렴의 힘, 정직의 힘이 있었다.

시민과 도민이 부여한 신뢰의 힘을 이재명은 시민과 도민을 위한 성과로 만들어냈다.

이재명의 관심은 지금 여기 도민의 삶에만 머물지 않았다.

그는 대한민국의 역사를 바로 세우는 한편으로 남북의 교류협력을 통한 공동번영의 길을 개척하는 일에 앞장서왔다.

독립유공자를 비롯해 조국을 위해 헌신한 분들을 예우하고 친일잔재를 청산하는 데 이재명만큼 노력한 시도지사는 없었다. 이재명은 도지사 취임 이듬해부터 도내의 유·무형 친일잔재 전수조사와 청산작업을 병행해왔다. 경기도 홈페이지 역대 도지사 소개란의 맨 앞자리를 버젓이 차지하고 있던 1대 도지사(1946-1950) 구자옥과 2대 도지사(1950-1952) 이해익의 친일행적부터 공개했다. 구자옥은 일제 침략을 정당화하는 친일논설을 발표한 친일반민족행위자였고, 이해익은 중일전쟁 전시업무에 종사하여 일제의 공적 조서에 이름을 올린 인물이었다.

이재명은 성남시장 때부터 독립유공자를 최고로 예우해야 한다는 원칙을 제도화했다. '독립유공자 예우 및 지원 조례'를 만들어 국가 차원의 예우와 별도로 성남시에 거주하는 생존 독립유공자에게 매달 30만 원의 보훈명예수당을 지원하고, 모든 행사에서 가장 상석에 모시도록 했다. 다른 국가유공자에 대해서도 성남시 차원에서 별도의 보훈명예수당을 지급했다. 보훈유공자 초청 행사를 열고 보훈유공자단체에 대한 지원도 아끼지 않았다. 말로만 애국을 떠들며 보훈유공자들을 정치적으로 이용만 한 정치인들과 달리 이재명은 명실상부하게 보훈유공자를 전국 최고로 예우했다.

진정으로 애국자를 예우하는 시장을 보훈유공자들이 가장 먼저 알아보았다. 그래서 성남에서 이재명을 종북으로 매도하는 '종북척결대회'가 열렸을 때 성남시 보훈안보단체에서는 아무도 참여하지 않았다. 오히려 이재명의 정책이 새누리당의 반대로 발목이 잡힐 때마다 그들이 앞장서서 새누리당에 항의하고 압력을 넣어 시정에 협조하도록 만들었다.

이재명이 경기도의 머슴으로 일하며 깊은 관심을 기울여온 다른 하나는 한반도의 평화체제 정착과 남북교류협력이었다. 경기도민의 생명과 재산을 지키는 일은 경기도의 1호 머슴인 이재명의 기본 책무였다. 경기북부 접경지대 도민의 안전만 위협하는 불필요한 대북 전단 살포 행위를 범죄행위로 규정하고 접경지대를 평화지대로 만드는 일에 힘을 기울였다.

2021년 이재명은 전국의 지방정부가 참여하는 '남북평화협력 지방
정부협의회'를 출범시키고 지방정부 차원의 남북평화협력사업의 닻
을 올렸다. 성남시장 시절에 이미 남북교류위원회를 만들었던 이재명
이었기에 가능한 일이었다.

남북평화협력 사업을 공동으로 추진하는 데 뜻을 함께한 전국의 61
개 지방정부 대표가 모인 이날 이재명은 자신의 신념을 한 문장으로
밝혔다.

— 아무리 비싼 평화도 이긴 전쟁보다 낫다.

이재명은 우리 민족의 가장 큰 위험 요인인 남북 분단이 우리 민족
이 다시 한번 도약할 기회라는 확신을 내려놓은 적이 없었다.

전쟁은 우리가 지금까지 이루어 놓은 모든 성취를 한순간에 잿더미
로 만드는 일이다. 한반도를 둘러싼 주변 강국에는 신나는 기회가 될
수 있겠지만 우리에게는 폐허 위에서 다시 시작해야 하는 돌이킬 수
없는 재앙이 전쟁이다. 하지만 남북이 지혜를 모아 공동번영의 길을
선택한다면 우리는 누구도 상상하지 못했던 새롭고 놀라운 대한민국
을 경험하게 될 것이다.

수많은 시련을 겪으며 자신을 죽음의 문턱에까지 밀고 가본 이재명
은 위기가 어떻게 기회인지 알고 있다. 열일곱 살 일기에 '어렵다는 것

은 가능성이 있다는 것이다'라고 썼던 이재명이었다. 그 어려움 속에 도사린 가능성을 현실로 바꾸어온 것이 그가 걸어온 길이었다.

나가며

우리는
자신한다

"선거 때 무슨 얘기를 못 하나. 그렇지 않은가. 표가 나온다면 뭐든 얘기하는 것 아닌가. 세계 어느 나라든지."

지금은 감옥에 가 있는 한 전직 대통령이 재임 중에 당당히 한 말이었다. 하지만 이재명은 성남시장과 경기도지사에 출마하면서 이렇게 말했다.

"저는 공약하지 않고 계약합니다."

그의 계약 이행률은 성남시장 8년, 경기도지사 3년의 성적표로 확인할 수 있다.

이재명은 지금 국민 앞에 대한민국 머슴 1호 채용계약서를 내밀었다. 머슴 5년 동안 하겠다는 계약의 내용과 이행능력을 검증하는 것은 채용심사를 맡은 국민의 몫이다.

이재명이 제시한 계약서에는 전 직장에서 발급한 업무고과 평가표와 자기소개서가 붙어 있다.

이 책은 이재명이 제출한 자기소개서를 검증한 결과물이라고 해도
무방하다. 완벽하지는 않지만 거의 완벽하다고 우리는 자신한다. 헛된
공약과 조작된 이미지를 보고 권력자를 선택하려는 국민은 이제 많지
않을 것이다. 내가 바라는 일을 해줄 머슴을 채용하려는 심사위원들의
검증과정에 이 책이 도움이 될 수 있기를 바란다.

인간의 이야기를 다루는 일을 하는 우리가 조사·분석하고 검증한
이재명의 서사는 우리가 짐작했던 것보다 훨씬 더 근사하고 훌륭했다.

문제는 이 근사한 서사와 충돌하는 왜곡된 사실들을 어떻게 정리해
나가면서 이 인물의 특징과 전모, 캐릭터를 드러낼 것인가였다.

우리가 처음에 적용했던 방법은 2중의 스토리텔링 기법이었다. 처
음으로 2중의 스토리텔링 기법을 사용하여 성공을 거둔 작품이 민주
주의자 김근태의 생애를 다룬『그들이 내 이름을 부를 때』였다,『그들
이 내 이름을 부를 때』는 서술자의 서술과 관련자의 인터뷰를 교차시
킨 2중의 스토리텔링을 통해 한 인간의 캐릭터를 매우 잘 보여주었다.

하지만 우리는 이 작업을 시작하고 나서 얼마 지나지 않아 스토리텔
링의 방법을 바꾸어야 했다. 서술자의 서술과 증언을 교차시키는 것만
으로 미디어 프레이밍에 의해 왜곡된 사실을 바로잡으면서 이재명의

서사를 진척시키는 것이 어려웠기 때문이다. 이재명이 거느린 매혹적인 서사를 위협할 정도로 미디어 프레이밍의 왜곡은 심각했다.

미디어가 왜곡한 사실을 바로잡으면서 이재명의 서사를 진척시키기 위해서 우리는 더 많은 판단의 근거를 독자에게 제시할 방법을 찾아야 했다. 그렇게 해서 찾아낸 방법이 2중의 스토리텔링을 진척시킨 3중의 스토리텔링이었다. 객관적으로 존재하는 이재명의 서사, 증언과 자료, 그리고 서술자인 우리의 서술이 그것이다. 편파적인 미디어 프레이밍에 대응하기 위해서 정직한 미디어 리포트의 역할을 서사의 서술자에게 추가한 것이다.

이 책의 독자들이 검증의 주체가 되어 이재명의 서사를 입증하는 직접적인 자료와 이재명의 서사를 다룬 우리의 서술을 비교·검토하면서 이재명 서사의 객관적 진실에 다가갈 수 있기를 기대한다.

이재명은 신화가 되기에 충분한 서사를 가진 인물이었다. 최악의 조건에서 최상의 도전을 감행하고, 성공해온 그의 서사는 아주 드라마틱하다. 서사의 세부도 매혹적이다. 화전민의 집에서 태어나 열세 살에 소년공이 되었던 그가 사법고시에 합격하고, 공단으로 돌아가 노동자의 벗으로 살다 시장이 되고, 도지사에까지 이르는 과정은 감동적인 에피소드와 사건들로 아로새겨져 있다.

— 스토리텔링콘텐츠연구소 https://blog.naver.com/jaemyunglee1004

인간 이재명

2021년 8월 23일 초판 1쇄 발행
2021년 9월 23일 초판 2쇄 발행
2021년 9월 30일 초판 3쇄 발행
2021년 11월 22일 초판 4쇄 발행
2021년 12월 6일 초판 5쇄 발행
2021년 12월 10일 초판 6쇄 발행
2021년 12월 15일 초판 7쇄 발행
2021년 12월 23일 초판 8쇄 발행
2021년 12월 29일 초판 9쇄 발행
2022년 3월 28일 초판 10쇄 발행

지은이 스토리텔링콘텐츠연구소
펴낸이 김재범
관리 홍희표 박수연
인쇄·제책 굿에그커뮤니케이션
종이 한솔PNS
펴낸곳 (주)아시아
출판등록 2006년 1월 27일 제406-2006-000004호
주소 경기도 파주시 회동길 445
전화 031.955.7958
팩스 031.955.7956
홈페이지 www.bookasia.org

ISBN 979-11-5662-559-9 (03340)
값은 뒤표지에 있습니다.